Jaime Gajardo Falcón

Derecho y multiculturalismo

Jaime Gajardo Falcón

Derecho y multiculturalismo

Un estudio comparado de la recepción normativa y perspectivas del multiculturalismo en Chile y Bolivia

Editorial Académica Española

Impressum / Aviso legal

Bibliografische Information der Deutschen Nationalbibliothek: Die Deutsche Nationalbibliothek verzeichnet diese Publikation in der Deutschen Nationalbibliografie; detaillierte bibliografische Daten sind im Internet über http://dnb.d-nb.de abrufbar.
Alle in diesem Buch genannten Marken und Produktnamen unterliegen warenzeichen-, marken- oder patentrechtlichem Schutz bzw. sind Warenzeichen oder eingetragene Warenzeichen der jeweiligen Inhaber. Die Wiedergabe von Marken, Produktnamen, Gebrauchsnamen, Handelsnamen, Warenbezeichnungen u.s.w. in diesem Werk berechtigt auch ohne besondere Kennzeichnung nicht zu der Annahme, dass solche Namen im Sinne der Warenzeichen- und Markenschutzgesetzgebung als frei zu betrachten wären und daher von jedermann benutzt werden dürften.

Información bibliográfica de la Deutsche Nationalbibliothek: La Deutsche Nationalbibliothek clasifica esta publicación en la Deutsche Nationalbibliografie; los datos bibliográficos detallados están disponibles en internet en http://dnb.d-nb.de.
Todos los nombres de marcas y nombres de productos mencionados en este libro están sujetos a la protección de marca comercial, marca registrada o patentes y son marcas comerciales o marcas comerciales registradas de sus respectivos propietarios. La reproducción en esta obra de nombres de marcas, nombres de productos, nombres comunes, nombres comerciales, descripciones de productos, etc., incluso sin una indicación particular, de ninguna manera debe interpretarse como que estos nombres pueden ser considerados sin limitaciones en materia de marcas y legislación de protección de marcas y, por lo tanto, ser utilizados por cualquier persona.

Coverbild / Imagen de portada: www.ingimage.com

Verlag / Editorial:
Editorial Académica Española
ist ein Imprint der / es una marca de
OmniScriptum GmbH & Co. KG
Heinrich-Böcking-Str. 6-8, 66121 Saarbrücken, Deutschland / Alemania
Email / Correo Electrónico: info@eae-publishing.com

Herstellung: siehe letzte Seite /
Publicado en: consulte la última página
ISBN: 978-3-659-07075-4

DERECHO Y MULTICULTURALISMO

Un estudio comparado de la recepción normativa y perspectivas del multiculturalismo en Chile y Bolivia

Para Emilia

Agradecimientos

De forma especial a Francisco Zúñiga Urbina, quien me alentó a trabajar en la temática del multiculturalismo, dirigió mi tesis del Magíster en Derecho en la Universidad de Chile y me ha apoyado fraternalmente durante los últimos años.

Al pueblo de la ciudad de Calama y especialmente a su Alcalde, Esteban Velásquez Núñez, quien me dio la posibilidad de trabajar durante dos años en la municipalidad y con ello nutrirme de la maravillosa diversidad cultural del norte andino de nuestro país. En gran parte, la elección de la temática del presente trabajo se debe al tiempo en que viví en la ciudad de Calama.

A la Fundación Carolina, al Centro de Estudios Políticos y Constitucionales y a la Comisión Nacional de Ciencia y Tecnología, que a través de sus respectivos programas me han concedido becas para estudios de postgrado en España. Mi profundo agradecimiento a las instituciones señaladas, por darme la tranquilidad y tiempo suficiente para que el presente libro pudiera concretarse. Un especial agradecimiento a la Dra. Isabel Wences, Subdirectora de Estudios e Investigación, por todo su apoyo y por permitirme realizar una estancia de investigación en tan prestigiosa institución.

Al personal docente del Máster en Gobernanza y Derechos Humanos, de la Facultad de Derecho de la Universidad Autónoma de Madrid, en especial a la Dra. Silvina Álvarez quien me hizo valiosas observaciones a un borrador del presente trabajo y al Dr. Antonio Rovira por todo el apoyo brindado.

Al personal de la Secretaria Ejecutiva de la Comisión Interamericana de Derechos Humanos, por toda su cercanía y por la excelente experiencia que significó trabajar durante unos meses del año 2012, en la protección de los Derechos Humanos del continente americano en la ciudad de Washington D.C. En especial, agradezco a Víctor Madrigal-Borloz e Indiana Jiménez Guerrero, quienes fueron mis supervisores en la unidad de registro de la CIDH.

A las profesoras, Dra. Sara Sánchez (Universidad de Cádiz) y Dra. Ascensión Elvira (Universidad Carlos III de Madrid), por sus generosos y meticulosos comentarios y críticas que realizaron al trabajo que presenté en el Centro de Estudios Políticos y Constitucionales sobre representación política en contextos multiculturales. Este libro recoge algunas de dichas reflexiones, por lo que les estoy inmensamente agradecido.

A Eduardo Baeza Palacios, por su meticulosa y oportuna ayuda en la corrección del último manuscrito.

A todos y todas, muchas gracias, sin vuestra ayuda, consejos, comentarios, críticas e inspiración, este libro no se podría haber hecho realidad.

ÍNDICE

III. RECEPCIÓN NORMATIVA Y PERSPECTIVAS DEL MULTICULTURALISMO EN BOLIVIA

CONCLUSIONES

BIBLIOGRAFÍA

ABREVIATURAS

ACNUDH	Alto Comisionado de Naciones Unidas para los Derechos Humanos.
ACNUR	Alto Comisionado de Naciones Unidas para los Refugiados.
CADH	Convención Americana sobre Derechos Humanos.
CEPI	Comisión Especial de Pueblos Indígenas.
CIDH	Comisión Interamericana de Derechos Humanos.
Concertación	Concertación de Partidos por la Democracia.
Convenio N° 169 o Convenio	Convenio N° 169 de la Organización Internacional del Trabajo, sobre Pueblos Indígenas y Tribales en Países Independientes.
Corte IDH	Corte Interamericana de Derechos Humanos.
DADDH	Declaración Americana de los Derechos y Deberes del Hombre.
DEM	Departamento de Extranjería y Migración, Ministerio del Interior y Seguridad Pública, Gobierno de Chile.
DNU	Declaración de las Naciones Unidas sobre los Derechos de los Pueblos Indígenas.
La Comisión	Comisión de Verdad Histórica y Nuevo Trato.

Ley Indígena	Ley N° 19.253, Establece normas sobre protección, fomento y desarrollo de los indígenas, y crea la Corporación Nacional de Desarrollo Indígena.
MAS	Movimiento al Socialismo.
MERCOSUR	Mercado Común del Sur.
OEA	Organización de los Estados Americanos.
OIM	Organización Internacional de las Migraciones.
OIT	Organización Internacional del Trabajo.
ONU	Organización de Naciones Unidas.
SIDH	Sistema Interamericano de Protección de los Derechos Humanos.
UNASUR	Unión de Naciones Sudamericanas.
UNESCO	Organización de las Naciones Unidas para la Educación, la Ciencia y la Cultura.
YATAMA	Partido Político Regional Indígena Yapti Tasba Masraka Nanih Asla Takanka.

INTRODUCCIÓN

El multiculturalismo, entendido como pluralidad de culturas que conviven dentro del territorio de un Estado, es hoy un fenómeno que se presenta en una gran cantidad de países en el mundo. El aumento de la inmigración, el resurgimiento de minorías nacionales y la visibilización de los pueblos indígenas, constituyen sus principales fuentes.

En el marco de una realidad multicultural, la convivencia se torna compleja si las concepciones morales, el ordenamiento jurídico y las instituciones políticas no se encuentran preparadas para ello[1]. Los ejemplos son abundantes y forman parte de un debate permanente en sociedades cada día más multiculturales. ¿Permitimos o no que las niñas árabes asistan al colegio público con su pañuelo identitario en la cabeza? ¿Es necesario que la educación pública incorpore en su currículo escolar la enseñanza del mapudungun, quechua, aimara u otro idioma o lengua de los Pueblos Indígenas? ¿Reconocemos o no autonomía política y organizativa a los Pueblos Indígenas que habitan Chile? ¿Permitimos que las empresas nacionales contraten trabajadores extranjeros sin limitación alguna? ¿Reconocemos los usos y costumbres de los Pueblos Indígenas para resolver los conflictos jurídicos entre sus miembros?[2]

---

[1] Un ejemplo de ello, es el caso de una mujer de credo musulmán a la que una institución bancaria no cambió un cheque debido a que no se quitaba el velo islámico, lo que según la defensa del banco, hacía imposible su identificación. Véase: Sentencia Corte de Apelaciones de Santiago, *Palominos Flores con Banco Estado*, Rol N° 4670-2010, 31 de mayo de 2011.

[2] Al respecto, desde un punto de vista general se puede consultar: DE LUCAS, Javier (2001). "La(s) sociedad(es) multicultura(es) y los conflictos políticos y jurídicos". En: *La Multiculturalidad*. Madrid, Cuadernos de Derecho Judicial, Consejo General del Poder Judicial, pp. 59-102. Para una sistematización de los casos multiculturales en Alemania, véase: GRIMM, Dieter (2007). "Multiculturalidad y derechos fundamentales". En: *Derecho constitucional para la sociedad multicultural*. Madrid, Trotta, pp. 60-61.

Todas son preguntas que las sociedades multiculturales deben responder permanentemente y, por ende, justificar las opciones normativas que toman para abordar el fenómeno de diversidad cultural.[3]

En América Latina, durante las últimas tres décadas, se ha reconocido que los países que la conforman se encuentran integrados por diversas culturas y etnias. Se trata de sociedades multiculturales y multiétnicas.[4]

Un ejemplo es Bolivia, donde aproximadamente un 63% de la población es indígena. De acuerdo al censo del año 2001, el 47% de la población declara hablar, además del castellano, una lengua indígena y el 11,2% de la población es monolingüe indígena.

El caso de Chile, es diferente. La población indígena es aproximadamente un 8% del total de habitantes. Entre ellos, Mapuches, Rapa Nui, Aymaras, Atacameños, Diaguitas o Yaganes. Sin embargo, Chile junto con ser un país que mantiene un porcentaje importante de pueblos indígenas, tiene un creciente número de inmigrantes, volviendo el fenómeno multicultural aún más complejo.[5]

Según los datos del Departamento de Extranjería e Inmigración, del Ministerio del Interior y Seguridad Pública[6] de Chile, la inmigración ha

---

[3] Daniel Bonilla plantea que el fenómeno multicultural ha sido abordado adecuadamente en Norteamérica y Europa Occidental, pese a sus complejidades. Sin embargo, en América Latina los estudios son deficitarios y los problemas multiculturales son aún más problemáticos que los del hemisferio norte. Véase: BONILLA, Daniel (2006). *La Constitución multicultural*. Bogotá, Siglo del Hombre Editores, p. 25. Asimismo, véase: GARGARELLA, Roberto (2013). *Latin American Constitutionalism 1810-2010*. Oxford, Oxford University Press, p. 181.
[4] SUBERCASEAUX, Bernardo (2002). *Nación y Cultura en América Latina*. Santiago, Lom Ediciones, p. 16.
[5] Según el censo del año 2012, la población chilena que se auto identificaba como indígena, aumentó considerablemente, del 8% al 11,11% (1.714.677 personas). Lamentablemente dichas cifras se encuentran en revisión debido a los graves errores cometidos en el proceso censal.
[6] DEPARTAMENTO DE EXTRANJERÍA E INMIGRACIÓN. Ministerio del Interior y Seguridad Pública de Chile. *Estadísticas Migratorias*. Disponible en: <http://www.extranjeria.gov.cl/estadisticas_mig.html> [consulta: 28 marzo 2013].

aumentado significativamente en la última década[7]. Si el año 2000 se entregaron 188 cartas de nacionalización, el año 2010, se cuadruplicaron, con un total de 741[8]. En lo referente a permisos de residencias permanentes o temporales, éstos también han aumentado considerablemente. Según el censo de población del año 2002 existía un total de población extranjera residente en Chile de 184.464 personas, las que al año 2009, según la estadística del DEM serían 352.344 personas. Estas cifras indican que alrededor del 2,08% del total de la población residente en el país es extranjera. Dentro de este grupo se destaca la población de origen fronterizo, que agrupa a más del 61% del total de inmigrantes: la comunidad peruana con un 37,1% del total; la comunidad argentina con un 17,2%; y la boliviana con un 6,8%.[9]

El fenómeno de la inmigración no es nuevo, sin embargo, principalmente producto de la globalización, éste se ha visto aumentado en forma significativa, alcanzando durante el último decenio su mayor proporción en la historia de la humanidad.[10]

---

[7] Macarena Machín, señala que: "Chile ha pasado de ser un país de emigrantes a ser un país de migrantes. El dato que lo confirma corresponde al saldo migratorio, es decir, la diferencia entre el número de migrantes y el número de emigrantes de un país en un determinado momento. En el caso de Chile, el saldo migratorio es positivo desde 1995 hasta ahora, y se estima que seguirá siéndolo puesto que, como ya se ha mencionado, Chile representa uno de los focos de estabilidad económica y democrática en la región". Véase: MACHIN, Macarena (2011). *Los derechos humanos y la migración en Chile.* Disponible en: <http://www.observatorio.cl/sites/default/files/biblioteca/resumen_ejecutivo_informe_migrantes _noviembre_2011.pdf > [consulta: 20 abril 2013].
[8] Sobre la migración y el mercado laboral chileno, véase las interesantes estadísticas que se presentan en: GAMMAGE, Sarah y HELMREICH, Anne (2013). "Migración y mercados laborales en Chile: un trabajo decente para todos". En: *Un Chile abierto: propuestas para una nueva Ley de Migración, N° 2.* Santiago, Centro Democracia y Comunidad, pp. 38-61.
[9] Según el censo del año 2012, la población chilena de origen extranjero aumentó, representando el 2,1% del total de la población (339.536 personas). Lamentablemente dichas cifras se encuentran en revisión debido a los graves errores cometidos en el proceso censal.
[10] Véase: ORGANIZACIÓN INTERNACIONAL PARA LA MIGRACIONES (2010). *Informe sobre las migraciones en el mundo.* Disponible en:

Pese a los altos grados de multiculturalidad que presentan Chile y Bolivia, sus constituciones políticas, hasta la década de los noventa, modelaban un estado unitario, nacional, monocultural y de corte occidental. Ello comienza a cambiar con la denominada "emergencia indígena"[11]. El hito principal del resurgimiento de la cuestión indígena en América Latina, es con el levantamiento del Ejercito Zapatista de Liberación Nacional en el año 1994, en Chiapas, México.

Desde ese momento, hasta hoy, el discurso indígena colma las agendas públicas, y los movimientos indigenistas han tenido la capacidad de visibilizarse y plantear sus demandadas con un gran impacto nacional y mundial.

José Bengoa, señala que la demanda indígena, es profunda y radical. No sólo implica derechos para su grupo, sino que cuestiona los cimientos del Estado Nación en toda América Latina y el modelo de desarrollo económico ligado a la explotación de recursos naturales.[12]

La emergencia indígena se produce a lo largo y ancho de todo el continente americano, no siendo Chile una excepción a ello. Bengoa apunta el hecho de que en la década de 1990, la "opinión pública" pensaba que en Chile los indígenas ya no existían o eran un grupo en extinción, siendo de gran sorpresa los resultados del censo de Población chilena del año 1992, de

---

<http://publications.iom.int/bookstore/free/WMR2010_summary_SP.pdf> [consulta: 13 marzo 2013].

[11] BENGOA, José (2007), *La emergencia indígena en América Latina*. Santiago, Fondo de cultura económica, 2ª ed., 343 pp.

[12] Véase: GÓMEZ, Felipe (2012). "El derecho de los pueblos indígenas sobre sus tierras y recursos naturales: conflicto social y ambiental a la luz del caso Awas Tingni". *Conflicto social*, N° 7, pp. 87-110.

acuerdo al cual un millón, de los casi 14 millones de habitantes del país, dijeron ser indígenas.[13]

Pese a que los modernos Estados-nación son "comunidades imaginadas", según la célebre expresión de Benedict Anderson[14], podríamos decir que "poseen un tipo particular de imaginario social, es decir, formas socialmente compartidas de imaginar los espacios sociales"[15]. En esta construcción, para los chilenos, los indígenas e inmigrantes no forman parte de la cultura nacional, debiendo asimilarse a ella u ocultarse.[16]

Junto a la emergencia indígena, hoy en Chile surgen problemas cotidianos en el tratamiento de los inmigrantes. Ellos son de índole muy variada (laborales, educacionales, institucionales, culturales), pero que tienen un denominador común: la política de asimilación del Estado chileno y la poca discusión de fondo sobre cómo abordar la inmigración.

Siendo Chile un país multicultural, debido a la presencia de pueblos indígenas y un número considerable y en aumento de inmigrantes, no se reconoce como tal. ¿Hay razones filosóficas políticas para reconocerse como una sociedad multicultural? ¿Qué implica reconocerse como sociedad multicultural? ¿Cuáles son las dificultades normativas y jurídicas que surgen en el reconocimiento multicultural? ¿Cuáles son las razones para que Chile no hubiera reconocido la multiculturalidad de su sociedad?

---

[13] Véase: BENGOA, José (1997). *Censo de Comunidades y Localidades mapuches.* Santiago, Ediciones Sur.
[14] ANDERSON, Benedict (2011). *Comunidades Imaginadas. Reflexiones sobre el origen y la difusión del nacionalismo.* México, Fondo de Cultura Económica, 5ª reimpresión, 315 pp.
[15] TAYLOR, Charles (2003). "Nacionalismo y modernidad". En: *La moral del nacionalismo.* Barcelona, Gedisa, p. 59.
[16] En el punto 2.4. del Capítulo II, analizo el fenómeno migratorio en Chile, donde hago presente un estudio que recopiló diversas encuestas realizadas y que tenían por objeto revisar la percepción que tienen los "chilenos" sobre los inmigrantes. De dichos instrumentos de medición se llega a la conclusión que la percepción de los "chilenos" es bastante despreciativa hacia el grueso de los inmigrantes, principalmente a los de origen peruano, boliviano, ecuatoriano y colombiano.

¿Hay alguna tendencia a reconocer la multiculturalidad en Chile? ¿Es necesario hacer cambios constitucionales al respecto? Junto a las reformas constitucionales, ¿qué tipo de medidas políticas se deberían tomar? ¿En qué medida nos pueden servir experiencias comparadas como las del Estado Plurinacional de Bolivia?

Mi tesis, es que Chile debe reconocerse como un país multicultural y multinacional, ello por razones de justicia, igualdad y reparación, tanto para con los pueblos indígenas que lo conforman, como para los inmigrantes que se encuentran habitando el territorio de la República. Dichas razones se pueden encontrar tanto en la filosofía política comunitaria, como en el propio liberalismo. Así durante el presente trabajo pondré a prueba dicha tesis y las complejidades que derivan de ella.

Para alcanzar el objetivo trazado, utilizaré tres herramientas metodológicas: el análisis teórico, la discusión normativa y el comparativo. El análisis teórico servirá para describir las doctrinas multiculturales, su coherencia interna, su estructura normativa y sus límites prácticos. Ello se realizará principalmente en el capítulo primero, aunque se encuentra abordado a lo largo de todo el trabajo.

La segunda herramienta metodológica es la discusión normativa, la que utilizaré para contrastarla con las ideas filosóficas y jurídicas recientes que se han ocupado para no reconocer constitucionalmente el multiculturalismo de la sociedad chilena. Para ello, describiré el marco normativo existente en Chile al respecto y las ideas que subyacen la construcción de un estado monocultural y uninacional. Revisaré si con la incorporación de la legislación sobre pueblos indígenas, las reformas constitucionales del año 2005 y la ratificación del Convenio 169 de la OIT, se puede hablar de cambios o avances en el reconocimiento multicultural. Mi principal propósito en este punto es poner a prueba la tesis del trabajo, es decir, que Chile por razones de justicia, igualdad y reparación debe reconocerse constitucionalmente como una sociedad multicultural. Además sostendré que ello debiera ser defendido tanto por quienes son afines al comunitarismo como al liberalismo. Estos puntos, se trataran principalmente en el capítulo segundo del trabajo.[17]

Finalmente, y como tercera herramienta metodológica ocuparé el comparativo. Este método tiene un valor en sí mismo[18] en lo que sería su modo descriptivo[19], y nos permite además (en su modo aplicado[20]) perseguir una finalidad práctica: la reforma del Derecho. En particular, utilizaré el método del derecho constitucional comparado, al centrar el estudio en el ordenamiento constitucional de un país particular (Chile), de manera que éste es el que se toma como término de comparación, interesando la organización jurídico constitucional de otro país (Bolivia) en la medida que muestre similitudes o contrastes, o sirvan de aclaración para aquel que forma el objeto central de estudio[21]. La comparación con Bolivia es relevante por las siguientes razones: 1) vecindad; 2) comunidad de pueblos indígenas en el norte de Chile; 3) alta inmigración; 4) desarrollo

---

[17] Hago la salvedad, que si bien, estos puntos se tratan principalmente en el capítulo segundo del presente trabajo, ellos se encuentran abordados transversalmente en toda la obra.
[18] Así lo señaló René David al expresar que: "(...) asignamos al Derecho comparado de nuestro tiempo una tarea diferente: la de hacernos comprender los puntos de vista ajenos y la de comprender a los otros nuestro propios puntos de vistas, es decir, la de organizar, en la esfera jurídica, la coexistencia pacífica y, si es posible, armónica que constituye la conditio sine qua non para el mantenimiento y el progreso de nuestra civilización". DAVID, René (2010). *Los grandes sistemas jurídicos contemporáneos*. Ciudad de México, Instituto de Investigaciones Jurídicas, p. 8.
[19] GUTTERIDGE, Harold (1954). *El derecho comparado*. Barcelona, Instituto de derecho comparado, pp. 9-23.
[20] Ibíd., pp. 9-23.
[21] GARCÍA-PELAYO, Manuel (1964). *Derecho constitucional comparado*. Madrid, Revista de Occidente, 7ª ed, pp. 18-32.

constitucional del Estado Plurinacional. Ella se desarrollará en el capítulo tercero del trabajo.

Las razones de vecindad son evidentes, por lo cual conocer de qué manera un país fronterizo afrontó la multiculturalidad, incorporándola a su constitución es una razón para la comparación. Además, Chile y Bolivia, en el extremo norte del primero, comparten comunidades indígenas (quechuas y aymaras) para los cuales las fronteras territoriales de ambos países, en muchos casos, es sólo un aspecto de carácter administrativo. Dichos pueblos transitan de país en país, tal y como lo han hecho desde tiempos ancestrales. Ello implica que a "aymaras" y "quechuas" de Chile y Bolivia se les aplican y reconocen derechos constitucionales y nacionales diferentes, de acuerdo a si fueron inscritos en los registros civiles de uno u otro país. Por tanto, realizar la comparación con Bolivia resulta relevante.

De igual forma, la comparación se fundamenta en la alta inmigración de ciudadanos bolivianos a territorio chileno, la que se acrecentó en la última década, por múltiples razones. Así conocer y comparar el tratamiento multicultural entre ambos países nos puede ayudar a reflexionar sobre posibilidades normativas para una de las fuentes del multiculturalismo.

En Bolivia se ha desarrollado el concepto de "Estado Plurinacional", un modelo de Estado con base étnica que supone tres saltos de escala. La primera, el paso desde la condición cultural de los grupos étnicos al reconocimiento de que son naciones y, a partir de ahí, su estatalización, que supone formar parte de las estructuras del Estado. Cada escala supone formas distintas de organización estatal. La primera es la actualmente existente en Bolivia, que reconoce el carácter multicultural y plurilingüe del país, así como las formas de organización y funcionamiento de las comunidades indígenas. El segundo es el existente en muchos Estados, entre ellos España (que reconoce la existencia de nacionalidades, y no de "naciones") y más recientemente Sudáfrica, que reconoce el carácter de naciones a los grupos étnicos, sin que en ninguno de los casos se haya dado el paso siguiente de incorporarlos a la estructura del Estado, declarando que sea plurinacional en su fundamento mismo. Dicha construcción teórica nos permitirá visualizar (en la comparación), lo que se puede considerar un aporte normativo a las doctrinas multiculturales, de lo que no. Y además, nos permitiría observar, cuáles de dichos aspectos, podrían considerarse aplicables a la realidad chilena como elementos para una reforma constitucional.

Finalmente, en el último capítulo, expondré las conclusiones que he obtenido. Me interesa, principalmente, entregar los elementos centrales tanto en el plano de la filosofía política, como normativos, para que en Chile se elabore una reforma constitucional que incorpore el razonamiento de las doctrinas multiculturales y, a partir de ello, las políticas de reconocimiento, respeto y diferencia sean parte fundante del ordenamiento jurídico y, por ende, principios para la actuación de todos los poderes públicos.

I. PANORAMA GENERAL DEL MULTICULTURALISMO

> "Colón desconoce pues la diversidad de las lenguas, lo cual, frente a una lengua extranjera, sólo le deja dos posibilidades de comportamiento complementarias: reconocer que es una lengua pero negarse a creer que sea diferente, o reconocer su diferencia pero negarse a admitir que se trate de una lengua...Esta última reacción es la que provocan los indios que encuentra muy al principio, el 12 de octubre de 1492; al verlos, se promete: "Yo, placiendo a Nuestro Señor, llevaré de aquí al tiempo de mi partida seis a V.A. para que deprendan fablar".
>
> Tzvetan Todorov[22]

El presente capítulo tiene por objeto, revisar el marco teórico en el cual se desarrolla el debate sobre el multiculturalismo, tanto en el plano de la filosofía política, como en sus aspectos normativos y prácticos.

En primer lugar, revisaré la extensión del concepto de multiculturalismo, señalando los límites del mismo, en qué sentido se usará y la justificación de ello.

En segundo lugar, abordaré los principales aspectos del debate de la filosofía política sobre el multiculturalismo. Para ello, revisaré los planteamientos del comunitarismo, con sus exponentes principales y, luego,

---

[22] TODOROV, Tzvetan (2010). *La Conquista de América. El problema del otro.* Madrid, Siglo XXI, p. 38.

las respuestas dadas de parte del liberalismo en sus diversas variantes. Para esquematizar el debate, seguiré las fases señaladas por Will Kymlicka.[23]

En tercer lugar, en el plano de las consecuencias normativas y prácticas del debate filosófico sobre el multiculturalismo, analizaré las políticas generales y específicas que se han propuesto para abordar el fenómeno multicultural.

Luego, y en cuarto lugar, expondré las políticas que se han llevado a cabo para abordar la inmigración, centrándome en las experiencias de países Europeos y de Norte América.

De igual forma, en quinto y sexto lugar, analizaré los aspectos más importantes sobre los derechos de los pueblos indígenas y las minorías nacionales, revisando su recepción en el Derecho Internacional de los Derechos Humanos, con especial atención en el Convenio 169 de la Organización Internacional del Trabajo, sobre Pueblos Indígenas y tribales en países independientes. Abordaré el tema de la constitucionalización de los Derechos Indígenas, ya que ha sido en este campo, en el que se ha desenvuelto el debate sobre el multiculturalismo en América Latina.

En séptimo lugar, desarrollaré la discusión jurídica que se ha producido en torno al derecho de los grupos. Para ello analizaré los planteamientos de Luis Rodríguez Abascal[24] y de Neus Torbisco.[25]

Finalmente, y a modo de resumen del capítulo, integraré todos los puntos expuestos, señalando los principales aspectos tratados, e identificando el

---

[23] KYMLICKA, Will (2003). *La política vernácula. Nacionalismo, multiculturalismo y ciudadanía*. Barcelona, Paidós, pp. 29-58.
[24] RODRIGUEZ ABASCAL, Luis (2002). "El debate sobre los derechos de grupo". En: *Estado, Justicia y Derechos*. Madrid, Alianza Editorial, pp. 409-434.
[25] TORBISCO, Neus (2006). *Group Rights as Human Rights. A Liberal Approach to Multiculturalism*. Barcelona, Springer, 263 pp.

estado actual del multiculturalismo respecto de la filosofía política, el debate normativo, el aspecto práctico y el tratamiento del mismo en América Latina.

1.1. Precisiones sobre el concepto de "multiculturalismo".

El concepto de multiculturalismo se ha usado para dar cuenta de la diversidad cultural existente en las sociedades modernas, con múltiples acepciones y alcances. El concepto se utiliza para hacer referencia a grupos con características, necesidades y exigencias muy disímiles: mujeres, homosexuales, discapacitados, pueblos indígenas, niños, entre otros.[26]

Este uso amplio y vago del vocablo multiculturalismo, se debería, según Will Kymlicka[27], a la complejidad del término cultura. Así, el concepto es usado para nombrar las costumbres de grupos, y en otros momentos tiene como referente la civilización moderna, urbana y secular.

Cuando el concepto se utiliza de forma tan amplia, trae por consecuencia la dificultad de saber con claridad a qué fenómeno social nos estamos refiriendo y, por ende, problemas de comunicación entre los interlocutores. Por ello, es necesario precisar el concepto y determinar con claridad los alcances del mismo.

De esta forma, distingo el multiculturalismo del pluralismo. Entiendo por pluralismo, la diversidad de concepciones morales que tienen los individuos y los grupos que conforman una sociedad. En el pluralismo hay diversidad, pero existe un consenso básico o fundante en el plano

---

[26] Sobre las múltiples acepciones que se han utilizado para el concepto de "multicultiralismo", véase: GIANNI, Matteo (2001). "¿Cuál podría ser la concepción liberal de ciudadanía diferenciada?" En: *La Multiculturalidad*. Madrid, Cuadernos de Derecho Judicial, Consejo General del Poder Judicial, pp. 17-30.
[27] KYMLICKA, Will (1995). *Ciudadanía multicultural*. Barcelona, Paidós, pp. 25-45.

axiológico y, por ende, en su configuración normativa. Hay diversidad en el entendimiento de los valores de la sociedad, pero se comparten los valores y principios de una cultura. En el pluralismo, existen diferencias en la sociedad que no son estructurales, que se resuelven dentro del mismo imaginario cultural y esquema institucional.

Por multiculturalismo, se entendería el pluralismo de las culturas. Existen códigos culturales diferentes, visiones de mundo distintas. Con ello la relación en una sociedad multicultural se vuelve más compleja, los problemas que genera la convivencia de culturas distintas, trae tensiones constantes.

Visto así, tanto el pluralismo como el multiculturalismo son situaciones de hecho, son conceptos descriptivos de la sociedad en la que se vive[28]. "Todas las sociedades democráticas modernas contienen múltiples culturas en su interior. En ese sentido directo, las sociedad democráticas pueden llamarse multiculturales".[29]

Tomando en consideración lo señalado, el multiculturalismo se podría definir de la siguiente forma:

> "El multiculturalismo es el pluralismo de las culturas al interior de una misma sociedad política. No se trata, pues, del pluralismo de intereses, de las necesidades o de las preferencias, sino de las "culturas", esto es, de los universos simbólicos que confieren significado a las elecciones y a los planes de vida de aquellos que la habitan".[30]

---

[28] Véase: DE LUCAS, Javier (2001). Ob., cit., pp. 63-64.
[29] GUTMANN, Amy (2008). *La identidad en democracia*. Buenos Aires, Katz Editores, p. 68.
[30] VIOLA, Francesco (2003). "Constitución y multiculturalismo". *Ragion practica*, N° 20, pp. 33-71.

En un sentido similar, Will Kymlicka señala que:

"Me centraré en el tipo de <<multiculturalismo>> derivado de las diferencias nacionales y étnicas. Como dije antes, utilizo <<cultura>> como sinónimo de <<nación>> o <<pueblo>>; es decir, como una comunidad intergeneracional, más o menos completa institucionalmente, que ocupa un territorio o una patria determinada y comparte un lenguaje y una historia específicas. Por tanto, un Estado es multicultural bien si sus miembros pertenecen a naciones diferentes (un Estado multinacional), bien si éstos han emigrado de diversas naciones (un Estado poliétnico), siempre y cuando ello suponga un aspecto importante de la identidad personal y la vida política".[31]

Así para Kymlicka, las fuentes del multiculturalismo de un país serían dos: 1) La coexistencia, dentro de un determinado Estado, de más de una nación; 2) La inmigración.

En la primera fuente de multiculturalismo, Kymlicka entiende por nación, una comunidad histórica, más o menos completa institucionalmente, que ocupa un territorio o una tierra natal determinada y que comparte una lengua y una cultura diferenciada. Dicho concepto de nación, estaría estrechamente ligado, al de pueblo o de cultura, siendo una definición de tipo sociológica. En este concepto se integran tanto a minorías culturales, como a pueblos (naciones) indígenas.

Resulta importante la idea de que la incorporación de distintas naciones dentro de un sólo Estado puede ser de tipo involuntaria (conquista, invasión o cesión de la comunidad de una potencia imperial a otra) o voluntaria

---

[31] KYMLICKA, Will (1995). Ob., cit., p. 36.

(federación, Estado Plurinacional o multinacional). Existen varios ejemplos de democracias occidentales de tipo multinacional que se han formado voluntariamente: Canadá, España, Bélgica, Suiza y Bolivia.[32]

La segunda fuente del muticulturalismo es la inmigración. Un país será multicultural si presenta un gran número de individuos de otras culturas o nacionalidades, que hubieran llegado al país producto de inmigración, a los cuales se les permita mantener algunas de sus particularidades culturales.

Las formas de pluralismo cultural o multiculturalismo precitadas, en cuanto a la composición del Estado, ha implicado el surgimiento de nuevas categorías: los Estados multinacionales y Estados poliétnicos.

Los Estados multinacionales, son aquellos constituidos por más de una nación y los poliétnicos, los que aceptan de manera amplia la inmigración de individuos de culturas diferentes a la hegemónica y que permiten expresar, promover y proyectar sus diferentes legados culturales (Estados Unidos y Canadá, son buenos ejemplos de Estados poliétnicos).

Así los Estado pueden ser "a la vez multinacional (como resultado de la colonización, la conquista o la confederación de comunidades nacionales) y poliétnico (como resultado de la inmigración individual y familiar)".[33]

Entender el multiculturalismo, desde la óptica de pluralismo de las culturas, trae como consecuencia no incluir en el concepto los tipos de vida, movimientos sociales y asociaciones voluntarias de la sociedad civil, que otros sí incorporan. Estos grupos se pueden considerar de interés, a

---

[32] Todos los ejemplos dados, constituyen diferentes tipos de Estados multinacionales. Canadá, es una federación de tres grupos nacionales distintos: ingleses, franceses y aborígenes. España, es un Estado regional, de carácter unitario, que en su seno alberga distintas nacionalidades. El caso de Bolivia, es un Estado Unitario que reconoce en su Constitución estar compuesto por distintas nacionalidades, cuyo origen principalmente se deriva de pueblos indígenas.
[33] KYMLICKA, Will (1995). Ob., cit., p. 34.

diferencia de los que surgen por las fuentes del multiculturalismo, que se denominarían grupos de tipo identitarios.[34]

Lo anterior se debe a que las demandas de los movimientos o grupos de tipo homosexual, feministas, lesbianas, discapacitados y otros, son luchas más amplias para lograr una democracia más tolerante e inclusiva. Dichas demandas son transversales a todos los grupos de la sociedad.[35]

Por tanto, para el desarrollo del presente trabajo, se utilizará un concepto de multiculturalismo de tipo operativo, que incorpora la pluralidad de culturas, derivadas de una fuente étnica o nacional, y de la inmigración.

1.2. El debate liberal-comunitario.

Desde mediados de la década de 1970, comenzó un movimiento en la filosofía política de revalorización del espacio común y de otorgar una creciente importancia moral e identitaria al grupo y la comunidad. En el plano de la filosofía política, y desde una óptica comunitaria, se inició con los ensayos de Vernon Van Dyke[36], quien criticó a John Rawls[37], en el año 1977, señalando que en su teoría de la justicia no existía cabida para los grupos sociales, que median entre el individuo y el Estado.

Coetáneamente, en Europa se observaba con atención el movimiento descolonizador en África, generándose a la par, movimientos de orientación nacionalista. La retórica de territorio ocupado, liberación nacional, opresión extrajera, son las consignas del discurso de los movimientos nacionalistas.

---

[34] Véase: GUTMANN, Amy (2008). Ob., cit., pp. 61-126.
[35] KYMLICKA, Will (1995). Ob., cit., p. 36.
[36] VAN DYKE, Vernon (1977). "The Individual, the State, and Ethnic Communities in Political Theory". *World Politics*, N° 29, pp. 343-369.
[37] RAWLS, John (2006). *Teoría de la Justicia*. Ciudad de México, Fondo de Cultura Económica, 6ª reimpresión, 539 pp.

Dichos movimientos tuvieron (en general) una base ideológica de izquierda radical. Sostuvieron la tesis de que la "revolución" en el Estado unitario era muy complicada, se volcaron a los espacios locales y unidades territoriales-culturales más básicas. Para la izquierda radical, liderar un Estado pequeño nacionalista sería más fácil. Rompen con el ideal de la izquierda universal e internacionalista.

Se produce una crítica genérica del individualismo, una vuelta a la solidaridad comunitaria. Hay una emergencia de movimientos nacionalistas de emulación a la descolonización de África y Asia.[38]

De la revalorización de los grupos sociales, se da paso a la atribución de los derechos a esos grupos y, luego, un rechazo de los derechos individuales. Esto tiene múltiples matices, variados lugares, y variopintas trincheras. El movimiento es heterogéneo, y da lugar al nacionalismo, multiculturalismo, políticas de la diferencia, indigenismo, etc.[39]

En América Latina, a finales de la década de 1980 y principios de la década de 1990, se produce la "emergencia indígena", copando las agendas políticas y cuestionando las bases del Estado nacional, monocultural y unitario.

---

[38] Mónica Quijada señala en ese sentido, que los procesos de descolonización en Asia y África y la lucha por los derechos civiles en los Estados Unidos, "modificaron muchas perspectivas de valoración de la diversidad. Surgió el relativismo cultural, se produjo una revalorización de las diferencias étnicas y finalmente, en ese mundo hegemónico de los derechos individuales, ha irrumpido la noción de los derechos comunitarios. De tal forma, frente a la monocultura que se había asociado a los valores de la civilización occidental comenzó a imponerse una nueva perspectiva, la del <<pluralismo cultural>>. En: QUIJADA, Mónica (2007). "Estado nacional y pueblos originarios, entre la homogeneización y la diversidad: ¿una pulsión colectiva duradera?" En: *Ciudadanía y derechos indígenas en América Latina: poblaciones, estados y orden internacional*. Madrid, Centro de Estudios Políticos y Constitucionales, pp. 72-73.

[39] Véase: RODRIGUEZ ABASCAL, Luis (2000). *Las fronteras del nacionalismo*, Madrid, Centro de Estudios Políticas y Constitucionales, 550 pp.

Todo lo anterior, configura en términos generales, el contexto histórico político, para el debate entre liberales y comunitaristas, que se lleva a cabo en la filosofía política y del cual daré cuenta a continuación. Para ello, y teniendo presente que el debate ha tenido distintos momentos históricos, utilizaré la división temporal y temática planteada por Will Kymlicka[40], dividiéndolo en tres fases, y un punto cuarto donde trato en extenso lo que se denomina "liberalismo cultural o multicultural". El esquema se traduciría en: 1) Los derechos de las minorías entendidos desde la óptica del comunitarismo; 2) Los derechos de las minorías en el seno de un marco liberal; 3) Los derechos de las minorías como respuesta a la construcción nacional; 4) El culturalismo liberal o liberalismo multicultural.

1.2.1. Los derechos de las minorías desde la perspectiva del comunitarismo.

Temporalmente, esta fase está compuesta por aquellos teóricos que desarrollaron el tema durante las décadas de 1970 y 1980, época en la cual, los derechos de las minorías fueron asumidos desde el comunitarismo. Para ejemplificar el punto, me centraré en la obra de Charles Taylor, quien en su libro titulado: El multiculturalismo y la "Política del Reconocimiento", expresa con gran claridad los principales tópicos de la postura comunitaria al respecto.

La idea central de la política del reconocimiento, expuesta por Taylor, es que la identidad se moldea en parte por el reconocimiento[41] o por la falta de

---

[40] KYMLICKA, Will (2003). Ob. cit., pp. 29-58.
[41] Nancy Fraser, señala que el término "reconocimiento": "(...) proviene de la filosofía hegeliana y, en concreto, de la fenomenología de la conciencia. En esta tradición, el reconocimiento designa una relación recíproca ideal entre sujetos, en la que cada uno ve al otro como su igual y también como separado de sí. Se estima que esta relación es constitutiva de la subjetividad: uno se convierte en sujeto individual sólo en virtud de reconocer a otro sujeto y ser reconocido por él. Por tanto, el "reconocimiento" implica la tesis hegeliana, considerada a

éste. Se incluye también la idea de un falso reconocimiento de otros, en el cual "un individuo o un grupo de personas puede sufrir un verdadero daño, una auténtica deformación si la gente o la sociedad que lo rodean le muestran, como reflejo, un cuadro limitativo, o degradante o despreciable de sí mismo. El falso reconocimiento o la falta de reconocimiento pueden causar daño, pueden ser una forma de opresión que subyugue a alguien en un modo de ser falso, deformado y reducido".[42]

Como ejemplo de la falta de reconocimiento y atingente a nuestra realidad, Taylor afirma que a partir de 1492 los europeos proyectaron una imagen de los pueblos indígenas como inferiores, "incivilizados", y mediante la fuerza de la conquista lograron imponer esa imagen a los conquistados.[43]

Dentro de esta perspectiva la falta de reconocimiento o el falso reconocimiento, no sólo es una muestra de falta de respeto, sino que pueden causar una herida profunda a las personas, generando en ella un odio a sí mismas. "El reconocimiento debido, no sólo es una cortesía que debamos a los demás: es una necesidad humana vital".[44]

Taylor apunta los principales cambios en la estructura societal, que dan sentido a las ideas señaladas. En primer lugar, se genera un desplome de las

---

menudo opuesta al individualismo liberal, de que las relaciones sociales son anteriores a los individuos y la intersubjetividad es anterior a la subjetividad". En: FRASER, Nancy (2006). "La justicia social en la era de la política de la identidad: Redistribución, reconocimiento y participación". En: ¿Redistribución o reconocimiento? Madrid, Morata, pp. 17-88.
[42] TAYLOR, Charles (2009). El multiculturalismo y "la política del reconocimiento. México, Fondo de cultura económica, 2ª ed., pp. 53-54.
[43] Ibíd., p. 54. En el mismo sentido, véase: QUIJADA, Mónica (2007). Ob., cit., p. 73.
[44] TAYLOR, Charles (2009). Ob., cit., p. 55. Cabe en este punto, tener presente la crítica que realiza Nancy Fraser a la justificación que dan los teóricos del reconocimiento para distinguir las reivindicaciones de reconocimiento justificadas de las que no lo serían. Así, según Taylor y Honneth, la necesidad de reconocimiento, se encuentra ligada a la de identidad y por ende autoestima. Para Fraser ello es cuestionable y lo argumenta en cuanto a las identidades racistas. Por ello propone, que: "(...) los reclamantes de reconocimiento deben demostrar que los acuerdos vigentes les impiden participar en la vida social en calidad de igualdad con los otros". En: FRASER, Nancy (2006). Ob., cit., pp. 43-44.

jerarquías sociales, que solían ser la base del honor, empleado en el sentido que tenía en el antiguo régimen, en el que estaba intrínsecamente relacionado con la desigualdad. Luego, en segundo lugar, contra el concepto del honor, se levanta el concepto moderno de la dignidad. La dignidad se entiende igual para todos los seres humanos, por ende es universalista e igualitario. Esta es la premisa subyacente que todos comparten, única, compatible con una sociedad democrática. Ello implica formas de reconocimiento igualitario. El contenido de esta política fue la de igualar los derechos y los títulos, una ciudadanía igualitaria, cuyo mayor triunfo fue el obtenido por el movimiento de los derechos civiles en los Estados Unidos, durante la década de 1960.

En este tránsito[45], Taylor ve una continuidad entre las formas de reconocimiento igualitario de las democracias modernas, y las actuales exigencias de igualdad de status para las culturas y para los sexos.

La importancia del reconocimiento igualitario, se modificó e intensificó a partir de la nueva interpretación de la identidad individual, que surgió a finales del siglo XVIII, denominada "autenticidad".[46]

Taylor, siguiendo a Lionel Trilling, se refiere a la identidad como el ideal de la "autenticidad". La fuente moral con la que se tiene que estar en contacto se encuentra dentro de nosotros. "Este hecho forma parte del

---

[45] Charles Taylor hace una cronología histórica que para Axel Honneth, resulta engañosa. Para Honneth, la política de la identidad no es un fenómeno nuevo, se pueden encontrar sus raíces a comienzos de 1800, en la época de los nacionalismos europeos del siglo xix. Al respecto ver: HONNETH, Axel (2006). "Redistribución como reconocimiento: Respuesta a Nancy Fraser". En: ¿Redistribución o reconocimiento? Madrid, Morata, pp. 89-148.
[46] Anthony Appiah señala que la autenticidad no se construye exclusivamente por la persona, como piensa Lionel Trilling, a lo que se llamó escencialismo. La autenticidad, como rasgo de la identidad, se construye por el dialogo y el reconocimiento. Véase: APPIAH, Anthony (2009). "Identidad, Autenticidad, Supervivencia. Sociedades multiculturales y reproducción social". En: El multiculturalismo y "la política del reconocimiento". México, Fondo de cultura económica, 2ª ed., pp. 213-232.

enorme giro subjetivo característico de la cultura moderna, es una nueva forma de interioridad que llegamos a pensar en nosotros como seres con profundidad interna".[47]

La importancia de la fidelidad moral con uno mismo, aumenta cuando se incorpora el principio de originalidad, en el sentido de que cada una de nuestras voces tiene algo único que decir. Así, ser fiel a uno mismo, significa ser fiel a su propia originalidad, siendo algo que sólo el individuo puede articular y descubrir.

Taylor hace una prevención importante en el relato, señalando que Herder aplicó su concepción de originalidad en dos niveles, no sólo a la persona individual, sino que también a los pueblos que transmiten su cultura entre otros pueblos.

Taylor identifica la idea de Herder, como seminal del nacionalismo (benigno y maligno) en la idea de que el colonialismo europeo debe extinguirse para dar a los pueblos del Tercer Mundo su oportunidad de ser ellos mismos, sin obstáculos.

La idea de autenticidad es crucial para Taylor. Según él, el nacimiento de una sociedad democrática no anula por sí mismo el fenómeno del honor, pues las personas aún pueden definirse por el papel social que desempeñan. Sin embargo, lo que si socava en definitiva esta identificación derivada de la sociedad, es el propio ideal de autenticidad.

La importancia de la fidelidad moral con uno mismo, aumenta cuando se incorpora el principio de originalidad, en el sentido de que cada una de nuestras voces tiene algo único que decir. Así, ser fiel a uno mismo,

---

[47] TAYLOR, Charles (2009). Ob., cit., p. 58.

significa ser coherente con su propia originalidad, siendo algo que sólo el individuo puede articular y descubrir.[48]

El punto central de Taylor en la idea de autenticidad y de identidad, es que ella no se produce por generación interna, sino que el rasgo decisivo es su carácter fundamentalmente dialógico[49]. "La génesis de la mente humana no es, en este sentido, monológica (no es algo que cada quién logra por sí mismo), sino dialógica".[50]

La identidad siempre se define en diálogo con las cosas que nuestros otros significantes desean ver en nosotros, y a veces en lucha con ellas. El ideal unidimensional esencialista, subestima gravemente el lugar que ocupa lo dialógico en la vida humana.[51]

Así, el reconocimiento igualitario depende del diálogo abierto y respetuoso y no de imposiciones morales de otros[52]. Taylor lo considera fundamental para un democracia sana. Su rechazo puede causar daño a quienes se les niega y constituir una forma de opresión.

El reconocimiento igualitario tiene dos esferas. Primero, una íntima, donde se comprende que la formación de la identidad y del yo tiene lugar en un diálogo sostenido y en pugna con los otros significantes. Segundo, una

---

[48] Véase: TAYLOR, Charles (1996). *Fuentes del yo: la construcción de la identidad moderna.* Barcelona, Paidós, 800 pp.
[49] Sobre la perspectiva comunitarista de la identidad y su crítica al atomismo liberal, desde una visión que cuestiona los presupuestos racionales de la misma, véase: ALVAREZ, Silvina (2002). *La racionalidad de la moral. Un análisis crítico de los presupuestos morales del comunitarismo.* Madrid, Centro de Estudios Políticos y Constitucionales, pp. 251-281.
[50] TAYLOR, Charles (2009). Ob., cit., p. 63.
[51] Ibíd., p. 65.
[52] En diciembre de 1986, Charles Taylor visitó Chile y dio una conferencia en el Centro de Estudios de la Realidad Contemporánea, la que ha sido recientemente publicada en Chile en formato de libro. En dicha ponencia, Taylor plantea lo que denominó: "Algunas condiciones para una democracia viable". Dentro de las condiciones para una democracia viable, se encontrarían las que generan el sentimiento de igual respeto. Véase: TAYLOR, Charles (2012). *Democracia Republicana.* Santiago de Chile, LOM ediciones, p. 30.

esfera pública, donde la política del reconocimiento igualitario llega a desempeñar un papel cada día mayor.

El desarrollo moderno del concepto de identidad hizo surgir la política de la diferencia. Con la política de la dignidad lo que se establece pretende ser universalmente lo mismo, un cúmulo idéntico de derechos e inmunidades.

A diferencia de lo anterior, para Taylor el fin de la política de la diferencia es que se reconozca la identidad única del individuo o del grupo, el hecho de que es distinto de todos los demás. Ello sería lo que se ha pasado por alto, ha sido objeto de glosas y asimilada por una identidad dominante o mayoritaria, constituyéndose en el principal agravio contra el ideal de autenticidad.[53]

En la política de la diferencia subyace el principio de igualdad universal, lo que otorga a dicho principio un punto de enclave en la política de la dignidad. Sin embargo, es compleja su compatibilidad con la política de la dignidad universal, ya que se exige reconocimiento y status a algo que no es universalmente compartido. La política de la dignidad universal busca la no discriminación, con formas ciegas a los modos en que se diferencian los ciudadanos.

La política de la diferencia a menudo redefine la no discriminación exigiendo que hagamos de estas distinciones la base de un tratamiento diferencial. Taylor pone como ejemplo un tratamiento diferente a los grupos aborígenes canadienses, señalando que reciben ciertos derechos y facultades de los cuales no gozan otros canadienses.

---

[53] TAYLOR, Charles (2009). Ob., cit., p. 71.

Taylor argumenta que los partidarios de la dignidad universal (liberales)[54], intentan justificar las políticas de la diferencia, sobre la base original de la dignidad, utilizando como idea la de "discriminación a la inversa o positiva".

"La discriminación a la inversa es defendida como una medida temporal que gradualmente nivelará el campo de juego y permitirá

---

[54] Taylor apunta que la política de la dignidad igualitaria surgió en la civilización occidental de dos modelos, creados por Rousseau y Kant. Analizando a Rousseau, señala que él tiende a oponer la condición de libertad en la igualdad a otra que se caracteriza por la jerarquía y la dependencia de los otros. Señala que la persona depende de otro, no sólo porque se ejerza un poder político o porque la necesite para su subsistencia, sino también porque anhela contar con su estima. Para Rousseau, el remedio no consistiría en rechazar la importancia de la estima, sino en entrar en un sistema totalmente distinto que se caracterice por la igualdad, la reciprocidad y la unidad de propósito. La unidad de propósito, entendida como voluntad general, se construye con la igualdad de estima. Así el silogismo de Rousseau, es que el "yo" es "nosotros" y "nosotros" el "yo". En Rousseau, libertad entendida como no dominación, ausencia de roles diferenciados y un propósito común muy compacto, son aspectos inseparables de su teoría. Así todos debemos depender de la voluntad general para que no surjan formas bilaterales de dependencia. Véase: ROUSSEAU, Jean Jacques (1983). *El Contrato Social*. Madrid, Sarpe, pp. 40-42. Para Taylor, lo planteado por Rousseau ha sido la fórmula para las formas más terribles de tiranía homogeneizante, comenzando por los jacobinos para terminar con los regímenes totalitarios del siglo XX. El modelo Kantiano de dignidad universal, separa de la triada Rousseauniana la libertad igualitaria, siendo ajeno a dicho sistema la idea de voluntad general.
Sin embargo esta variante del liberalismo, "(…) sólo pueden otorgar un reconocimiento muy limitado a las distintas identidades culturales. La idea de que cualquiera de los conjuntos habituales de derechos puede aplicarse en un contexto cultural de manera diferente que en otro, que sea posible que su aplicación haya de tomar en cuenta las diferentes metas colectivas, se considera del todo inaceptable". Para explicar ésta forma de liberalismo, Taylor revisa lo planteado por Dworkin, señalando que todas las personas tienen opiniones sobre los fines de la vida, sobre lo constituye una vida buena, pero se reconoce el compromiso de tratarnos recíprocamente en forma equitativa e igualitaria, cualquiera que sea el modo en que concibamos nuestros fines. El compromiso de trato igualitario y equitativo, es de tipo procesal, mientras que el compromiso con los fines de la vida, es de tipo sustancial. Dworkin, afirma que una sociedad liberal es aquella que, como sociedad, no adopta ninguna opinión sustantiva particular acerca de los fines de la vida. Antes bien, la sociedad se une en torno a un poderoso compromiso procesal de tratar a las personas con igual respeto. "Hay suposiciones filosóficas muy profundas que subyacen en esta opinión del liberalismo arraigado en el pensamiento de Immanuel Kant. Entre ellas, destaca el de que esta opinión considera que la dignidad humana consiste en gran medida en la autonomía, es decir, en la capacidad de cada persona para determinar por sí misma su idea de la vida buena. La dignidad está menos asociada con cierta concepción particular de la vida buena (como que el que alguien se apartara de ella rebajaría su propia dignidad) que con la capacidad de considerar y adoptar para uno mismo alguna opinión u otra". Véase: TAYLOR, Charles (2009). Ob., cit., pp. 69-88.
Así la sociedad neutral debe permanecer neutral ante la o las concepciones de vida, y limitarse a garantizar que los ciudadanos se traten sin distinciones y el Estado los trate a todos por igual.

que las viejas reglas "ciegas" retornen con todo su vigor, en tal forma que no discriminen a nadie. Este argumento parece bastante convincente ahí donde su base fáctica es sólida; sin embargo, no justificará algunas de las medidas que hoy se piden en nombre de la diferencia, y cuyo objeto no es el de hacernos retroceder, a la larga, a un espacio social "ciego a la diferencia", sino, por el contrario, conservar y atender a las distinciones, no sólo hoy, sino siempre. Al fin y al cabo, si la identidad es lo que nos preocupa, ¿entonces qué es más legítimo que nuestra aspiración a nunca perderla?"[55]

Charles Taylor crítica el argumento de Will Kymlicka[56], de defender la política de la diferencia en relación con los aborígenes en Canadá, desde la teoría de la neutralidad liberal. Señala que el argumento de Kymlicka no integra las demandas reales hechas por los aborígenes de supervivencia de su cultura.[57]

---

[55] Ibíd., p. 73.

[56] Argumento utilizado en el libro: KYMLICKA, Will (1989). *Liberalism, Community and Culture*. Oxford, Oxford University Press, 280 pp.

[57] La supervivencia cultural para Taylor es una meta colectiva que puede ser amparada y desarrollada por un gobierno. Para ejemplificar ello, señala que: "Para el gobierno de Quebec, es axiomático que la supervivencia y el florecimiento de la cultura francesa en esta provincia constituye un bien". En: TAYLOR, Charles (2009). Ob., cit., pp. 96-97. Éste es uno de los puntos más discutidos en la teoría de Taylor. Amy Gutmann, apunta al respecto: "El ensayo de Appiah da motivos para preocuparse por la demanda de la supervivencia cultural entendida como una garantía política de que ninguna cultura seguirá existiendo por generaciones futuras indefinidas. Appiah está de acuerdo con Taylor en que hay "objetivos colectivos legítimos cuya búsqueda hará necesario renunciar al procedimiento puro", pero la supervivencia cultural indefinida no se encuentra entre estas metas". En: GUTMANN, Amy (2009). "Introducción". En: *El multiculturalismo y "la política del reconocimiento"*. México, Fondo de cultura económica, 2ª ed., pp. 11-52. En un sentido similar, Habermas crítica la "supervivencia cultural" planteada por Taylor, señalando que: "La protección de las tradiciones y de las formas de vida que configuran las identidades debe servir, en último término, al reconocimiento de sus miembros; no tiene de ningún modo el sentido de una protección administrativa de las especies. El punto de vista ecológico de la conservación de las especies no puede trasladarse a las culturas. Las tradiciones culturales y las formas de vida que en ellas se articulan se reproducen normalmente por el hecho de que convencen a aquellos que las abrazan y las graban en sus estructuras de personalidad, es decir, porque motivan a una apropiación productiva y una prosecución de las mismas. Desde los presupuestos del estado de derecho, sólo cabe posibilitar

La política de la diferencia también se fundamenta en un potencial universal, el de modelar y definir la propia identidad, como individuos y como cultura. Esta potencialidad debe respetarse en todos por igual y entre todas las culturas. Para Taylor, la arrogancia de superioridad cultural implica el rechazo al principio de la igualdad humana.

El reproche que hace el liberalismo a la política de la diferencia, es que viola el principio de no discriminación. La crítica de la política de la diferencia al liberalismo, es que niega la identidad cuando constriñe a las personas en un molde homogéneo que no les pertenece. Ya sería un problema si el molde fuere neutral, pero la queja va más allá, pues señala que el conjunto de principios supuestamente neutral, es en realidad, el reflejo de una cultura hegemónica. Así, sólo las culturas minoritarias o suprimidas son constreñidas a asumir una forma que les es ajena.[58]

Taylor plantea que las teorías de Rawls, Dworkin y Habermas, parten de la suposición que una de ellas es la correcta. Señala que estas teorías liberales son particularismos que se disfrazan de universalismos.

Para Charles Taylor, el liberalismo clásico, es intolerante con la diferencia, porque insiste en una aplicación uniforme de las reglas que definen esos derechos, sin excepción, y desconfía de las metas colectivas.

En resumen, en esta primera fase del debate, desde la óptica liberal, se aprecia la autonomía individual, oponiéndose a los derechos de las minorías, debido a que son innecesarios y una peligrosa desviación del

---

ese rendimiento hermenéutico de la reproducción cultural de los mundos de la vida, ya que una garantía de supervivencia habría de robarles a los miembros precisamente la libertad de decir si o no, que hoy en día constituye una condición necesaria para la apropiación y preservación de una herencia cultural". HABERMAS, Jürgen (2009). "La lucha por el reconocimiento en el Estado Democrático de Derecho". En: *El multiculturalismo y "la política del reconocimiento"*. Fondo de cultura económica, 2ª ed. México, pp. 186-187.
[58] TAYLOR, Charles (2009). Ob., cit., p. 78.

adecuado énfasis en el individuo. Por el contrario, los comunitaristas ven los derechos de las minorías como una apropiada forma de protección de las comunidades frente a los erosivos efectos de la autonomía individual y como un modo de afirmar el valor de la comunidad.[59]

1.2.2. <u>Los derechos de las minorías en el marco liberal.</u>

Durante la década de 1990, el debate da un giro, ya que teóricos del liberalismo reconocen que éste pueda dar cabida a derechos de las minorías. Will Kymlicka escribe varios trabajos al respecto, siendo el libro titulado "Ciudadanía multicultural", donde expone la tesis de compatibilidad entre liberalismo y derechos de las minorías, dando paso a lo que se denomina como "liberalismo cultural o multiculturalismo liberal"[60]. Junto a los trabajos de Kymlicka, Joseph Raz, plantea una teoría de libertad, donde los bienes colectivos juegan un papel importante en una auténtica posibilidad de autonomía. Con la idea de bien común, Raz construye una teoría liberal de derechos colectivos que es entendida como moderadamente comunitaria.[61]

Kymlicka, analiza las demandas de los grupos etnoculturales y minorías nacionales, señalando que la mayoría[62] de ellos desean participar en forma

---

[59] KYMLICKA, Will (2003). Ob., cit., p. 32.
[60] El liberalismo cultural, busca en palabras de Kymlicka: "(…) demostrar que muchas (aunque no todas) las reivindicaciones de los grupos étnicos y nacionales son consistentes con los principios liberales de libertad individual y justicia social. No quiero decir con ello que estas cuestiones se puedan <<resolver>> de una manera definitiva; lo que está en juego es demasiado complicado para ello. Pero se pueden <<gestionar>>, de manera pacífica y justa, si damos por supuesto que existe un cierto grado de buena voluntad". En: KYMLICKA, Will. (1995) Ob. cit., p. 265.
[61] Véase: RAZ, Joseph (1988). *The morality of freedom*. Oxford, pp. 245-267.
[62] No comparto la conceptualización que ha realizado de esta fase Miguel Carbonell (siguiendo a Will Kymlicka), debido a que afirma una demostración que Kymlicka asume como algo ejemplar. Kymlicka no afirma categóricamente que haya demostrado que todos grupos etnoculturales y minorías nacionales tengan ideales o demandas liberales. De hecho en su libro "La política vernácula", en el punto 6 "Teoría de los derechos indígenas", asume la tensión entre individuo y colectividad patente en los grupos indígenas. Sin embargo, cuando Carbonell

plena e igualitaria en las sociedades liberales modernas. Algunos de ellos, desea la secesión de una democracia liberal, pero para la creación de su democracia liberal, no una sociedad de tipo comunitaria.

Así, para Kymlicka, el debate en esta segunda fase, en especial el derecho de las minorías, queda reformulado como una cuestión inserta en la teoría liberal y el reto es poder incluir las demandas dentro del marco general del liberalismo.

Las preguntas que surgen en esta etapa, y a las que se busca dar respuesta desde el liberalismo, son: 1) Si las minorías culturales en su mayoría son liberales: ¿Por qué necesitan que se les reconozca un estatus jurídico particular? 2) ¿Por qué no pueden satisfacer sus expectativas de vida con los típicos derechos fundamentales asignados a todos? 3) ¿Cómo asegurar que el reconocimiento de un estatuto jurídico particular para las minorías no representará un rompimiento de los postulados esenciales del liberalismo? 4) ¿Hasta dónde puede llegar ese reconocimiento sin situarse fuera del ámbito liberal?

Como respuesta a las preguntas planteadas, Kymlicka formula dos reglas que deberían respetar las minorías culturales para que sus derechos sean coherentes con el liberalismo cultural. Así tendría sentido establecer derechos para las minorías si estos: 1) Protegen la libertad de los individuos

---

hace un resumen de la segunda fase expuesta por Kymlicka, afirma que "[l]as minorías culturales dejan de ser vistas como grupos regresivos y anti-liberales porque se comprueba la adhesión a los principios de la modernidad liberal es tan profunda e intensa como lo es en el caso de los grupos mayoritarios". Ello es importante, ya que en el caso de los grupos indígenas si sus demandas se pueden acomodar en el Estado democrático liberal, las políticas serán diferentes, a si presentan una mayor tensión con el mismo. Véase: CARBONELL, Miguel (2004). "Constitucionalismo y Multiculturalismo". *Derecho y cultura*. N° 10, pp. 21-80.

dentro del grupo; 2) Promueven relaciones de igualdad o de no dominación entre los grupos o con la sociedad mayoritaria.[63]

Este modelo distinguiría las libertades fundamentales, las que nunca deberían ser restringidas o infringidas, de los privilegios y las inmunidades que, a pesar de sus importancias, se pueden revocar o restringir por razones de política pública.

Para Taylor, una sociedad con "poderosas metas colectivas puede ser liberal cuando también sea capaz de respetar la diversidad, en especial al tratar a aquellos que no comparten sus metas comunes, y siempre que pueda ofrecer salvaguardias adecuadas para los derechos fundamentales"[64]. Taylor termina este punto señalando que existen dos variantes de liberalismo, el primero que podríamos denominar como liberalismo clásico, y el segundo liberalismo que llamará cultural.

Para Charles Taylor, el liberalismo clásico, es intolerante con la diferencia, porque 1) insiste en una aplicación uniforme de las reglas que definen esos derechos, sin excepción, y 2) desconfía de las metas colectivas.[65]

Sin embargo, existe una segunda versión del liberalismo, dentro de la cual está el liberalismo cultural que plantea Will Kymlicka[66] y el liberalismo nacionalista de Joseph Raz[67], que permiten un Estado comprometido con la supervivencia y el florecimiento de una nación, cultura o religión en

---

[63] Con algún grado de concordancia, pero muchos matices, Taylor asume que una sociedad liberal podría organizarse sobre la base de una definición de vida o meta colectiva, siempre que se garanticen los derechos de los individuos que no comparten la definición pública de lo bueno. Véase: TAYLOR, Charles (2009). Ob., cit., pp. 95-97.

[64] Ibíd., p. 98. Ello no deja de ser contradictorio con su propuesta, ya que los derechos fundamentales de los individuos implican una valoración racional sobre los mismos y por ende determinar unos valores como principales por sobre otros.

[65] Ibíd., p. 100.

[66] Ver: KYMILCKA, Will. (1995) Ob. cit., pp.57-64.

[67] RAZ, Joseph (1988). Ob., cit., 110-130.

particular, en la medida en que los derechos básicos de los ciudadanos que tienen diferentes compromisos, o que no los tienen en absoluto, estén protegidos.

Es importante observar que este liberalismo es tolerante y no determinado, están dispuestos a sopesar la importancia de ciertas formas de trato uniforme (de acuerdo con una poderosa teoría de los derechos) contra la importancia de la supervivencia cultural, y optan a veces por esta última. Lo anterior, implica que los liberales podrán optar entre la primera clase o la segunda, ya que en la configuración del Estado, dicho liberalismo sería opcional, siendo una de las opciones el liberalismo clásico, lo que constituiría una falencia del mismo.

Para Taylor, el liberalismo en cualquiera de sus variantes, no constituye un campo de reunión posible para todas las culturas, sino que es la expresión política de cierto género de culturas, totalmente incompatibles con otras. Charles Taylor crítica el liberalismo de los derechos, o denominado igualitario, ya que para él, no da una respuesta adecuada a sociedades que cada día se vuelven más multiculturales y porosas.

Junto a lo anterior, Taylor agrega que el liberalismo en cualquiera de sus variantes es un credo combatiente, que no se puede atribuir una completa neutralidad cultural[68]. Debido a ello el liberalismo, en cualquiera de sus variantes, permite la imposición de la cultura occidental por sobre las otras, basado en su supuesta superioridad moral.[69]

Mientras la política de la dignidad universal luchaba por unas formas de no discriminación que eran enteramente "ciegas" a los modos en que difieren

---

[68] TAYLOR, Charles. (2009) Ob. cit., p. 102.
[69] TAYLOR, Charles (2009). Ob. cit., p. 103.

los ciudadanos, la política de la diferencia a menudo redefine la no discriminación exigiendo que hagamos de estas distinciones la base del tratamiento diferencial.

Para Taylor, se trata de que reconozcamos el igual valor de las diferentes culturas, que no sólo las dejemos sobrevivir, sino que reconozcamos su valor. Aquí radica la diferencia fundamental entre la política del reconocimiento que plantea Taylor desde el comunitarismo, al resto de las políticas del liberalismo.

Charles Taylor aclara su diferencia con las teorías nihilistas, que él denomina neonietzcheanas, señalado que reducen todo el asunto a una cuestión de poder y contrapoder. Entonces, ya no se trata de respeto, sino de tomar partido. Sin embargo, esto no resulta una solución muy satisfactoria, porque al tomar posición se pierde la fuerza impulsora de este tipo de política, que es precisamente la búsqueda del reconocimiento y del respeto.[70]

Otro grave problema, según Taylor, de la política del liberalismo igualitario que plantea Kymlicka, radicaría en el hecho de que los juicios de valor favorables se realizan desde una óptica eurocentrista, hegemoneizante, pues implica que ya contamos con las normas para establecer dichos juicios. Así, los juicios favorables, son condescendientes, donde se elogia al "otro", por ser como "nosotros". Esto trae consecuencias complejas en el pluralismo jurídico y en su "armonización" con el sistema jurídico nacional.

En el plano práctico, durante la segunda fase del debate, la presunción consiste en que los defensores de las minorías deben demostrar la

---

[70] Ibíd., p. 113.

existencia de sólidas razones para que el Estado se aparte de la norma de la neutralidad etnocultural.[71]

1.2.3. Los derechos de las minorías como respuesta a la construcción nacional.

La tercera fase, sería la etapa actual del debate. En la fase anterior, según Kymlicka, se generó una suerte de consenso dentro del liberalismo en el "culturalismo liberal", avanzando en la resolución de aspectos concretos de "inclusión" y reconocimiento a ciertos "derechos de las minorías".

Desde el comunitarismo, la postura sigue en la crítica general al liberalismo, sin profundizar en los aspectos prácticos de sus planteamientos. Ello es entendible, ya que la crítica del comunitarismo es estructural y busca que los derechos de las minorías sean entendidos fuera del liberalismo, como un quiebre con dicha visión de la sociedad.

Volviendo al liberalismo, para Kymlicka, en esta etapa se supera la idea de neutralidad cultural del Estado y se pasa a la idea del Estado democrático protector de las naciones y nacionalidades que conviven en su interior. Con un matiz, Jürgen Habermas plantea que la neutralidad se mantiene, pero no cimentado en un consenso sustantivo sobre valores, sino que a través de un consenso sobre el procedimiento legislativo legítimo y sobre el ejercicio del poder.[72]

Will Kymlicka, para argumentar sobre lo inexacto que es la supuesta neutralidad cultural del Estado, utiliza el ejemplo del idioma esgrimido por Charles Taylor[73] para ilustrar la idea de que la construcción del contenido

---

[71] KYMLICKA, Will (2003). Ob., cit., pp. 38-39.
[72] HABERMAS, Jürgen (2009). Ob., cit., pp. 155-212.
[73] El argumento dado por Taylor y citado por Kymlicka para ello es: "Si una sociedad moderna tiene una lengua <<oficial>>, en el más amplio sentido del término, es decir, una lengua y una

de la nación, es realizada por la cultura mayoritaria, afectando gravemente a las minorías. Dicho ejemplo lo usa, para analizar la supuesta neutralidad del Estado en cuanto a las minorías nacionales y a los inmigrantes. Si todas las instituciones públicas operan en una lengua o idioma que no le es propio, las minorías étnicas, nacionales e inmigrantes, se ven marginadas respecto de ellas y enfrentadas a ello, según Kymlicka[74], toman alguna de las siguientes opciones: 1) Aceptar la integración en la cultura mayoritaria, aunque quizás tratando de negociar o renegociar los términos de la integración; 2) Tratar de obtener los tipos de derechos y poderes de autogobierno que se necesitan para mantener su propia cultura societal, se embarcan en la construcción de su propia nación y Estado, en algunos casos; 3) Aceptar una marginación permanente, generando ghetos y exclusión.

Así, ahora la discusión gira en torno a las formas de tutela a las minorías nacionales o étnicas y los inmigrantes. Se da un salto en el hecho de que la justicia social pueda ser definida en términos de reglas que hagan caso omiso de las diferencias, se acepta que las reglas puedan ser desiguales.

El otro gran avance en el debate, es que la carga de la prueba "ya no corresponde a quienes defienden derechos de las minorías, sino de quienes defienden las reglas que no hacen caso de las diferencias, ya que deben probar que el status quo no crea injusticias para los grupos minoritarios".[75]

---

cultura patrocinadas, inculcadas y definidas por el Estado, una lengua y una cultura en la que operan tanto la economía como el Estado, es obviamente una inmensa ventaja para las personas que esa lengua y esa cultura sean las suyas. Los hablantes de otras lenguas se encuentran en distintos grados de desventaja". Véase: TAYLOR, Charles (2003). "Nacionalismo y modernidad". En: *La moral del nacionalismo*. Barcelona, Gedisa, pp. 53-86.

[74] KYMLICKA, Will (2003). Ob., cit., p. 43.
[75] CARBONELL, Miguel (2004). Ob., cit., p. 28.

En el próximo punto revisaré con mayor detalle la idea de culturalismo liberal planteado por Will Kymlicka. Las críticas del comunitarismo, fueron analizadas en la fase dos, las que durante la fase tres se mantuvieron formuladas en términos muy similares, por lo que me remito a lo ya expresado al respecto.

1.2.4. Liberalismo cultural.

En los puntos anteriores revisé el desarrollo que han tenido las ideas sobre el multiculturalismo, recreándolo en el debate que ha existido al respecto entre liberales y comunitarios.

Durante el debate la posición dominante al interior del liberalismo, exhibió un cambio, se pasó de una negación a la posibilidad de los derechos de las minorías nacionales o grupos etnoculturales, a la incorporación de dichas demandas en el marco teórico del liberalismo.

¿Existe un consenso en el liberalismo, acerca de la protección y la promoción de las culturas de minorías nacionales y grupos étnicos?

Para Kymlicka[76], pese a que el debate sobre el multiculturalismo y los derechos de las minorías es reciente, se podría detectar un consenso en el seno liberal al respecto, el que sería lo que denomina como: culturalismo liberal o liberalismo multicultual. Éste se "ha convertido en la posición dominante en la bibliografía actual y que la mayoría de los debates se centran en cómo desarrollar y refinar la posición culturalista liberal, más que si debe aceptarse o no".[77]

---

[76] KYMLICKA, Will (2003). Ob., cit., pp. 59-71.
[77] Ibíd., p. 63.

El culturalismo liberal se encontraría integrado por dos variantes del liberalismo, a las cuales Kymlicka ha identificado como nacionalismo liberal (J. Raz) y multiculturalismo liberal[78]. El culturalismo liberal sería la perspectiva que sostiene que los Estados liberales democráticos no sólo "deberían hacer respetar el familiar conjunto de habituales derechos políticos y civiles de ciudadanía que amparan todas las democracias liberales; también deben adoptar varios derechos específicos de grupo o políticas dirigidas a reconocer y a acomodar las diferentes identidades y necesidades de los grupos etnoculturales".[79]

El culturalismo liberal, implica el paso de un Estado liberal neutro en lo cultural a uno protector de los grupos etnoculturales que viven en su interior, el cual adoptaría derechos específicos para los grupos[80] y políticas de reconocimiento.[81]

Kylmilcka señala, a modo ejemplar, en qué consistirían estos derechos diferenciados y políticas de reconocimiento, siendo las siguientes:

---

[78] Pese al consenso, Kymlicka señala que en la concreción de los derechos diferenciados aparecen diferencias. Así apunta: "no hay consenso sobre el estatus de los grupos no liberales en las democracias liberales (1° etapa); o sobre el vínculo entre cultura y libertad (2° etapa); sobre la relación entre los derechos de las minorías y los procesos de nation-biulding (3° etapa); o, finalmente, sobre el vínculo entre los derechos de las minorías y la estabilidad (4° etapa)". Véase: KYMLICKA, Will (2002). "El nuevo debate sobre los derechos de las minorías". En: *Democracia y pluralismo nacional*. Barcelona, Ariel, p. 45.

[79] KYMLICKA, Will (2003). Ob., cit., p. 63.

[80] En el punto 1.7. del presente capítulo, analizaré los principales problemas teóricos que tienen los derechos de los grupos. Sin embargo, me interesa resaltar que para Kymlicka, existe un consenso en el culturalismo liberal, de que es posible incorporar tales derechos en el marco de democracias liberales. Ello es importante, ya que autores chilenos como Lucas Sierra, desde la óptica liberal, apuntan que ello no es compatible. Volveré sobre esta posición cuando analice la posibilidad de establecer derechos colectivos a los pueblos indígenas en la Constitución Política de la República de Chile, en el capítulo segundo. Véase: SIERRA, Lucas (2003). "La Constitución y los Indígenas en Chile: Reconocimiento individual y no colectivo". *Estudios Públicos*. N° 92, pp. 19-27.

[81] Junto a los temas analizados, Ferrán Requejo, argumenta además que desde el campo de la legitimidad democrática, el creciente pluralismo cultural de las sociedades exige al liberalismo adaptarse a un pluralismo normativo y a un reconocimiento ético de las identidades. Ver: REQUEJO, Ferrán (2002). "Legitimidad democrática y pluralismo nacional". En: *Democracia y pluralismo nacional*. Barcelona, Ariel, pp. 157-175.

"Estas medidas van desde las políticas educativas multiculturales a los derechos lingüísticos, pasando por las garantías de representación política y por la protección constitucional de los tratados con los pueblos indígenas".[82]

El límite que impondría el culturalismo liberal estaría dado por: 1) La pertenencia a los grupos etnoculturales no debe ser impuesto por el Estado, sino que constituir un aspecto de auto identidad; 2) Los miembros individuales de los grupos etnoculturales deben ser libres para cuestionar y rechazar cualquier identidad heredada, teniendo un derecho efectivo y protección para abandonar cualquier grupo de identidad; 3) Los grupos etnoculturales no deben violar los derechos civiles o políticos básicos de sus miembros; 4) Las adaptaciones multiculturales deben tratar de reducir las desigualdades de poder entre los grupos de la sociedad, no permitiendo que un grupo ejerza dominación por sobre otro.

Para los culturalistas liberales, lo anterior es un aspecto de justicia, que tiene por restricción las anotadas y que hacen posible que los miembros de los grupos étnicos y nacionales expresen y promuevan su cultura e identidad. Sin embargo rechazan cualquier política que imponga a la gente la obligación de abrazarlas.[83]

Kymlicka señala que muchos liberales temen que los derechos de grupo, anulen derechos individuales, entendiéndolos contrarios a los mismos, por definición. Así para muchos liberales, sólo los individuos pueden poseer derechos.[84]

---

[82] KYMLICKA, Will (2003). Ob., cit., p. 63.
[83] Ídem.
[84] KYMLICKA, Will (1995). Ob., cit., p. 58.

Sin embargo, para Kymlicka dicha dicotomía es falsa y, en conformidad a las ideas ya enunciadas, propone distinguir entre dos tipos de reivindicaciones que un grupo étnico o nacional podría hacer. La primera, la denomina restricción interna, siendo aquella que implica la reivindicación de un grupo para limitar o anular los derechos de sus miembros. Estas restricciones en principio no serían aceptables, aunque hay que tener cuidado en caer en la falacia de generalización, debiendo estudiarse cuidadosamente si la restricción interna es razonable o no.[85]

La segunda reivindicación son las protecciones externas, que implica grados de resguardo del grupo contra la sociedad en la que está englobada. Para Kymlicka, las protecciones externas, son relaciones intergrupales y se justificarían cuando ayudan a un grupo a situarse en un mayor pie de igualdad, reduciendo la vulnerabilidad del grupo menos aventajado.[86]

Así, para Kymlicka, el contenido del derecho colectivo que demanda el grupo cultural debe ser analizado para catalogarlo como una restricción interna o una protección externa. Siendo las restricciones internas, en principio, incompatibles con el liberalismo igualitario.

Sin embargo, y pese al entusiasmo que muestra Kymlicka sobre el "consenso liberal" que se habría alcanzado, hay autores de dicha tradición que mantienen una crítica fuerte y categórica, a la incorporación de la perspectiva multicultural en el liberalismo[87]. Su crítica, se basa principalmente en un escepticismo en el valor del grupo para los individuos y en una reafirmación de un liberalismo, donde el Estado neutral y una

---

[85] Ibíd., pp. 58-59.
[86] Ibíd., pp. 59-60.
[87] Véase: GARZÓN, Ernesto (1993). *Derecho, ética y política*. Madrid, Centro de Estudios Constitucionales, pp. 911-943. En el mismo sentido, véase: BARRY, Brian (2005). *Culture and equality: an egalitarian critique of multiculturalism*. Cambridge, Polity, 399 pp.

fuerte concepción de derechos fundamentales, permitiría gestionar de mejor forma la diversidad cultural.[88]

Ernesto Garzón, analizando las demandas indígenas en México y las respuestas políticas y jurídicas que se dieron a su respecto[89], propone como solución del problema ético-político que plantea la existencia de una sociedad pluriétnica, la puesta en práctica de dos medidas recíprocamente complementarias: 1) Deber de homogeneización; 2) Deber de dinamización.[90]

El deber de homogeneización implica garantizar al individuo el pleno ejercicio de sus derechos fundamentales, independiente del grupo étnico al que pertenezca. Por su parte, el deber de dinamización, significa la disposición a cambiar de "contexto de elección", por parte de los dirigentes e integrantes de las comunidades étnicas, cuando ello sea necesario, para poder hacer frente con éxito a una cultura que tiene en su interior relaciones antiliberales o asimétricas de sometimiento. Para estos autores, no sólo sería inútil hablar de derechos diferenciados para un grupo cultural, sino que ellos no serían posibles de conceptualizar en el marco del liberalismo.[91]

1.3. Políticas concretas que ha dejado el debate multicultural.

El debate sobre el fenómeno multicultural en la filosofía política, ha sido la base para la formulación de una variada gama de políticas, las que se pueden agrupar en generales y específicas.

---

[88] BARRY, Brian (2005). Ob., cit., pp. 63-103.
[89] Para arribar a sus conclusiones, analizó las perspectivas que dieron Taylor, Stavenhagen y Kymlicka, principalmente en lo que se refieren a la importancia del marco cultural, para el desarrollo de la identidad y el ejercicio de la libertad de la persona. Ver: GARZON, Ernesto (1993). Ob., cit., pp. 921-941.
[90] Ibíd., p. 941.
[91] Ibíd., p. 942. En el mismo sentido: BARRY, Brian (2005). Ob., cit., pp. 112-146.

Entiendo por generales, aquéllas que buscan enfrentar las fuentes del multiculturalismo, desde una postura general, sin mayores matices al respecto. Estarían dentro de este punto, las políticas de reconocimiento y la interculturalidad.

Las políticas específicas, son aquellas que abordan el multiculturalismo, haciendo distinción de las fuentes del mismo y que buscan la integración con límites axiológicos y normativos claros.

Es importante considerar, que en este plano se analiza los principios que deben tener las soluciones políticas o normativas que se busquen para el multiculturalismo. Si bien, ellas pueden estar inspiradas o comprometidas con una de las posiciones filosóficas ya revisadas, por lo general, existe una mezcla importante en el terreno práctico. Además, todas se han llevado a cabo dentro de Estados democráticos de derecho.

1.3.1. Políticas generales.

Como políticas generales, podemos distinguir las siguientes: 1) Política del reconocimiento; 2) Interculturalidad; 3) Asimilación.

La principal característica de estas políticas, es que intentan establecer un principio general, que se utiliza como guía para la elaboración de la regulación específica de las situaciones y fuentes del multiculturalismo.

La política del reconocimiento, fue planteada por Charles Taylor, y ya expuesta en sus principales aspectos en el presente capítulo, por lo que me remito a lo ya señalado al respecto. Desde un punto de vista práctico, Taylor da muy pocas luces de su aplicación, por lo que la política del reconocimiento, es utilizada más en el plano discursivo, que en el concreto.

La Convención de la UNESCO sobre la protección y promoción de la Diversidad de las Expresiones Culturales (2005), en el artículo 4.8 define a la interculturalidad como "la presencia e interacción equitativa de diversas culturas y la posibilidad de generar expresiones culturales compartidas, adquiridas por medio del diálogo y de una actitud de respeto mutuo".[92]

La interculturalidad[93], parte de una crítica común al comunitarismo y al liberalismo, señalando que ambos tienden a eliminar la diversidad cultural, y a obtener la homogeneidad y la uniformidad cultural. La interculturalidad busca, en síntesis, que el encuentro de las culturas que supone la sociedad multicultural, se defina por una relación simétrica, donde la visión del otro sea realizada con respeto, tolerancia y sin establecer superioridades axiológicas[94]. En la interculturalidad, hay dos aspectos importantes desde el punto de vista jurídico. El primero que se ha denominado como constitucionalismo del derecho consuetudinario y el segundo como "pluralismo jurídico".

James Tully, plantea que el constitucionalismo del derecho consuetudinario se opone al constitucionalismo moderno, y se entronca con una perspectiva de derecho consuetudinario que encuentra su origen en el diálogo intercultural que se sostuvo entre los pueblos indígenas y los representantes de la Europa imperial[95]. En ese "diálogo", Tully ve acuerdos de mutuo

---

[92] Disponible en: www.unesco.org
[93] Uno de los principales exponentes de la "interculturalidad" es James Tully, quién fue el primero en plantear la idea del Constitucionalismo del derecho consuetudinario. Véase: TULLY, James (1995). *Strange Multiplicity: Constitutionalism in the Age of Diversity*. Cambridge, Cambridge University Press, 1995, pp.117-157.
[94] Para un panorama general de la interculturalidad y el Derecho en Europa, véase: CASTRO, Adoración (Dir.) (2013). *Interculturalidad y Derecho*. Navarra, Thomson Reuters Aranzadi, 382 pp.
[95] Sobre los parlamentos realizados en Chile y su implicancia en el derecho, ver: CLAVERO, Bartolomé (2007). "Reconocimiento de Estados (no indígenas) por Pueblos (indígenas): Chile y Mapu, Caso y Categoría". En: *Ciudadanía y derechos indígenas en América Latina:*

reconocimiento, consentimiento y continuidad. Ellos serían los principales elementos normativos del constitucionalismo de derecho consuetudinario[96], los que serían aplicables tanto a las comunidades culturales, como a las personas.

El pluralismo jurídico, como creación doctrinaria, emerge en América Latina en la última década del siglo XX, como una forma diferenciada de justicia para los pueblos indígenas, el que convive con el sistema jurídico estatal. "El pluralismo jurídico no es otra cosa que la coexistencia de concepciones y formas jurídicas que son el resultado de visiones particulares y diferentes del mundo y de la organización social (…) El pluralismo jurídico constituye una posibilidad de comprender la complejidad de las prácticas e instituciones jurídicas derivada de la coexistencia de dos o más órdenes jurídicos en una misma unidad política, mismo ámbito de tiempo y de espacio; alude a la convivencia, junto al derecho estatal, de otros sistemas de regulación social y de resolución de conflictos que operan en la práctica"[97].

En un plano absolutamente opuesto, la asimilación, es aquel proceso por el que los diferentes grupos étnicos y culturales son absorbidos con la

---

poblaciones, estados y orden internacional. Madrid, Centro de Estudios Políticos y Constitucionales, pp.107-128.

[96] El planteamiento del constitucionalismo de derecho consuetudinario, ha sido objeto de críticas tanto por los exponentes del liberalismo como del comunitarismo. La principal objeción que se hace a Tully, es que los criterios normativos que propone se apliquen tanto a comunidades culturales como a personas, siendo en éste punto similar a la teoría de Kymlicka, sobre restricciones internas y externas. El principal aporte de Tully, a mi juicio, es el de visibilizar la homogenización que produce el discurso oficial en el ámbito multicultural, así su contribución es mas de carácter descriptivo que normativo. Dicho debate puede ser apreciado en: BONILLA, Daniel (2006). Ob., cit., pp. 89-92. La propuesta de Tully sobre el constitucionalismo de derecho consuetudinario, entroncaría en varios de sus aspectos con lo que James Anaya denomina como "nuevo derecho consuetudinario internacional". Al respecto véase: ANAYA, James (2005). *Los pueblos indígenas en el Derecho Internacional.* Madrid, Trotta, pp. 102-132.

[97] CASTRO, Milka y VERGARA, Juan (2009). *Jurisprudencia Indígena.* Santiago de Chile, Facultad de Derecho, U. de Chile, pp. 28-29.

intención de hacerlos iguales al resto de la sociedad que se supone que es homogénea. Esta postura parte del supuesto de que la cultura receptora y dominante es superior a las demás y, por lo tanto, es la única que debe sobrevivir en la confrontación.

El asimilacionismo, implica la idea de que el Estado debe ser un Estado-nación, por ende la realidad multicultural se debe resolver mediante la igualación del otro(s) al grupo cultural (nación) dominante. Este ha sido el camino de varias democracias occidentales para el tratamiento de su realidad multicultural, en la actualidad por ejemplo: Francia.

Si bien la gran mayoría de los Estados modernos, se construyeron sobre la base del Estado-nación, durante el siglo XX y por las presiones multiculturales, se ha cuestionado la idea mono nacional y se han adoptado políticas integradoras y de reconocimiento en algunos casos, indistintamente.

1.3.2. Políticas específicas.

Las políticas específicas, si bien pueden enmarcarse dentro de una política general, tienen la particularidad de que han sido diseñadas especialmente para distinguir un tratamiento particular a las distintas fuentes de la multiculturalidad. No buscan tratar el fenómeno multicultural de la misma forma. Para el caso de los grupos étnoculturales, minorías nacionales o inmigrantes, se proponen distintas soluciones.

Así, lo que se busca es acomodar el Estado liberal democrático al fenómeno multicultural, planteando medidas específicas en función de la pertenencia grupal, existiendo al menos tres formas de derechos particulares: 1) Derechos de autogobierno. 2) Derechos poliétnicos. 3) Derechos especiales de representación.[98]

Los derechos de autogobierno, están pensados para los Estados multinacionales, dentro del cual las naciones que lo componen pueden demandar: 1) Secesión; 2) Autogobierno; 3) Autonomía política o jurisdiccional territorial.

La respuesta más clásica al fenómeno de Estados multinacionales, ha sido el federalismo, siendo posible éste en su versión constitutiva y cuando las naciones tienen un territorio claro y determinado.

Por derechos poliétnicos, se entiende a las reivindicaciones de los inmigrantes, con el objetivo de que éstos en el país de acogida no abandonen todos los aspectos de su herencia étnica o nacional.

Las reivindicaciones más controvertidas en el plano de los derechos poliétnicos, son las relacionadas con la exención de leyes y disposiciones que les perjudican, según sus prácticas religiosas[99]. Ejemplos de ello hay varios, quizás el más actual y conocido es el uso del velo árabe por niñas en las escuelas públicas de Europa, en particular el caso de Francia y España.

Finalmente, los derechos especiales de representación buscan que el proceso político de representación integre a las minorías nacionales, grupos etnoculturales y otros grupos sociales que se consideren en desventaja. Ello, porque se entiende que el congreso o parlamento, se encuentra dominado por hombres del grupo cultural dominante, que suelen ser blancos, de clase alta y que no padecen de ninguna discapacidad.

---

[98] KYMLICKA, Will (1995). Ob., cit., p. 47.
[99] KYMLICKA, Will (1995). Ob., cit., p. 53.

En los próximos puntos analizaré tanto las políticas generales como las específicas del multiculturalismo, para con sus dos fuentes, esto es, la inmigración, pueblos indígenas y minorías nacionales.

1.4. Derechos de los inmigrantes en el marco del multiculturalismo.

En el presente capítulo, específicamente en el punto 1.1, señalé que una de las fuentes del Estado multicultural es la inmigración, la que es definida en su sentido literal, de la siguiente forma: "Dicho del natural de un país: Llegar a otro para establecerse en él, especialmente con idea de formar nuevas colonias o domiciliarse en las ya formadas".[100]

El concepto literal de inmigrar, coincide por el utilizado por Will Kymlicka, quien define al inmigrante como: "(…) aquellas personas que llegan en el período de vigencia de una política de inmigración que les da derecho a convertirse en ciudadanos tras un periodo de tiempo relativamente corto –digamos que comprendido entre los tres y los cinco años-, un derecho sujeto únicamente a unas condiciones mínimas (por ejemplo, al aprendizaje de la lengua oficial y al conocimiento de algunas nociones de la historia y las instituciones políticas del país)".[101]

Tanto en la definición literal de la palabra, como en la de Kymlicka, el elemento característico del inmigrante es su decisión de establecimiento, su voluntad va asociada al derecho o a la expectativa de convertirse en ciudadano del país al que llega.

---

[100] REAL ACADEMIA ESPAÑOLA (2001). *Diccionario de la Lengua Española*. 22° ed., Madrid, Espasa-calpe.
[101] KYMLICKA, Will (2003). Ob., cit., p. 183.

Para Kymlicka, el concepto de inmigrante y sobre el cual se debe trabajar normativamente, es aquél que llega a un país con la voluntad de transformarse en ciudadano y de forma legal.[102]

Es importante hacer el alcance que apunta Kymilcka, sobre la inconsistencia que presenta el liberalismo en su teoría general, en cuanto a las diferencias de trato para ciudadanos nacionales de un país e inmigrantes, ya que de ella, y con el objeto de corregirla, los liberales multiculturales exponen la primera política y central en este punto. Dichas diferencias no deberían existir, sobre todo, si se parte de la base de la igual dignidad y valor moral de todas las personas.[103]

Sin embargo, en la teoría liberal: "(…) hay una sutil pero profunda inversión en la terminología. Generalmente, lo que comienza como una teoría sobre la igualdad moral de las *personas*, termina siendo una teoría de la igualdad moral de los *ciudadanos*. Los derechos básicos que el liberalismo confiere a los individuos resultan finalmente estar reservados sólo para algunos individuos, principalmente a quienes son ciudadanos del Estado. Únicamente los ciudadanos tienen el derecho a circular libremente dentro de un país, o a ganarse la vida, o a participar en el autogobierno colectivo".[104]

Así, una primera política fundamental para el liberalismo cultural, es que el Estado receptor de inmigración otorgue la ciudadanía plena a todas

---

[102] En ese sentido Kymlicka señala: "No examino el caso de los inmigrantes ilegales o de los trabajadores invitados u otros inmigrantes cuya admisión no va asociada al derecho o a la expectativa de convertirse en ciudadanos. Michael Walzer llama a estos grupos <<metecos>>, el término utilizado en la Antigua Grecia para referirse a las personas que residían permanentemente en Atenas pero a los que se negaba la ciudadanía". Ibíd., p. 187.
[103] En un sentido similar, pero colocando el énfasis en el carácter universal de los derechos humanos, véase: GARCÍA AMADO, Juan (2003). "¿Por qué no tienen los inmigrantes los mismos derechos que los nacionales?" *Revista de Derecho Migratorio y Extranjería*. N° 3, pp. 9-28.
[104] KYMLICKA, Will (2006). *Fronteras Territoriales*. Madrid, Trotta, p. 36.

aquellas personas que hayan residido por un tiempo importante y tengan la voluntad de permanecer en el país. A esta concepción de ciudadanía se le ha denominado "incluyente".

Por tanto, para los liberales culturales, no debería existir una categoría de "extranjero residente", a quienes se les niegue u obstaculice la ciudadanía[105]. Esta es la característica de muchas democracias occidentales como Estados Unidos, Canadá, Australia, Nueva Zelanda, España y los Países Bajos. Lamentablemente, no todos los países se adhieren a la ciudadanía incluyente, por ejemplo Alemania y Austria han rehusado otorgar la ciudadanía a quienes denominan como "trabajadores invitados", llegando a negarle la misma a sus hijos, nietos, aun cuando hubieren nacido y crecido en su territorio.

Dicho lo anterior, en cuanto a cómo se han desarrollado las políticas de inmigración, se puede decir que ellas han transitado desde el asimilacionismo (angloconformidad), al reconocimiento de derechos para los inmigrantes, buscando la integración.

El asimilacionismo (Estados europeos) y la angloconformidad (en Estados Unidos, Canadá y Australia), se desarrolló en los primeros hasta la década

---

[105] En ese sentido, apunta Kymlicka: "Tal como señala Samuel Black, el cambio del lenguaje de las <<personas>> al de los <<ciudadanos>>, aunque ubicuo en toda teoría liberal, rara vez es advertido y menos aún defendido por los liberales. Pero tiene profundas consecuencias en el bienestar de la gente. En un mundo caracterizado por masivas desigualdades globales, la idea de que las libertades y oportunidades que se tienen estén circunscritas al Estado en que se nace significa que algunas personas nacen con un estatus legal que les garantiza seguridad personal, amplias oportunidades y un nivel de vida digno, mientras que otros (sin culpa alguna) nacen con un estatus jurídico que les condena a la pobreza e inseguridad. Como observa Joseph Carens, éste es el equivalente moderno del feudalismo en el que la gente que nace a una orilla del río Grande, nace en lo que actualmente equivaldría a la nobleza, mientras que quienes nacen algunas millas al otro lado del río, nacen en lo que sería el equivalente moderno de la servidumbre". En: Ibíd., p. 37.

de 1980[106] y en los segundos hasta la de 1970 (en términos generales). En el asimilacionismo y la angloconformidad se buscaba que los inmigrantes asimilaran las normas culturales existentes y que, con el tiempo, se volvieran indistinguibles de los ciudadanos naturales en todas sus costumbres, tales como: su forma de hablar, vestimenta, actividades de ocio, cocina, composición familiar, entre otras[107]. Es decir, que los inmigrantes se convirtieran en reales o indistinguibles miembros de la cultura francesa, canadiense o americana.

Al comenzar la década de 1970, Canadá[108], Estados Unidos y Australia, principalmente por la presión ejercida por los inmigrantes, adoptaron políticas de tolerancia y pluralidad, comenzando a dejar atrás el modelo asimilacionista. De igual forma, pero con mayor lentitud, ello ha ocurrido durante las últimas dos décadas en Europa.[109]

La crítica a las políticas de la asimilación se dio por dos vertientes. La primera en el plano filosófico, debido a que ella negaba la identidad y supone un menosprecio a la cultura de los inmigrantes. Y en un plano más político, se critica la tensión entre asimilación e igualdad. El

---

[106] Debo hacer la salvedad, que en general esto es así, salvo para el caso de Francia, quienes aún ocupan y defienden el asmilacionismo como modelo para la inmigración. Al respecto véase: LÓPEZ, Mélanie (2013). "El modelo francés: un difícil compromiso entre unidad y diversidad". En: *Interculturalidad y Derecho*. Navarra, Thomson Reuters Aranzadi, pp. 295-319.

[107] KYMLICKA, Will (2003). Ob., cit. p. 187.

[108] Para Kymlicka: "En 1971, Canadá fue el primer país en adoptar oficialmente esta política <<multiculturalista>> a escala nacional. Sin embargo, desde entonces ha sido adoptada en otros muchos más, desde Australia y Nueva Zelanda a Suecia, Gran Bretaña y los Países Bajos. Y pese a que Estados unidos no tiene una política multicultural oficial a escala federal, es un país que ha adoptado de forma implícita ese enfoque. Es posible hallar políticas multiculturalistas virtualmente en todos los niveles del gobierno estadounidense y en prácticamente todas las instituciones públicas, desde los consejos escolares y los hospitales a la policía y el ejército. Tal como señala Nathan Glazer, <hoy en día todos somos multiculturalistas>." En: Ibíd., pp. 187-188.

[109] Sobre el desarrollo de las políticas y el derecho en el marco de la Unión Europea sobre el multiculturalismo y en particular la inmigración, véase: CASTRO, Adoración (2013). "Interculturalidad y Derecho en el ámbito regional y supranacional europeo". En: *Interculturalidad y Derecho*, Navarra, Thomson Reuters Aranzadi, pp. 23-57.

asimilacionismo da lugar a lo que Alain Touraine denomina "sociedad integrada y desigual", la cual excluye la diferencia, pero también la igualdad, puesto que favorece a quienes se encuentran más cercanos al modelo social y cultural central.[110]

Así, hoy los Estados democráticos occidentales, cuentan con políticas públicas y soluciones normativas que buscan la integración de culturas, sin que ello implique la ausencia de tensiones y problemas, derivados del fenómeno multicultural.

Para Charles Taylor, la educación juega un papel fundamental en el debido reconocimiento de las personas que son objeto de discriminación por no ser parte de la cultura dominante. Para él: "(…) ampliar y modificar el programa resulta esencial no tanto en nombre de una cultura más general para todos, sino para dar el debido reconocimiento a quienes hasta hoy se han visto excluidos. La premisa fundamental de estas demandas es que el reconocimiento forja la identidad, particularmente en su aplicación fanonista: los grupos dominantes tienden a afirmar su hegemonía inculcando una imagen de inferioridad a los subyugados. Por tanto, la lucha por la libertad y la igualdad debe someterse a la revisión de estas imágenes. Los programas escolares multiculturales pretenden ayudar en este proceso revisionista".[111]

Dentro de las políticas integradoras, se pueden identificar las siguientes:

---

[110] TOURAINE, Alain (2000). *Igualdad y diversidad. Las nuevas tareas de la democracia.* México, Fondo de Cultura Económica, 2ª ed., pp. 77-79 y 82.
[111] TAYLOR, Charles (2009). Ob., cit., pp. 106-107.

1) En el área educacional, por ejemplo: a) Adoptando programas educativos en integración, multiculturalidad y antirracistas[112]. b) En la creación de un código de conducta que prevenga y sancione los actos de acoso educacional por motivos de raza, religión, nacionalidad, sexo, condición sexual, entre otras. c) En la revisión del currículo de historia y lenguaje en el interior de las escuelas públicas, para proporcionar un mayor reconocimiento a las contribuciones históricas y culturales de los grupos de inmigrantes. d) Proporcionando financiación gubernamental para los festivales culturales étnicos y para los programas de estudios étnicos[113]. e) Realizando programas de educación bilingüe a los hijos de los inmigrantes, de modo que sus primeros años de educación se desarrollen en parte en su lengua materna.[114]

2) En cuanto a la representación política y medidas institucionales[115], por ejemplo: a) Realizando programas de discriminación positiva que incrementen la representación de los grupos inmigrantes en las principales instituciones educativas y económicas. b) Reservando un determinado número de escaños en la cámara legislativa, o en órganos consultivos del gobierno, para inmigrantes en su condición de grupo. c) Revisando los códigos de la vestimenta, con el fin de acomodar las creencias religiosas de

---

[112] Véase el programa de educación intercultural del Ministerio de Educación del Gobierno de Chile, disponible en: http://www.mineduc.cl/index.php?id_portal=28. Un artículo reciente e interesante sobre las políticas educacionales interculturales, consultar: LETURIA, Ana (2013). "Educación para la inclusión en un modelo intercultural de gestión de la diversidad". En: *Interculturalidad y Derecho*. Navarra, Thomson Reuters Aranzadi, pp. 81-112.

[113] KYMLICKA, Will. (2003) Ob., cit. p. 200.

[114] Ídem.

[115] Sobre la representación política en contextos multiculturales y una defensa contextual de ella, véase: GUTMANN, Amy (2008). Ob., cit., pp. 40-44. La inclusión de una representación política de los grupos etno-culturales en los procesos políticos, puede contribuir a mejorar la calidad de las decisiones. Si la "perspectiva" de estos grupos no se integra en los procesos de deliberación política, como una forma de deferencia debida hacia una visión diferente, difícilmente se encontrará presente al momento de la toma de decisiones, entendidos en su globalidad y no sólo en cuanto a los órganos legislativos. Al respecto véase: YOUNG, Iris (2000). *Inclusion and Democracy*. New York, Oxford, pp. 133-148.

los grupos de inmigrantes[116]. d) Ordenando la educación en la diversidad cultural de la policía o los profesionales de la salud, con el fin de que puedan reconocer las necesidades individuales y los conflictos en el seno de las familias de inmigrantes[117]. e) Adoptando pautas gubernamentales de regulación de los estereotipos étnicos en los medios de comunicación[118]. f) Proporcionando servicios sociales a los adultos inmigrantes en su lengua o idioma. g) Adoptando medidas a través de la administración local (municipios) y creando organismos que gestionen e integren la diversidad cultural derivada de la inmigración.[119]

3) En el área laboral, por ejemplo: a) Revisando los calendarios laborales, de modo que puedan acomodarse las fiestas religiosas de los inmigrantes[120]. b) Adoptando leyes antidiscriminación y contra el acoso laboral, por motivos de raza, religión, sexo, entre otras. c) Asegurando los derechos de asociación y políticos en los sindicatos y centrales sindicales. d) A través de la inexistencia de limitaciones a la contratación de trabajadores extranjeros.[121]

---

[116] KYMLICKA, Will (2003). Ob., cit. p. 199.
[117] Ídem.
[118] Ídem.
[119] En varios municipios chilenos, en los últimos cinco años se comenzaron a crear programas y oficinas de atención de los migrantes, por ejemplo en la Municipalidad de Quilicura, Recoleta y Santiago. Una evaluación de la administración local de la inmigración en ciudades españolas, se puede consultar en: TARODO, Salvador (2013). "Integración de la diversidad y sanidad en la administración local. Estudio de casos a partir de las iniciativas de cinco ciudades: Madrid, Barcelona, Bilbao, Getafe y Tudela". En: *Interculturalidad y Derecho*. Navarra, Thomson Reuters Aranzadi, pp. 143-174.
[120] KYMLICKA, Will (2003). Ob., cit. pp. 199-200.
[121] El artículo 19 del Código del Trabajo chileno, señala que en las empresas de más de 25 personas, al menos el 85% de sus trabajadores deben ser chilenos. Ésta limitación es claramente contraria a una política de reconocimiento multicultural y restringe los derechos del inmigrante sin fundamento en los Derechos Humanos. En éste punto el Comité de Protección de los Derechos de todos los Trabajadores Migratorios y de sus Familiares, de las Naciones Unidas, el año 2011, recomendó a Chile que modificará el artículo en comento, ya que las restricciones al empleo de trabajadores migratorios en situación regular sólo se deberían aplicar: 1) a los trabajadores migratorios con un permiso de trabajo válido por un período inferior a los cinco

4) En el área de la salud, por ejemplo: a) Garantizando niveles similares de disponibilidad, accesibilidad, calidad y no discriminación en relación con las prestaciones sanitarias. b) Eliminando barreras normativas y administrativas para acogerse oficialmente a los derechos sanitarios de los que goza la población nacional. c) Eliminando barreras lingüísticas y comunicativas en la atención de salud, así como también religiosas y culturales.[122]

Todas estas medidas, se han adoptado indistintamente por los Estados democráticos occidentales, durante las últimas dos décadas, las que buscan la integración de los grupos de inmigrantes al Estado de acogida.

En la clasificación de medidas específicas, las políticas sobre inmigración han constituido derechos poliétnicos y derechos especiales de representación. En cuanto a las medidas específicas, no se les ha otorgado derechos de autogobierno a los inmigrantes. Las políticas han intentado la integración de los inmigrantes, con reconocimiento de su herencia cultural, pero dentro del Estado, no se ha pensado en que ellos construyan su propio autogobierno al interior del país que los ha acogido. El argumento para ello, es que los inmigrantes han escogido una cultura distinta donde vivir su vida, por ende al decidir integrarse a otro gobierno en forma voluntaria, renuncian a su Estado y eligen otro donde vivir. Así, el Estado que los

---

años; o 2) únicamente a ciertas categorías laborales, funciones, servicios o actividades, cuando sea necesario en interés del Estado parte, de conformidad con el artículo 52 de la Convención Internacional sobre la Protección de los Derechos de todos los Trabajadores Migratorios y de sus Familiares. Dicha Convención fue ratificada por Chile el año 2005. Ver: COMITÉ DE PROTECCIÓN DE LOS DERECHOS DE TODOS LOS TRABAJADORES MIGRATORIOS Y DE SUS FAMILIARES, NACIONES UNIDAS (2011). Observaciones finales del Comité de Protección de los Derechos de Todos los Trabajadores Migratorios y de sus Familiares, Chile. Disponible en: <http://www.ohchr.org/SP/countries/LACRegion/Pages/CLIndex.aspx> [consulta: 12 de abril 2013].

[122] Véase: VIDAL, Mercedes (2013). "Integración de la diversidad en el ámbito de la sanidad en el ordenamiento jurídico español". En: *Interculturalidad y Derecho*. Navarra, Thomson Reuters Aranzadi, pp. 113-142.

acoge debe integrarlos (no asimilarlos) en la forma que he revisado, pero no correspondería reconocerles derechos de autogobierno.[123]

Finalmente, cabe anotar que el encuentro (o colisión) cultural que supone la inmigración en los países receptores, ha traído múltiples dilemas (problemas) para sus democracias. En Europa, la convivencia con los inmigrantes árabes se ha vuelto muy compleja, dando lugar a varias situaciones de relevancia jurídica que han sido resueltas tanto por sus tribunales nacionales como por el Tribunal Europeo de Derechos Humanos. Así, hay jurisprudencia nacional e internacional, sobre la posibilidad de que se use el pañuelo árabe en las aulas de clases[124], sobre los crucifijos en las escuelas públicas[125], sobre la transfusión sanguínea, entre otros aspectos. La convivencia entre culturas, es un tema que se encuentra en pleno desarrollo, no distinguiéndose cuando se (está) o no todavía dentro de la problemática, por lo que tener jueces y operadores del derecho competentes al respecto, es fundamental.

1.5. Pueblos indígenas y minorías nacionales.

La segunda fuente del multiculturalismo, dice relación con las minorías nacionales y los pueblos indígenas. Tanto las minorías nacionales, como los pueblos indígenas son considerados como una comunidad histórica, con estructura interna (relativa institucionalización), que ocupa o ha ocupado un territorio, que comparte un idioma o lengua y una cultura diferenciada.

---

[123] Véase: KYMLICKA, Will (1995). Ob., cit., pp. 134-144.
[124] Véase: Juzgado Contencioso Administrativo de Madrid, *Mohammed Malha contra Comunidad de Madrid*, N° 35/2012, 25 de enero de 2012.
[125] Véase: Tribunal Europeo de Derechos Humanos, *Lautsi y otros con Italia*, Gran Sala, 18 de marzo de 2011. En la sentencia se señala que el Estado Italiano no vulnera el derecho humano de libertad religiosa y de conciencia, al permitir que en los centros educativos públicos existan crucifijos de la religión católica.

Ello hace que estos grupos puedan ser considerados "naciones", en un sentido sociológico.

Desde el punto de vista de la teoría del Estado, ello implica la coexistencia dentro del territorio de un Estado de más de una nación, transformándolos en Estados multinacionales o plurinacionales.[126]

Pese a las diferencias[127] entre las minorías nacionales y los pueblos indígenas, ambas buscan derechos que les permitan reflejar y proteger su estatus como comunidades culturales distintas, intentando mantener una supervivencia cultural ante la sociedad culturalmente dominante.

En la generalidad de los casos, sus demandas se centran en el autogobierno, derechos respecto de su idioma o lengua, uso de su territorio ancestral y explotación de sus recursos naturales, reconocimiento a sus usos y costumbres, establecimiento de sistemas judiciales paralelos (pluralismo jurídico[128]), derechos especiales de representación, sistemas de escolarización especiales y derechos especiales al grupo como tal.

Así, en el plano de las políticas específicas (en el lenguaje de Will Kymlicka) al respecto, en este caso, estaríamos hablando de: 1) Derechos

---

[126] Véase el punto 1.1. del presente capítulo.

[127] Se ha planteado la idea de que los Pueblos Indígenas en éste punto no deberían ser tratados iguales que las minorías nacionales, debiendo ser considerados una categoría distinta prevista de derechos especiales. Según James Anaya, esta es la tendencia general en el Derecho Internacional, véase: ANAYA, James (2005). Ob., cit., pp. 175-240.

[128] Dentro de muchos trabajos realizados sobre el pluralismo jurídico en América Latina, se pueden consultar los siguientes: CABEDO, Vicente (2004). *Constitucionalismo y Derecho Indígena en América Latina*. Valencia, Universidad Politécnica de Valencia, 315 pp. TRUJILLO, Julio (2008). "Justicia indígena y pluralismo jurídico". En: *Derechos, costumbres y jurisdicciones indígenas en la América Latina contemporánea*. Madrid, Centro de Estudios Políticos y Constitucionales, pp. 265-277. YRIGOYEN, Raquel (2006). "Hitos del reconocimiento del pluralismo jurídico y el derecho indígena en las políticas indigenistas y el constitucionalismo andino". En: *Pueblos indígenas y derechos humanos*. Bilbao, España, Instituto de Derechos Humanos, Universidad de Deusto, pp. 537-568.

de autogobierno; 2) Derechos especiales de representación; y 3) Derechos poliétnicos.

Por derechos de autogobierno, en el sentido más amplio y radical, se ha planteado la posibilidad de que una minoría nacional pueda ejercer la secesión del Estado al que pertenece.

En un sentido más restringido, por autogobierno, se ha entendido la autodeterminación de los pueblos. Según la Carta de las Naciones Unidas, en su artículo 1.2 se reconoce el derecho a la libre determinación de los pueblos, el que se ha circunscrito en su versión de independencia nacional al que tienen las colonias de ultra mar (conocida como "tesis de agua salada")[129]. Para James Anaya, el objeto de la autodeterminación en el caso de los pueblos indígenas, es aquel que permite garantizar justos términos de interacción con la sociedad nacional cultural dominante y que ellos puedan asumir las condiciones de la "integración" cultural. Es lo que se denomina la perspectiva interna del derecho a la libre determinación, "teniendo ésta como objetivo último la realización de la democracia".[130]

Así, el autogobierno en el sentido restringido del término, tanto para las minorías nacionales, como para los pueblos indígenas, reivindica competencias de autogobierno, a las que no renuncian por el hecho de encontrarse dentro de un Estado con una cultura nacional distinta a la suya.

En cuanto a los derechos especiales de representación, lo que se busca es que el proceso político sea representativo, en el sentido de que consiga reflejar la diversidad de la población[131]. Para ello, el proceso legislativo,

---

[129] Véase: SÁENZ DE SANTA MARÍA, Paz (2011). *Sistema de Derecho Internacional Público*. Navarra, España, Thomson Reuters, pp. 429-439.
[130] Ibíd., p. 442.
[131] KYMLICKA, Will (1995). Ob., cit., p. 53.

gubernamental y de administración de justicia, deben incluir representantes de las minorías nacionales y pueblos indígenas, reservando espacios en las instituciones para representantes de dichos grupos.

En una sociedad democrática[132], es fundamental que el procedimiento de toma de decisiones sea equitativo, lo que implica, entre otras cosas, escuchar y tener en cuenta los intereses y las perspectivas[133] de las minorías y los grupos etno-culturales[134]. Según Will Kymlicka, para lograr este objetivo los derechos políticos clásicos que proporcionan los derechos comunes de ciudadanía son importantes, pero no suficientes.[135]

---

[132] Parto de la base de una sociedad democrática fundamentalmente representativa. Pueden en su interior configurarse mecanismos de democracia directa y tal como señala Young, en una democracia fuerte dichos mecanismos son necesarios (YOUNG, Iris (2000). Ob., cit., p. 124). A mi juicio la representación es necesaria por dos motivos. El primero es de carácter fáctico. La representación es necesaria debido a que el tejido de la vida social moderna a menudo une la acción de algunas personas e instituciones en un lugar a consecuencias en muchos otros lugares e instituciones. Ninguna persona puede estar presente en todas las decisiones y en todos los órganos de toma de decisiones cuyas acciones afectan su vida, porque son muchas y muy dispersas. Aunque sus aspiraciones son a menudo decepcionadas, esperan que los demás pensarán en situaciones como la suya y podrán representar en el foro su tema (YOUNG, Iris (2000). Ob., cit., p. 124). El segundo argumento es de tipo sustancial y dice relación con el valor intrínseco y auto realizador que se le da a la participación. Se vincula la participación con la virtud y por ende tiende a un ideal de "excelencia humana", construye un sistema de tipo perfeccionista, que atenta contra la "autonomía personal" del individuo. Sobre los modelos de virtud cívica y una recopilación de ellos en: OVEJERO, Felix (2005). "Republicanismo: el lugar de la virtud". *Isegoria*, N° 33, pp. 99-125. Sobre los ideales "perfeccionistas" y su limitación de la autonomía personal, entre muchos, ver: NINO, Carlos (1996). *La constitución de la democracia deliberativa*. Barcelona, Gedisa, 304 pp. Sobre el concepto de representación y sus entendimientos, ver: PITKIN, Hanna (1985). *El concepto de representación*. Madrid, Centro de Estudios Constitucionales, 288 pp. Finalmente, sobre las mutaciones del gobierno representativo, ver: MANIN, Bernard (2010). *Los principios del gobierno representativo*. Madrid, Alianza Editorial, 300 pp.

[133] Sobre la idea de "perspectiva social", véase: YOUNG, Iris (2000). Ob., cit., p. 137.

[134] Para Amy Gutmann los grupos de identidad son no sólo legítimos, sino a menudo importantes, incluso valiosos, para la política democrática. Ello, primero, porque los grupos identitarios pueden tener influencia significativa sobre la identidad de los individuos en concordancia con la libertad individual. Segundo, "porque la libertad de asociación es una de las libertades básicas. Las personas se asocian (y se expresan) libremente, formando grupos identitarios, entre otros arreglos con trascendencia política; esos grupos no definen todo el alcance de la identidad de los individuos, pero, no obstante, tienen influencia importante en su identidad". En: GUTMANN, Amy (2008). Ob., cit., p. 20-21.

[135] KYMLICKA, Will (1995). Ob., cit., pp. 183-184.

Luego de entregar una serie de datos sobre la exclusión del proceso político de grupos culturales y étnicos desaventajados de la sociedad[136], Kymlicka sostiene que a "consecuencia de ello, en todas las democracias occidentales muchas personas consideran que el proceso electoral y legislativo es poco representativo, en tanto que no logra reflejar la diversidad de la población".[137]

Para remediar lo anterior, se han planteado una serie de fórmulas, siendo la más común la de que el legislativo debería reservar determinado número de escaños para los miembros de los grupos marginados o desfavorecidos[138]. Otras opciones que se han barajado, son las de modificar los distritos electorales en los lugares donde las minorías étnico-culturales se encuentran condensadas[139] o establecer sistemas proporcionales de elección parlamentaria.[140]

En ese sentido, es importante considerar, que no todos los grupos étnicos-culturales se encuentran aislados en un sector territorial y, que por otra parte, aunque exista un sistema de elección proporcional, ellos no logran llegar al parlamento, principalmente por la falta de reconocimiento (en el sentido que Taylor atribuye a la idea) que tienen de la sociedad.

---

[136] Al respecto apunta: "(…) diversos grupos siguen teniendo muy poca representación en el legislativo, aunque los derechos políticos de sus miembros individuales no sufran restricción alguna. Por ejemplo, los afroamericanos constituyen el 12,4% de la población estadounidense, pero únicamente ocupan el 1,4% del total de los cargos electos; es decir, que solamente poseen una novena parte de los cargos que deberían tener en función de su peso democrático (lo que se ha llamado su <<representación electoral proporcional>>). Los hispanos constituyen el 8% de la población, pero únicamente ocupan el 0,8% de los cargos electos; es decir, una décima parte de su representación electoral proporcional (…)". En: Ibíd., p. 184.
[137] Ídem.
[138] Ídem.
[139] Al respecto y la experiencia en los Estados Unidos, véase: Ibíd., pp. 184-185.
[140] Con una visión contextual de la representación de los grupos etno-culturales, Iris Young revisa las alternativas que se han barajado en el debate filosófico político. Al respecto véase: YOUNG, Iris (2000). Ob., cit., pp. 148-153.

Debido a lo anterior, Kymlicka analiza la representación política de los grupos étnico-culturales como tales. Sostiene que la representación de grupo no necesariamente es una desviación radical de las concepciones de democracia representativa existentes, que socave los principios más preciados de la democracia liberal, como los derechos individuales y la ciudadanía responsable. La representación de grupo puede ser una extensión lógica de los principios y mecanismos de representación existentes, y ser coherente con las características de la cultura política democrática liberal en un sentido amplio.[141]

Kymlicka tiene presente que la representación de grupo u especular, como teoría general de la representación, parece acabar con la posibilidad misma de la representación. Al respecto apunta: "Si <<ningún tipo de reflexión o de comprensión, por muy profunda y sincera que sea, puede saltar las barreras de la experiencia>> entonces, ¿Cómo podría alguien representar a otras personas?"[142] Estas dificultades y otras[143] sugieren que se debería

---

[141] KYMLICKA, Will (1995). Ob., cit., p. 187. Hay que tener presente los matices que propone Kymlicka, señalando: "Algo hay de cierto en ambas perspectivas. Por una parte, la representación de grupo es una desviación radical del sistema de candidato único y de electorados geográficamente definidos que se emplea en diversas democracias angloamericanas. Y, por otra parte, plantea un profundo reto a nuestro concepto tradicional de representación (…) Pero también es cierto que la representación de grupo presenta cierta continuidad con determinadas características largo tiempo arraigadas en el proceso electoral. Por ejemplo, la representación de grupo se puede considerar una extensión de la antigua práctica establecida en muchos países mediante la cual se trazan los límites de los electorados locales de manera que reflejen <<comunidades de intereses>>" (Ídem). Asimismo, Kymlicka señala que en EEUU y Canadá la preocupación por la representación de las comunidades de intereses demuestra que "(…) la política nunca se ha basado en una concepción meramente individualista del derecho al voto o de la representación. Según la perspectiva individualista, lo único que importa es que los individuos tengan un voto igual en circunscripciones iguales. Esto es todo lo que se requiere para satisfacer el principio según el cual cada individuo tiene igual derecho al voto, y en la medida en que las circunscripciones electorales sean iguales, debería resultar indiferente cómo se trazaron los límites de las mismas. Pero esto no tiene en cuenta que los individuos votan en su calidad de miembros de comunidades de intereses, y que desean que se les represente como tales". En: Ibíd., pp. 190-191.
[142] Ibíd., p. 195.
[143] Young, profundiza los problemas que provoca entender la representación política en términos exclusivos como representación especular. Véase: YOUNG, Iris (2000). Ob., cit., pp.

65

prescindir de la idea de la representación especular como teoría general de la representación y limitarla a los casos en que: 1) sea necesario para incluir grupos etno-culturales que estructuralmente se encuentran al margen del proceso político; 2) su "perspectiva" represente una visión societal considerable en la sociedad política y por ende fundamental para la deliberación política.

Así la representación de grupo, puede jugar un papel importante en la inclusión de grupos estructuralmente marginados y en la calidad deliberativa de las democracias. Con ello se da por justificada y su pregunta se traslada hacia: ¿Qué grupos deberían estar justificados para tener una representación de tipo especular?[144]

Para Kymlicka los grupos que tendrían justificada una representación política especular se podrían obtener de la aplicación de dos reglas alternativas, aunque el tema dependerá mucho del contexto y de la valoración del grupo en particular. En primera instancia, la representación especular de un grupo etno-cultural sería aceptable, cuando sus miembros

---

133-148. Kymilcka hace una recopilación de las críticas que recibe una teoría general de representación especular, ver: KYMLICKA, Will (1995). Ob., cit., pp. 193-195.

[144] Considero acertado el criterio general que propone Amy Gutmann para evaluar la pertinencia de un grupo etno-cultural. El respecto señala: "Para evaluar en términos generales el fenómeno de los grupos identitarios, debemos evitar definirlos sobre la base de criterios tan estrechos que incluyan solamente a los grupos que propician la justicia democrática, o bien solamente a los que la obstaculizan, y buscar una definición que abarque a ambos. Si comenzamos con una definición no polémica, estaremos en mejores condiciones de entender qué inclina a los grupos identitarios, ya sea intencionalmente o no, a favor o en contra de la justicia democrática". Asimismo, señala un criterio general para desconfiar de ciertos grupos, en particular aquellos que anteponen "(...) la identidad compartida a las consideraciones de justicia implica poner algo que no es moralmente primordial por encima de algo que lo es. La identidad de grupo no es moralmente primordial. Si lo fuera, los grupos podrían subordinar el trato justo a los individuos (integrantes del grupo y no integrantes por igual) a la identidad e intereses del grupo (...) Los grupos de identidad deben tenerse por poco confiables cuando incitan a sus integrantes a pasar por alto las consideraciones de justicia con el fin de apoyar al grupo, despreocupándose de ese modo de cualquier injusticia que presente su causa (...) Los grupos identitarios son poco dignos de confianza desde el punto de vista ético cuando ponen la identidad grupal por encima de las consideraciones de justicia". En: GUTMANN, Amy (2008). Ob., cit., pp. 31-33.

están sometidos a desventajas sistémicas en el proceso político. Asimismo, es posible una representación especular cuando los miembros del grupo tienen derecho al autogobierno.[145]

Iris Young concuerda con las dos alternativas que plantea Kymlicka sobre representación especular, profundizando las ideas sobre grupos desaventajados y problematizando la representación política de los grupos que tienen derecho al autogobierno[146].

Sobre la representación especular de los grupos desaventajados, Young señala que la desigualdad social y económica estructural, generalmente produce desigualdad política y la exclusión relativa del debate político influyente a grupos etno-culturales que históricamente han gozado de una falta de reconocimiento. Debido a ello, una forma importante de promover una mayor inclusión de los miembros de los grupos sub representados socialmente es a través de las instituciones políticas y asociativas diseñadas específicamente para aumentar su participación en el proceso político.[147]

Para Iris Young, en las minorías nacionales con pretensiones de autogobierno también suelen permanecer las relaciones estructurales de desigualdad o dominación potencial con otros grupos. Por ello, Iris Young problematiza la representación especular de los grupos etno-culturales que

---

[145] KYMLICKA, Will (1995). Ob., cit., pp. 200-201.
[146] YOUNG, Iris (2000). Ob., cit., pp. 145-148.
[147] YOUNG, Iris (2000). Ob., cit., pp. 141-143. Propone un amplio espectro de grupos que podrían considerarse desaventajados y que por ende tendrían justificada una representación especular. Ellos serían los grupos derivados de la: 1) Explotación; 2) Marginación; 3) Impotencia; 4) Imperialismo cultural; 5) Violencia aleatoria y acoso motivado por aborrecimiento o temor al grupo. Al respecto ver: YOUNG, Iris (2000). Ob., cit., p. 141. También en: YOUNG, Iris (1989). "Polity and Group Difference: A Critique of the Ideal of Universal Citizenship". *Ethics*. N° 99, pp. 250-274. Para Kymlicka, el espectro de grupos desaventajados que plantea Young es muy amplio, por lo que se podría caer en la paradoja de rechazar una teoría general de representación de tipo especular, pero ampliar tanto los grupos desaventajados que tendrían opción de ella que la convertiría en la general. Me parece una crítica acertada por parte de Kymlicka. Véase: KYMLICKA, Will (1995). Ob., cit., p. 202.

pretenden el autogobierno y plantea su representación política en organizaciones federadas.[148]

La inclusión de una representación política de los grupos etno-culturales en los procesos políticos, puede contribuir a mejorar la calidad de las decisiones[149]. Si la "perspectiva" de estos grupos no se integra en los procesos de deliberación política, como una forma de deferencia debida hacia una visión diferente, difícilmente se encontrará presente al momento de la toma de decisiones, entendidos en su globalidad y no sólo en cuanto a los órganos legislativos.[150]

En ese sentido, Amy Gutmann, contestando a quienes plantean que la representación política de los grupos identitarios es peligrosa para la "democracia"[151], señala que:

---

[148] Véase: YOUNG, Iris (2000). Ob., cit., pp. 236-275.

[149] Ello puede ser fundamental si lo que se busca como sociedad es lo que se ha denominado el ideal de la democracia deliberativa y se toma en serio su valor epistémico. Al respecto ver: ELSTER, Jon (2001). *La democracia deliberativa*. Barcelona, Gedisa, 348 pp.; HONGJU, Harold y SLYE, Ronald (2004). *Democracia deliberativa y derechos humanos*. Barcelona, Gedisa, 364 pp; NINO, Carlos (1996). Ob., cit., pp. 270-293.

[150] El Convenio N° 169 de la OIT, en sus artículos 2 y 6, establece el mecanismo de la consulta y participación efectiva de los pueblos indígenas y tribales en las decisiones políticas que les afecten. Este mecanismo busca que en los procesos políticos, al momento de la deliberación, se tome en consideración la perspectiva de los pueblos indígenas, para lo cual los Estados deben contemplar los mecanismos necesarios para que la consulta sea efectiva y de buena fe. En ese sentido, el la Corte Interamericana de Derechos Humanos, en el caso del Pueblo Indígena Kichwa de Sarayaku vs. Ecuador, en la sentencia de fecha 27 de junio de 2012, fijó los estándares internacionales más recientes sobre la obligación de los Estados en cuanto a la Consulta Indígena contemplada en el Convenio. Véase las páginas 34-71 de la Sentencia, disponible en www.corteidh.or.cr. Sobre el Convenio N° 169 de la OIT en el marco del reconocimiento internacional de los derechos de los pueblos indígenas, ver: ANAYA, James (2005). Ob., cit., pp. 96-102; Una revisión exhaustiva del convenio y sus implicancias jurídicas, ver: GOMÉZ, Magdalena (2006): "El Convenio 169 de la Organización Internacional del Trabajo". En: *Pueblos indígenas y derechos humanos*. Bilbao, España, Instituto de Derechos Humanos, Universidad de Deusto, pp. 133-152. Sobre la representación de la perspectiva social no sólo en los órganos legislativos, véase: YOUNG, Iris (2000). Ob., cit., pp. 152-153.

[151] Amy Gutmann, crítica a Brian Barry en este punto. Sobre las críticas de Barry a la inclusión de los grupos identitarios en la democracia representativa, debido a que estos debilitan las garantías de igualdad de derechos que las democracias liberales deberían proporcionar, véase: BARRY, Brian (2005). Ob., cit., pp. 326-327.

"Si se visualiza una democracia despojada de grupos identitarios como el camino hacia la justicia igualitaria, podríamos parafrasear la opinión de Madison sobre las facciones políticas en El federalista, x: Sería una locura tratar de abolir los factores que causan la formación de los grupos identitarios (las identidades grupales particularistas de los individuos y el derecho a la libre asociación), como lo sería "desear la desaparición del aire, indispensable a la vida animal, porque comunica al fuego su energía destructura". Lejos de ser la antítesis de la democracia representativa, la política basada en la identidad es una manifestación importante de la libertad individual que existe dentro de la democracia. Mucho mejor es considerar los efectos negativos de la política de grupos identitarios de un modo acorde con la libertad de asociarse que tratar de suprimir los grupos identitarios. En casos significativos, los grupos identitarios fueron efectivos en su tratamiento de la desigualdad".[152]

Lo que he buscado con estos párrafos, es entregar los principales argumentos de quienes entienden que la representación de grupo no es intrínsecamente iliberal o antidemocrática, sino que puede ser una ampliación plausible de las tradiciones democráticas existentes y, en determinadas circunstancias, son la mejor manera de asegurar que las minorías puedan expresar adecuadamente sus intereses y sus aspiraciones[153]. Ello además, tomando en cuenta de que resulta importante que las minorías dispongan de procedimientos justos para que se escuche

---

[152] GUTMANN, Amy (2008). Ob., cit., p. 40.
[153] Comparto la defensa contextual de Gutmann a la representación política de los grupos identitarios, al respecto véase: GUTMANN, Amy (2008). Ob., cit., p. 110.

su voz en el proceso político, parece obvio que las propuestas orientadas a lograr la representación de grupo les proporcionan tales procedimientos.[154]

Finalmente, en lo que se refiere a los derechos poliétnicos, en general ellos serán muy similares a los que se establezcan para los inmigrantes, ya revisados en el punto 1.5 del presente capítulo, especialmente aquellos relacionados con la educación. Estos derechos buscan que en el proceso administrativo y educativo que realiza el Estado se encuentre presente la idea que el Estado está compuesto también por pueblos indígenas y que dicha presencia es un aspecto positivo. Por ejemplo, las administraciones públicas debieran contemplar la posibilidad de que cualquier trámite se pudiera realizar en todas las lenguas e idiomas que conforman al Estado y que, por ende, sus ciudadanos pueden solicitar que se les reconozca su lengua o idioma para acudir a los servicios que presta el Estado. Un médico que atiende en el servicio público en comunidades rurales del sur de Chile, ubicadas en la novena región debiera saber comunicarse con sus pacientes en "mapudungun".

Tal como señala Bengoa, "la educación ha sido el instrumento principal para el cambio cultural." Se cuestiona a la "educación como instrumento de colonización y aboga por una educación intercultural y bilingüe que permita no solo el conocimiento de la cultura occidental sino también la reproducción de su propia cultura".[155]

¿Qué es una educación intercultural bilingüe? José Bengoa, nos entrega un concepto de ella: "Se entiende por educación intercultural bilingüe, el proceso escolar que asume la interculturalidad de los niños indígenas o de la minoría nacional o grupo minoritario, ubicado en una sociedad mayor y

---

[154] KYMLICKA, Will (1995). Ob., cit., pp. 208-209.
[155] BENGOA, José (2007). Ob., cit., p. 305.

tiene por objeto educativo que ellos se desempeñen adecuadamente tanto en su sociedad local como en la sociedad nacional de la que son parte".[156]

Como parte del proceso educativo del conjunto de la sociedad, las políticas poliétnicas y que buscan la interculturalidad, debieran abordar la integración de normas para que los medios de comunicación formen parte de éste proceso[157], sobre todo para los medios que son empresas públicas de comunicación.

Para el caso de la realidad de América Latina y en particular el caso chileno y boliviano, la multiculturalidad está expresada (junto a la inmigración para el caso chileno) por la presencia de pueblos indígenas, que en muchos casos se han dispersado por todo el territorio nacional. Siendo así la realidad, junto con aplicar las políticas específicas (derechos de autogobierno, derechos especiales de representación y derechos poliétnicos), tiene más sentido la aplicación de políticas generales al respecto, ya sean las de reconocimiento o de interculturalidad[158]. Se debe tener en cuenta que dichas políticas generales en el caso de los pueblos indígenas han caminado en paralelo con el reconocimiento de derechos en el plano internacional y la constitucionalización de los mismos. Así, en el punto siguiente abordaré el panorama general del Derecho Internacional en cuanto a los pueblos indígenas y el fenómeno de la constitucionalización de sus derechos, exponiendo sus principales complejidades.

---

[156] BENGOA, José (2007). Ob., cit., p. 317.
[157] Comparto la preocupación que señala José Bengoa sobre el papel de los medios de comunicación en la estigmatización de los grupos que representan la diversidad cultural, al respecto véase: BENGOA, José (2007). Ob., cit., p. 317.
[158] Véase lo expresado sobre ellas en el punto 1.3. del presente capítulo.

1.6. El debate sobre el multiculturalismo en América Latina.

En América Latina, la principal fuente del multiculturalismo dice relación con la presencia al interior de sus Estado de pueblos indígenas. Así, la discusión normativa del fenómeno multicultural se ha llevado en dos planos: reconocimiento de derechos en el ámbito internacional; y, desde la década de 1990, en la constitucionalización de los derechos indígenas.

El fenómeno multicultural en lo respectivo a la inmigración, ha sido abordado con menor intensidad por los Estados en su discusión normativa interna, teniendo un enfoque más ligado al derecho internacional.

Debido a lo anterior, primero abordaré generalmente el reconocimiento de derechos a los pueblos indígenas en el plano internacional[159] y luego revisaré los principales tópicos sobre los que ha versado la constitucionalización de los derechos indígenas en América Latina. El desarrollo normativo y jurisprudencial del fenómeno de la inmigración lo revisaré en el capítulo siguiente, en el punto 2.4.2, con el fin de integrarlo directamente en la revisión normativa de Chile al respecto. Advierto, que la revisión jurisprudencial será breve y centrada en la jurisprudencia del Sistema Interamericano de Protección de los Derechos Humanos.

1.6.1. Reconocimiento de derechos indígenas en el ámbito internacional.

El primer aspecto a tomar en consideración, es que desde la creación de la ONU, se decidió acomodar la diversidad cultural usando la estrategia de protección de los derechos humanos por la vía individual. La perspectiva liberal, logra su consagración máxima en la Declaración Universal de los

---

[159] Véase: AGUILAR, Gonzalo (2007). *Dinámica internacional de la cuestión indígena.* Santiago, Librotecnia, pp. 44-151.

Derechos Humanos, la que no se refiere a derechos específicos de sectores determinados de la sociedad, sino que sólo piensa en clave de derechos subjetivos y de carácter individual.

La Declaración Universal de los Derechos Humanos, no menciona a los Pueblos Indígenas (como a muchos otros sectores o grupos "minoritarios" de la sociedad), ocurriendo lo mismo en el Pacto de Derechos Civiles y Políticos, y en el Pacto de Derechos Económicos, Sociales y Culturales.

Un primer cambio de enfoque se encuentra en la "Convención de las Naciones Unidas sobre la eliminación de todas las formas de discriminación racial" del 21 de diciembre de 1965[160]. En dicha convención, los pueblos indígenas están subsumidos en el concepto genérico de "minorías étnicas". No se opta por el reconocimiento expreso del tema indígena, pero si aparece el asunto en la discusión del instrumento como tal.

Luego, en el desarrollo del derecho internacional sobre derechos indígenas o de sus pueblos, tiene como primer instrumento normativo el Convenio N° 169[161], sobre Pueblos Indígenas y Tribales en Países Independientes, de la

---

[160] La Convención se hizo pensando en el contexto internacional de discriminación a las personas de raza negra y principalmente al "aparthied" de África del Sur. Por el Estado Plurinacional de Bolivia, fue firmada el 7 de junio de 1966 y ratificada el 22 de septiembre de 1970 y fue suscrita por el Estado chileno el 3 de octubre de 1966 y ratificada el 20 de octubre de 1971. Sin embargo al momento de su ratificación hizo reserva sobre el artículo 14, siendo ratificado plenamente recién el año 1994. El artículo 14.1 de la convención señala que: "Todo Estado parte podrá declarar en cualquier momento que reconoce la competencia del Comité para recibir y examinar comunicaciones de personas o grupos de personas comprendidas dentro de su jurisdicción, que alegaren ser víctimas de violaciones, por parte de ese Estado, de cualquiera de los derechos estipulados en la presente Convención. El Comité no recibirá ninguna comunicación referente a un Estado parte que no hubiere hecho tal declaración". Es decir, se reconoce la competencia del Comité creado en conformidad al artículo 8 de la Convención, el que puede hacer recomendaciones a los Estados, según denuncias presentadas por personas o grupos de personas según los términos del Convenio.
[161] Éste Convenio tiene como antecedente el Convenio N° 107 de la OIT, de 1957, sobre poblaciones indígenas y tribales en países independientes.

Organización Internacional del Trabajo (OIT), de 1989[162]. Éste es el primer instrumento internacional que se refiere a los "Pueblos Indígenas"[163] como tal.

El Convenio N° 169 de la OIT, "separó radical y definitivamente el tema indígena de la cuestión de las minorías, en la medida que los indígenas aparecen con derechos colectivos reconocidos en forma explícita, cuestión que no ocurre de la misma manera con las minorías"[164]. Este es, a mi juicio, el principal aspecto del Convenio[165]. Todas las dificultades teóricas de los derechos colectivos o de grupos, se analizarán en el punto 1.7. del presente capítulo.

Junto a lo anterior, el Convenio propone conceptos básicos relativos al respeto, al reconocimiento y a la participación de dichos pueblos en las decisiones estatales que les afecten. El respeto a la cultura, idiomas, la religión, la organización social y económica, y a la identidad propia, constituye la premisa de la existencia perdurable de los pueblos indígenas y

---

[162] Convenio ratificado el 11 de diciembre de 1991 por el Estado Plurinacional de Bolivia, y el 15 de septiembre de 2008, por el Estado de Chile, mediante el Decreto N° 236, publicado en el Diario Oficial el 14 de octubre de 2008.

[163] Según Bengoa: "El Convenio 169 incurrió en una contradicción teórica y política, que fue reconocida solamente por unos pocos miembros observadores durante el período de discusión. Por una parte reconoció el carácter de "pueblos" de los colectivos indígenas, y por otra parte les cercenó su derecho a la libre determinación mediante un inciso agregado al artículo primero que dice: "La utilización del término "pueblos" en este Convenio no deberá interpretarse en el sentido de que tenga implicación alguna en lo que atañe a los derechos que pueda conferirse al dicho término en el derecho internacional". BENGOA, José (2007). Ob., cit., p. 272.

[164] Ibíd., p. 273.

[165] Un análisis del Convenio N° 169 y su importancia en el marco del reconocimiento de los derechos de los Pueblos Indígenas y en especial del de autodeterminación en: AGUILAR, Gonzalo (2007). Ob., cit., pp. 58-66; ANAYA, James (2005). Ob., cit., pp. 96-102. Sobre una revisión exhaustiva del Convenio en cuanto a sus alcances jurídicos y la importancia del mismo para los pueblos indígenas, ver: GOMÉZ, Magdalena (2006). "El Convenio 169 de la Organización Internacional del Trabajo". En: Pueblos indígenas y derechos humanos. Bilbao, Instituto de Derechos Humanos, Universidad de Deusto, pp. 133-152. Sobre el Convenio N° 169, y sus implicancias en el sistema normativo chileno, desde una óptica liberal clásica, ver: MONTT, Santiago y MATTA, Manuel (2011). "Una visión panorámica al Convenio OIT 169 y su implementación en Chile". Estudios Públicos. N° 121, pp. 133-212.

tribales. El respeto como punto central se encuentra tratado a lo largo del Convenio, pero con una especial mención en el artículo 5 del mismo. Respeto y participación, son las premisas centrales del convenio y constituyen la base sobre la cual deben interpretarse las disposiciones del mismo.

En cuanto a los derechos especiales de representación, que en este caso, son en una variante de participación, el convenio reconoce, el mecanismo de la consulta y participación efectiva de estos pueblos en las decisiones que les afectan. Estos derechos se encuentran especialmente reconocidos en el artículo 2 y 6.

En cuanto a derechos de autogobierno, el Convenio garantiza el derecho de los pueblos indígenas a decidir sus propias prioridades en lo que atañe al proceso de desarrollo, en la medida en que éste afecte sus vidas, creencias, instituciones y bienestar espiritual y a las tierras que ocupan o utilizan de alguna manera, y de controlar, en la medida de lo posible, su propio desarrollo económico, social y cultural. Para ello, es fundamental que los pueblos indígenas tengan la posibilidad de participar en la formulación, aplicación y evaluación de los planes y programas de desarrollo nacional y regional susceptibles de afectarles directamente. Todo esto, reconocido en varios artículos del convenio, pero especialmente en el artículo 7.

Tanto en la Parte I del Convenio, "Políticas Generales", como en la Parte II, "tierras", el Convenio reconoce la relación especial que tienen los indígenas con las tierras y territorios que ocupan o utilizan de alguna otra manera y, en particular, los aspectos colectivos de esa relación.

Finalmente, en lo que respecta al convenio, los Estados se comprometen a adecuar la legislación nacional y a desarrollar las acciones pertinentes de acuerdo a las disposiciones contenidas en el Convenio. Asimismo, se comprometen a informar periódicamente a los órganos de control de la OIT sobre la aplicación en la práctica y en la legislación de las disposiciones del Convenio y a responder a las preguntas, observaciones o sugerencias de esos órganos de control.

Como último aspecto en este punto, el 13 de septiembre de 2007, la Asamblea General de las Naciones Unidas, emite la Declaración sobre los Pueblos Indígenas[166], que en su preámbulo, señala: *"Afirmando* que los pueblos indígenas son iguales a todos los demás pueblos y reconociendo al mismo tiempo el derecho de todos los pueblos a ser diferentes, a considerarse a sí mismos diferentes y a ser respetados como tales".[167]

En cuanto a la supuesta superioridad de "pueblos", la declaración señala: *"Afirmando además* que todas las doctrinas, políticas y prácticas basadas en la superioridad de determinados pueblos o personas o que la propugnan aduciendo razones de origen nacional o diferencias raciales, religiosas, étnicas o culturales son racistas, científicamente falsas, jurídicamente inválidas, moralmente condenables y socialmente injustas".[168]

La declaración, busca justificar políticas redistributivas, mediante la constatación de injusticias históricas que han sufrido los pueblos indígenas, las cuales constata. Así señala que: *"Preocupada* por el hecho de que los pueblos indígenas hayan sufrido injusticias históricas como resultado, entre

---

[166] Es importante mencionar que existe un borrador, ya aprobado por la Comisión Interamericana de Derechos Humanos, para una declaración de similares características especialmente para el continente Americano, denominada: Proyecto de Declaración Americana sobre los Derechos de las Poblaciones Indígenas. Disponible en: http://www.summit-americas.org/indigenous/w-group-oct99/Declaracion%20DPINov-12-99-sp.htm

[167] En: NÚÑEZ, Manuel (2010). *Normativa nacional e internacional sobre pueblos indígenas.* Santiago, Librotecnia, 2010, p. 521.

[168] Ídem.

otras cosas, de la colonización y enajenación de sus tierras, territorios y recursos, lo que les ha impedido ejercer, en particular, su derecho al desarrollo de conformidad son sus propias necesidades e intereses".[169]

La declaración, en los artículos 3 y 4, reconoce expresamente el derecho a la libre determinación, asociado al autogobierno y la autonomía[170], para resolver sus asuntos internos, disponer de medios para ello y elegir libremente su desarrollo económico, social y cultural.

En el mismo sentido, en el artículo 5, reconoce el derecho de los pueblos indígenas a "conservar y reforzar sus propias instituciones políticas, jurídicas, económicas, sociales y culturales, manteniendo a la vez su derecho a participar plenamente, si lo desean, en la vida política, económica, social y cultural del Estado"[171]. Como se puede apreciar, hay un reconocimiento explícito al autogobierno y al pluralismo jurídico.

Importante resultan los artículos 6 y 9, donde el concepto de "pueblo indígena" se asocia al de "nación indígena". La declaración da cuenta de las discusiones teóricas que se venían siguiendo en el seno de los organismos internacionales y que decían relación con que no existían argumentos sólidos para considerar que los "pueblos indígenas" no constituían una "nación" propiamente tal.[172]

---

[169] Ídem.
[170] En el plano doctrinario, para Rodolfo Stavenhagen, la autonomía debe comprender al menos los siguientes cuatro puntos: la identidad de los sujetos de la autonomía; el ámbito y límites de la misma; las competencias que corresponderían a la entidad autonómica; y, el marco jurídico que normara las relaciones entre entidad autonómica y Estado. Ver: STAVENHAGEN, Rodolfo (2004). "Derecho Internacional y Derechos Indígenas". En: *Derechos Humanos y Pueblos Indígenas: Tendencias Internacionales y Contexto Chileno*. Temuco, Instituto de Estudios Indígenas, Universidad de la Frontera, pp. 15-26.
[171] En: NÚÑEZ, Manuel (2010). Ob., cit., p. 524.
[172] Ver dicha discusión en: BENGOA, José (2007). Ob., cit., pp. 291-295; KYMLICKA, Will (2003) Ob., cit., pp. 167-183.

En los artículos 11, 12, 13, 14, 15, 16 y 17, se establece el derecho de los pueblos indígenas a lo que se ha denominado como "supervivencia cultural" y, por ende, al deber por parte del Estado de la misma. El artículo 13 en su punto primero señala el derecho a la práctica de la cultura y en el punto segundo, el deber del estado a asegurar dicho derecho, es decir el derecho a la "supervivencia cultural".

En similares términos al del Convenio N° 169 de la OIT, la declaración reconoce derechos de autogobierno, de representación, de polietnicidad (especialmente de educación) y, en general, se vela por un trato intercultural y de reconocimiento con el Estado que alberga en su seno pueblos indígenas.

Dentro de este proceso evolutivo del derecho internacional de los derechos humanos de los pueblos indígenas, se debe tener presente la función que ha tenido la UNESCO, principalmente en cuanto a la protección de la cultura de los pueblos indígenas[173]. Dicha labor tiene como hitos principales, la aprobación de la Convención para la Salvaguardia del Patrimonio Cultural Inmaterial (2003) y, posteriormente, la aprobación de la Convención sobre la Protección y la Promoción de la Diversidad de las Expresiones Culturales (2005). La última señala en su preámbulo que "la diversidad cultural, tal y como prospera en un marco de democracia, tolerancia, justicia social y respeto mutuo entre los pueblos y las culturas, es indispensable para la paz y la seguridad en el plano local, nacional e internacional". Asimismo, tiene presente la importancia de la vitalidad de las culturas para todos, especialmente en el caso de las personas

---

[173] Véase: AGUILAR, GONZALO (2007). Ob., cit., pp. 142-250. En ese plano, véase el aporte que realizó el Estado boliviano en el marco internacional, en: GUEVARA, Manuel (2011). "Orígenes del patrimonio cultural inmaterial: la propuesta boliviana de 1973". *Apuntes.* N° 2, pp. 152-165.

pertenecientes a minorías y de los pueblos autóctonos y reconoce "que la diversidad de expresiones culturales, comprendidas las expresiones culturales tradicionales, es un factor importante que permite a los pueblos y las personas expresar y compartir con otros sus ideales y valores".[174]

Como se ha podido apreciar, el derecho internacional para los pueblos indígenas, se ha desarrollado ampliamente, tomando decisiones expresas y concretas por reconocer estatus a ellos, establecer y ampliar sus derechos de autogobierno, entender e interpretar el concepto de autodeterminación[175], preceptuar derechos de participación y de representación, establecer derechos colectivos, y en su versión más avanzada (Declaración de la ONU 2007), incluso establecer el derecho de "supervivencia cultural" de los pueblos indígenas.

Todo el panorama internacional de protección de los derechos indígenas, en el caso americano, se ha puesto en práctica a través de la jurisprudencia de la Corte Interamericana de Derechos Humanos[176] y la función que ha desarrollado la Comisión Interamericana de Derechos Humanos[177]. Así la Corte IDH ha ayudado a la protección de los derechos indígenas,

---

[174] La Convención sobre la Protección y la Promoción de la Diversidad de las Expresiones Culturales (2005), fue ratificada por el Estado chileno el 13 de marzo de 2007 y por el boliviano el 4 de agosto de 2006. La Convención para la Salvaguardia del Patrimonio Cultural Inmaterial (2003) fue ratificada por el Estado chileno el 10 de diciembre de 2008 y por el boliviano el 17 de octubre de 2003.

[175] Al determinar el alcance práctico de "autodeterminación", James Anaya, señala que esta se encuentra compuesta por cinco normas subordinadas y no concretas: no discriminación; integridad cultural; control sobre el territorio y los recursos; bienestar social y desarrollo; y autogobierno. Véase: ANAYA, James (2005). Ob., cit., pp. 175-241.

[176] Véase: NASH, Claudio (2004). "Los derechos humanos de los indígenas, en la jurisprudencia de la Corte Interamericana de Derechos Humanos". En: *Derechos Humanos y Pueblos Indígenas: Tendencias Internacionales y Contexto Chileno*. Temuco, Instituto de Estudios Indígenas, Universidad de la Frontera, pp. 29-43.

[177] Sobre la función de los organismos americanos de protección de los derechos humanos y los derechos de los pueblos indígenas, véase: RODRÍGUEZ-PIÑEIRO, LUIS (2006). "El sistema interamericano de derechos humanos y los pueblos indígenas". En: *Pueblos indígenas y derechos humanos*. Bilbao, Instituto de Derechos Humanos, Universidad de Deusto, pp. 153-206.

resoliviendo múltiples casos al respecto, aplicando sus derechos en forma directa e indirecta. Dentro de los temas que la Corte IDH ha abordado se encuentran: 1) Derechos a la tierra y propiedad indígena; 2) Derechos culturales; 3) Recursos efectivos; 4) Participación política.

En los derechos a la tierra y propiedad indígena[178], el primer caso que resolvió la Corte IDH sobre la propiedad indígena fue el de la Comunidad Mayagana (Sumo) Awas Tingi vs. Nicaragua en el año 2001[179]. En dicho caso, la comunidad indígena alegaba que el Estado no había demarcado sus tierras comunales, ni había tomado medidas efectivas para garantizar sus derechos de propiedad ancestrales y el uso de sus recursos naturales. Asimismo, señalan que el Estado había otorgado una concesión para el aprovechamiento de madera en las tierras de la comunidad sin su consentimiento, y no garantizó un recurso efectivo para responder a las reclamaciones de la comunidad sobre sus derechos de propiedad.[180]

En virtud de lo anterior, la comunidad indígena alegaba la violación del artículo 21 de la CADH, que reconoce el derecho a la propiedad en su clásica versión.

Realizando una interpretación catalogada por la propia Corte IDH como "evolutiva" de los instrumentos internacionales de protección de los

---

[178] Un listado actualizado de la jurisprudencia de la Corte IDH sobre propiedad indígena, véase en: GAJARDO FALCÓN, Jaime (2013). *Propiedad Indígena y explotación de recursos naturales. Un estudio de casos.* Ponencia IV Congreso Internacional GIGAPP-IUIOG, Madrid, p. 14.

[179] Al respecto Felipe Gómez señala: "La decisión de la Corte Interamericana de Derechos Humanos, situada en San José de Costa Rica, en el Caso de la Comunidad Awas Tingni contra Nicaragua (agosto de 2001) ha sentado un precedente muy prometedor para la evolución del derecho de los pueblos indígenas sobre sus tierras y recursos naturales en el panorama jurídico internacional. La interpretación dada por la Corte Interamericana al derecho de propiedad en este caso emblemático ha supuesto un auténtico desafío a la concepción tradicional del derecho de propiedad que figura en los instrumentos internacionales de derechos humanos más relevantes". En: GÓMEZ, Felipe (2012). Ob., cit., pp. 88-89.

[180] Corte IDH, *Comunidad Mayagana (Sumo) Awas Tingni vs. Nicaragua,* Serie C Nº 79, 31 de agosto de 2001, párr. 2.

derechos humanos, y basada en el artículo 29.b de la CADH –que prohíbe una interpretación restrictiva de los derechos-, consideró que el artículo precitado protege el derecho a la "propiedad en un sentido que comprende, entre otros, los derechos de los miembros de las comunidades indígena en el marco de la propiedad comunal".[181]

Para la Corte IDH, "entre los indígenas existe una tradición comunitaria sobre una forma comunal de la propiedad colectiva de la tierra, en el sentido de que la pertenencia de ésta no se centra en un individuo sino en el grupo y su comunidad. Los indígenas por el hecho de su propia existencia tienen derecho a vivir libremente en sus propios territorios; la estrecha relación que los indígenas mantienen con la tierra debe de ser reconocida y comprendida como la base fundamental de sus culturas, su vida espiritual, su integridad y su supervivencia económica. Para las comunidades indígenas la relación con la tierra no es meramente una cuestión de posesión y producción sino un elemento material y espiritual del que deben gozar plenamente, inclusive para preservar su legado cultural y transmitirlo a las generaciones futuras".[182]

Para garantizar la relación identitaria del pueblo indígena con su propiedad colectiva, es necesario que los Estados tengan en cuenta su derecho consuetudinario, con lo que la posesión de la tierra debería bastar para que las comunidades indígenas que carezcan de un título real sobre la propiedad de la tierra obtengan el reconocimiento oficial de dicha propiedad y su consiguiente registro.[183]

---

[181] Ibíd., párr. 148.
[182] Ibíd., párr. 149.
[183] Ibíd., párr. 151.

La Corte IDH, luego de reconocer el derecho a la propiedad colectiva de la Comunidad Mayagana, advierte que los límites del territorio de dicha propiedad, que no se encuentran debidamente delimitados y demarcados, deben realizarse. Por consiguiente, ordenó al Estado de Nicaragua la demarcación del territorio y la abstención, mientras no se realice la delimitación y demarcación, de "actos que puedan llevar a que los agentes del propio Estado, o terceros que actúen con su aquiescencia o su tolerancia, afecten la existencia, el valor, el uso o el goce de los bienes ubicados en la zona geográfica donde habitan y realizan sus actividades los miembros de la Comunidad".[184]

La sentencia previamente analizada, se puede interpretar de dos maneras, en lo que respecta a la propiedad colectiva. La primera posibilidad implica una visión formalista de la propiedad colectiva, siendo necesario desarrollar los medios legislativos, reglamentarios, administrativos y técnicos para evitar la ocupación o posesión en cualquiera de sus formas, de los territorios indígenas. En este sentido, se trataría a la propiedad colectiva indígena como cualquier otro derecho de propiedad, el que una vez, llevadas adelante estas operaciones, cualquier persona podría comprar derechos, terminando con el derecho colectivo de los indígenas sobre sus territorios. Así, sólo con el reconocimiento registral de la propiedad, o cualquier otra medida formal, no se logra garantizar la plena eficacia del derecho colectivo ni la supervivencia de esa comprensión del mismo.

Debido a lo anterior, surge –principalmente en la doctrina- una segunda interpretación de la sentencia, que es más activa o promocional del derecho de propiedad colectiva de los pueblos indígenas sobre sus territorios. Junto a los aspectos formales, se incluye el deber del Estado de fomentar la

---

[184] Ibíd., párr. 153.

supervivencia de la propiedad indígena colectiva, que al mismo tiempo garantiza la supervivencia, desarrollo y mejora de esa sociedad[185]. Esta forma de interpretar la sentencia, la considero una de tipo sustancial, ya que incorpora los elementos culturales, transformando a la propiedad indígena comunitaria, en una diferente a la clásica propiedad privada individual.

Para Claudio Nash, en el sentido de la segunda interpretación, el fallo en análisis es destacable por dos aspectos. El primero, es el "reconocimiento de la propiedad colectiva de la tierra en el marco del art. 21 de la CADH, fijando como núcleo del derecho la titularidad grupal y comunitaria de la tierra acorde con los criterios generales desarrollados internacionalmente en esta materia. Segundo, la Corte va más allá de la sola fijación del contenido del derecho de propiedad y hace un vínculo directo entre la cultura indígena y el derecho a la tierra, como base para el desarrollo cultural y la preservación del legado y su transmisión a las generaciones futuras, recogiendo una nueva visión del derecho a la tierra, no sólo como un derecho de propiedad, sino como una manifestación cultural".[186]

En el caso de la Comunidad Indígena Yakye Axa Vs. Paraguay, la Corte IDH aclara su visión sobre lo colectivo de la propiedad indígena, señalando que ella puede "tener una significación colectiva, en el sentido de que el ejercicio de ésta no se centra en un individuo sino en el grupo y su comunidad.[187]

En este punto se ve una diferencia con la conceptualización de la propiedad colectiva indígena que hace la CIDH. Para la Corte IDH el derecho a la

---

[185] Véase: BLÁZQUEZ, Diego (2004). "La propiedad de los pueblos indígenas y la discusión acerca de sus derechos como colectivos e individuales". *Derechos y Libertades*. N° 13, p. 395.
[186] NASH, Claudio (2004). Ob., cit., p. 35.
[187] Corte IDH, *Comunidad Indígena Yakye Axa vs. Paraguay*. Serie C N° 125, 17 de junio de 2005, párr. 135.

propiedad territorial es un derecho cuyos titulares son las personas individuales que conforman los pueblos indígenas o tribales, y cuyo ejercicio se desenvuelve en sistemas de propiedad colectiva. En cambio, para la CIDH el derecho a la propiedad de los pueblos indígenas y tribales es un derecho colectivo, cuyo titular es el pueblo correspondiente, el que a su vez ejercita en todo o en parte grupalmente.[188]

Con una cierta homogeneidad, y sobre la base de las características expuestas sobre la propiedad colectiva indígena, la Corte IDH ha resuelto una serie de casos más. Dentro de ellos, las sentencias de los tres casos dirigidos contra Paraguay[189] son interesantes, ya que siguen una línea jurisprudencial más general referida a la generación de condiciones de existencia digna y respeto al derecho a la vida, combinándola con el aseguramiento del acceso al derecho a la propiedad colectiva. Ello implica, que el respeto y reconocimiento de la diversidad cultural, no sólo se hace por una consideración moral abstracta, sino que también por su incidencia directa en la protección del derecho a la vida de los integrantes de los pueblos indígenas. Ambas cosas se garantizarían a través del respeto por parte del Estado, de la propiedad colectiva indígena[190]. En los tres casos

---

[188] CIDH (2009). *Derechos de los Pueblos Indígenas y Tribales sobre sus Tierras Ancestrales y Recursos Naturales*. OEA/Ser. L/V/II. Doc. 56/09, p. 25.

[189] Los casos son: 1) Comunidad Indígena Yakye Axa vs. Paraguay, 2005; 2) Comunidad Indígena Sawhoyamaxa vs. Paraguay, 2006; 3) Comunidad Indígena Xákmok Kásek vs. Paraguay, 2010.

[190] Laura Clérico y Martín Aldao, realizan un análisis aplicado de los presupuestos de Nancy Fraser sobre redistribución y reconocimiento a las sentencias de la Corte IDH sobre Paraguay. Al respecto apuntan: "Así, los pueblos originarios no sólo son víctimas de una injusticia cultural o simbólica, sino también de una injusticia socioeconómica (...) Por eso, ni las soluciones redistributivas ni las soluciones de reconocimiento son suficientes por sí mismas. Es decir, sólo son respetuosas de los derechos de los pueblos originarios aquellas soluciones que implican una mejor distribución de los bienes económicos y sociales, pero que a su vez, los incluyan en el proceso de toma de decisiones y se tenga en cuenta su interpretación de sus necesidades, intereses y proyectos como comunidad". En: CLERICO, Laura y ALDAO, Martín (2011). "La igualdad como redistribución y reconocimiento: Derechos de los Pueblos Indígenas y Corte Interamericana de Derechos Humanos". *Estudios Constitucionales*. Año 9, N° 1, pp.157-198.

señalados, junto con condenar a Paraguay por violación del derecho a la propiedad establecido en el artículo 21 de la CADH, se le condenó por violación al derecho a la vida, establecido en el artículo 4 de la misma.[191]

Esta vinculación entre derecho a la vida y propiedad colectiva indígena la Corte IDH la ve de la siguiente forma:

"(…) la principal forma que el Estado tenía para trasladar a los miembros de la Comunidad fuera del costado de la ruta era entregarles sus tierras tradicionales (…) De allí que el Tribunal estableciera que el Estado no garantizó a los miembros de la Comunidad Sawhoyamaxa el derecho a la propiedad comunitaria ni a las garantías y protección judicial en un plazo razonable (…) En otras palabras, si bien el Estado no los llevó al costado de la ruta, tampoco adoptó las medidas adecuadas, a través de un procedimiento administrativo rápido y eficiente, para sacarlos de allí y ubicarlos dentro de sus tierras ancestrales, en donde tendrían el uso y disfrute de sus recursos naturales, directamente vinculados con su capacidad de supervivencia y el mantenimiento de sus formas de vida".[192]

Como se puede apreciar, la Corte IDH entiende que una falta de acceso a la tierra y sus recursos naturales, es decir, al uso y goce de su propiedad colectiva, puede producir condiciones de miseria para las comunidades

---

[191] La Corte IDH entendió que Paraguay es responsable internacionalmente, por violación al artículo 4 de la CADH por omisión, ello debido a que no adoptó las medidas positivas necesarias dentro del ámbito de sus atribuciones, que razonablemente eran de esperarse para prevenir o evitar el riesgo al derecho a la vida de los miembros de los pueblos indígenas.
[192] Corte IDH, *Comunidad Indígena Sawhoyamaxa vs. Paraguay*, Serie C N° 146, 29 de marzo de 2006, párr. 164.

indígenas afectadas[193]. En el caso de la Comunidad Indígena Yakye Axa Vs. Paraguay, la Corte IDH señaló:

"(…) se concluyó que los miembros de la Comunidad Yakye Axa viven en condiciones de miseria extrema como consecuencia de la falta de tierra y acceso a recursos naturales, producida por los hechos materia de este proceso, así como a la precariedad del asentamiento temporal en el cual se han visto obligados a permanecer y a la espera de la resolución de su solicitud de reivindicación de tierras. Este Tribunal observa que, conforme a lo manifestado por los señores Esteban López, Tomás Galeano e Inocencia Gómez durante la audiencia pública celebrada en el presente caso (supra párr. 39.a, 39.b y 39.c), los miembros de la Comunidad Yakye Axa hubiesen podido abastecerse en parte de los bienes necesarios para su subsistencia de haber estado en posesión de sus tierras tradicionales. El desplazamiento de los miembros de la Comunidad de estas tierras ha ocasionado que tengan especiales y graves dificultades para obtener alimento, principalmente porque la zona que comprende su asentamiento temporal no cuenta con las condiciones adecuadas para el cultivo ni para la práctica de sus actividades tradicionales de subsistencia, tales como caza, pesca y recolección. Asimismo, en este asentamiento los miembros de la Comunidad Yakye Axa ven imposibilitado el acceso a una vivienda adecuada dotada de los

---

[193] Sobre la vinculación del derecho a la propiedad colectiva y el derecho a la vida, véase: CIDH (2009). *Derechos de los Pueblos Indígenas y Tribales sobre sus Tierras Ancestrales y Recursos Naturales*. OEA/Ser. L/V/II. Doc. 56/09, pp. 66-69.

servicios básicos mínimos, así como a agua limpia y servicios sanitarios".[194]

De las sentencias citadas, se puede desprender que el fundamento del derecho de propiedad colectiva indígena, radica en el uso y posesión tradicional de la tierra y sus recursos, por parte de un pueblo indígena. Así, el fundamento de la misma, no se encuentra en el reconocimiento o la falta de éste por parte del Estado, sino que en el sistema jurídico indígena, en su reconocimiento consuetudinario de tenencia de la tierra que ha existido tradicionalmente entre sus comunidades.[195]

Incluso los pueblos indígenas que han perdido la tenencia material del territorio que han ocupado ancestralmente mantienen sus derechos de propiedad, y son titulares del derecho a la recuperación de sus tierras[196]. Ello se puede apreciar en el Caso de la Comunidad Indígena Sawhoyamaxa Vs. Paraguay, donde la Corte IDH estableció que "la posesión no es un requisito que condicione la existencia del derecho a la recuperación de las tierras indígenas".[197]

Así, para la Corte IDH el derecho de propiedad colectiva indígena existe independientemente de su reconocimiento estatal, frente a terceros que pretendan ostentar títulos reales de propiedad sobre dichos territorios. Para la Corte IDH, "los miembros de los pueblos indígenas que involuntariamente han perdido la posesión de sus tierras, y éstas han sido

---

[194] Corte IDH, *Comunidad Indígena Yakye Axa vs. Paraguay*, Serie C N° 142, 6 de febrero de 2006, párr. 164.
[195] Corte IDH, *Comunidad Mayagna (Sumo) Awas Tigni vs. Nicaragua*, Serie C N° 79, 31 de agosto de 2001, párr. 140.
[196] Sobre la propiedad colectiva indígena, su reconocimiento y recuperación, en relación con la seguridad jurídica, véase: CIDH (2009). *Derechos de los Pueblos Indígenas y Tribales sobre sus Tierras Ancestrales y Recursos Naturales*. OEA/Ser. L/V/II. Doc. 56/09, pp. 38-42.
[197] Corte IDH, *Comunidad Indígena Sawhoyamaxa vs. Paraguay*, Serie C N° 146, 29 de marzo de 2006, párr. 127.

trasladas legítimamente a terceros inocentes, tienen el derecho de recuperarlas o a obtener otras tierras de igual extensión y calidad[198]. Consecuentemente, la posesión no es un requisito que condicione la existencia del derecho a la recuperación de las tierras indígenas".[199]

Recientemente, la Corte IDH resolvió el Caso del Pueblo Indígena Kichwa de Sarayaku contra el Estado de Ecuador, condenándolo internacionalmente por violación, entre otros, del artículo 21 de la CADH. En el caso la Corte IDH, realza la vinculación que existe entre el derecho a la consulta previa y la protección de la propiedad indígena. El caso resulta importante y tiene un gran alcance, ya que la Corte IDH establece los contenidos y características del derecho a la consulta, configurando las obligaciones estatales al respecto.[200]

De igual forma, la Corte IDH se ha pronunciado en algunos aspectos de los derechos culturales de los pueblos indígenas[201]. Así, ha utilizado criterios relacionados sobre aspectos de la cultura de los pueblos indígenas, para resolver casos en que se vulneran derechos humanos individuales. Dentro de ellos, ha utilizado criterios diferenciados en temas de reparación, llamando la atención el ocupado para resolver el caso Aloebotoe contra Surinam. Tal como apunta Nash:

---

[198] Sobre la propiedad colectiva indígena, su reconocimiento y recuperación, en relación con los derechos de terceros, véase: CIDH (2009). *Derechos de los Pueblos Indígenas y Tribales sobre sus Tierras Ancestrales y Recursos Naturales*. OEA/Ser. L/V/II. Doc. 56/09, pp. 52-56.

[199] Corte IDH, *Comunidad Indígena Sawhoyamaxa vs. Paraguay*. Serie C N° 146, 29 de marzo de 2006, párr. 128.

[200] Véase: Corte IDH, *Pueblo Indígena Kichwa de Sarayaku vs. Ecuador*. Serie C N° 245, 27 de junio de 2012, pp. 42-71.

[201] Claudio Nash, hace la prevención, señalando que hasta el año 2004, la Corte IDH no se ha pronunciado sobre los derechos culturales de los indígenas como tales, sino que ha tenido en consideración para resolver asuntos concretos los aspectos relacionados con materias de la cultura de los pueblos indígenas. Ver: NASH, Claudio (2004). Ob., cit., p. 37.

"La Corte, previo al reconocimiento de responsabilidad por parte de Surinam, procedió a   determinar las indemnizaciones conforme al artículo 63.1 de la CADH. Al momento de determinar a los titulares de las indemnizaciones se encontró con particularidades culturales propias de esta comunidad; en efecto, la Corte siguió el criterio que los titulares de las indemnizaciones debían ser, entre otros, los hijos, el cónyuge, y los ascendientes de las víctimas, todos determinados de acuerdo al derecho local. Así se encontró con que los potenciales herederos de las víctimas pertenecían a una comunidad indígena que se regía en sus relaciones familiares por sus costumbres y no por la normativa de Surinam. Ante la disyuntiva de que derecho aplicar, la Corte optó por seguir, el derecho consuetudinario de la comunidad, fundado en que éste era el derecho eficaz en la región".[202]

En lo referente a los recursos efectivos, la Corte IDH ha tratado el tema de que los ordenamientos reconocen derechos a los pueblos indígenas, pero no los mecanismos para que estos puedan hacerlos efectivos. Esta es una cuestión central en la garantía y protección real de los derechos de los pueblos indígenas. De esta forma la Corte IDH en el caso caso Mayagna (sumo) Awas Tingni contra el Estado de Nicaragua, señaló su criterio al respecto, expresando que:

"La Corte considera que es necesario hacer efectivos los derechos reconocidos en la Constitución Política y en la legislación nicaragüense, de conformidad con la Convención Americana. En consecuencia, el Estado debe adoptar en su derecho interno, de conformidad con el artículo 2 de la Convención Americana, las medidas legislativas, administrativas y de cualquier otro carácter que

---

[202] Ídem.

89

sean necesarias para crear un mecanismo efectivo de delimitación, demarcación y titulación de la propiedad de los miembros de la Comunidad Mayagna Awas Tingni, acorde con el derecho consuetudinario, valores, usos y costumbres de ésta".[203]

Finalmente, en lo relativo a la participación política, la Corte IDH en el año 2005, dictó la sentencia del caso Yatama contra el Estado de Nicaragua, en la cual analizó la participación y representación política en contextos multiculturales[204]. El caso se originó en la denuncia número 12.388, recibida en la Secretaría de la CIDH el 26 de abril de 2001. En la demanda, la CIDH sostiene que el Estado de Nicaragua violó los artículos 8.1 (Garantías Judiciales), 23 (Derechos Políticos) y 25 (Protección Judicial) de la CADH, todos ellos en relación con los artículos 1.1 (Obligación de Respetar los Derechos) y 2 (Deber de Adoptar Disposiciones de Derecho Interno) de dicho tratado, en perjuicio de los candidatos a alcaldes, vicealcaldes y concejales presentados por el partido político regional indígena Yapti Tasba Masraka Nanih Asla Takanka (YATAMA)[205]. Para la CIDH, dichas personas fueron excluidas de participar en las elecciones municipales realizadas el 5 de noviembre de 2000 en las Regiones Autónomas del Atlántico Norte y del Atlántico Sur, como consecuencia de la resolución emitida el 15 de agosto de 2000 por el Consejo Supremo Electoral de Nicaragua.

---

[203] Corte IDH, *Mayagna (sumo) Awas Tingni vs. Nicaragua*, Serie C N° 79, 31 de agosto de 2001, párr. 138.
[204] Véase: GAJARDO FALCÓN, Jaime (2014a). "Estudio comparado de la jurisprudencia de la Corte Interamericana de Derechos Humanos y el Tribunal Europeo de Derechos Humanos, sobre representación política en contextos multiculturales". *Revista de Derecho. Escuela de Postgrado*, N° 5, pp. 179-224.
[205] Un análisis específico de los derechos de la CADH involucrados en el caso, véase: FUENZALIDA BASCUÑAN, Sergio (2008). "La fuerza vinculante de la jurisprudencia de la Corte Interamericana de Derechos Humanos". En: *Globalización, Derechos Humanos y Pueblos Indígenas*, Temuco, Chile, Observatorio de Derechos de los Pueblos Indígenas, pp. 66-99.

En la demanda se indicó que las presuntas víctimas presentaron diversos recursos contra dicha resolución y, finalmente, el 25 de octubre de 2000 la Corte Suprema de Justicia de Nicaragua declaró improcedente un recurso de amparo interpuesto por éstos. La CIDH argumentó que el Estado no previó un recurso que hubiese permitido amparar el derecho de dichos candidatos de participar y ser elegidos en las elecciones municipales de 5 de noviembre de 2000, como tampoco adoptó medidas legislativas o de otro carácter que fuesen necesarias para hacer efectivos tales derechos. Especialmente, no previó "normas en la ley electoral, en orden a facilitar la participación política de las organizaciones indígenas en los procesos electorales de la Región Autónoma de la Costa Atlántica de Nicaragua, de acuerdo al derecho consuetudinario, los valores, usos y costumbres de los pueblos indígenas que la habitan".[206]

El artículo 82 de la Ley Electoral de 2000 de Nicaragua, disponía como requisito para participar en las elecciones municipales que los partidos políticos presentaran candidatos al menos en el 80% de los municipios de la respectiva circunscripción territorial y respecto del 80% del total de las candidaturas. Así, el Consejo Supremo Electoral de Nicaragua decidió no registrar a los candidatos propuestos por YATAMA. Consideró que, al quedar excluido el partido que se presentó en alianza con YATAMA, este último, por sí solo, no cumplía el requisito de haber presentado candidatos en el 80% de los municipios de la circunscripción territorial.

Al realizar la exclusión de los candidatos a alcaldes, vicealcaldes y concejales presentados por YATAMA, quedaron sólo seis partidos políticos para participar en las elecciones municipales. Según informes y testimonios presentados en el caso, en algunas zonas se registró un nivel de

---

[206] Corte IDH, *Yatama vs. Nicaragua*, Serie C N° 127, 23 de junio 2005, párr. 2.

abstencionismo de aproximadamente 80%, dado que una parte del electorado, compuesto por miembros de comunidades indígenas y étnicas, no se encontraba debidamente representado por los partidos nacionales[207]. Los candidatos que ganaron las elecciones pertenecían a los partidos tradicionales. Lo central en el caso, es si la aplicación de la Ley Electoral vigente y la exigencia de los requisitos para constituir un partido político disminuyeron las posibilidades de participación de las organizaciones indígenas y étnicas, convirtiéndose en una discriminación en contra de un grupo históricamente desaventajado y si ello justifica, para que la Corte IDH haga un análisis fuera de los cánones clásicos del derecho a la igualdad y la participación política. La sentencia de la Corte IDH fue pronunciada el 23 de abril de 2005.

La Corte IDH, tenía la alternativa de seguir el razonamiento formal expuesto por el Juez Montiel Argüello, en el sentido de que el derecho de participación política, precisamente por la aplicación del principio de igualdad se debería exigir a los candidatos indígenas los mismos requisitos que a los no indígenas. Debido a ello, "salvo algún caso excepcional un Estado no puede tener leyes diferentes para cada una de las etnias que lo integran cuando se trata de la elección de autoridades que ejercerán sus funciones en territorios habitados por diferentes etnias como son los Municipios de las Regiones Autónomas".[208]

Sin embargo, el camino por el cual optó la Corte IDH fue el de entender que el derecho a la participación política, en realidades multiculturales,

---

[207] Ibíd., párrs. 110-111.
[208] Corte IDH, *Yatama vs. Nicaragua*, Serie C N° 127, 23 de junio 2005, voto disidente Juez Ad hoc, Alejandro Montiel Argüello, párr. 5. Sobre el carácter colectivo del derecho a la representación política en el caso YATAMA, véase: Corte IDH, *Yatama vs. Nicaragua*, Serie C N° 127, 23 de junio 2005, voto concurrente Juez, Sergio García Ramírez, párrs. 1-15.

debe tener en cuenta la efectiva participación política de los grupos étnicos que la conforman[209]. Para la Corte IDH:

> "(…) de conformidad con los artículos 23, 24, 1.1 y 2 de la Convención, el Estado tiene la obligación de garantizar el goce de los derechos políticos, lo cual implica que la regulación del ejercicio de dichos derechos y su aplicación sean acordes al principio de igualdad y no discriminación, y debe adoptar las medidas necesarias para garantizar su pleno ejercicio. Dicha obligación de garantizar no se cumple con la sola expedición de normativa que reconozca formalmente dichos derechos, sino requiere que el Estado adopte las medidas necesarias para garantizar su pleno ejercicio, considerando la situación de debilidad o desvalimiento en que se encuentran los integrantes de ciertos sectores o grupos sociales".[210]

Así, para la Corte IDH, Nicaragua "no adoptó las medidas necesarias para garantizar el goce del derecho a ser elegidos de los candidatos propuestos por YATAMA, quienes son miembros de comunidades indígenas y étnicas de la Costa Atlántica de Nicaragua, ya que se vieron afectados por la discriminación legal y de hecho que impidió su participación en condiciones de igualdad en las elecciones municipales de noviembre de 2000".[211]

---

[209] En el voto concurrente de la sentencia, el Juez García-Sayán señala que: "En consecuencia, vistos los hechos probados en este caso a la luz de los razonamientos derivados de lo estipulado en el artículo 23.1. c) en cuanto a las condiciones generales de igualdad y en el artículo 24° en lo que atañe a la igualdad y no discriminación, resulta clara la obligación del Estado de no tolerar prácticas o normas que pudieren tener un efecto discriminatorio. Ello no debe entenderse como opuesto a reglas y condiciones homogéneas para toda la sociedad y ciudadanos en lo que atañe al pleno ejercicio de los derechos políticos". Corte IDH, *Yatama vs. Nicaragua*, Serie C N° 127, 23 de junio 2005, voto concurrente Juez, Diego García-Sayán, párr. 32.
[210] Corte IDH, *Yatama vs. Nicaragua*, Serie C N° 127, 23 de junio 2005, párr. 201.
[211] Ibíd., párr. 224.

En el punto 1.5 del presente capítulo, analicé en términos teóricos los derechos especiales de representación y sus distintas posibles acomodaciones en los sistemas democráticos de derecho en contextos multiculturales. El caso Yatama resulta interesante, ya que la Corte IDH supera las lógicas formales de la democracia representativa y toma en cuenta la realidad multicultural de un país y su posible incidencia sobre la participación real de la población en el proceso político. Integrando un elemento material a la forma de entender la participación política en contextos multiculturales.[212]

Para la CIDH, después del caso Yatama, se puede entender que el artículo 23 de la CADH "se refiere a los derechos políticos no sólo como derechos sino como oportunidades lo que implica que toda persona que formalmente sea titular de estos derechos tenga la oportunidad real para ejercerlos. En este sentido, la Corte Interamericana ha considerado indispensable que el Estado genere las condiciones y mecanismos óptimos para que los derechos políticos puedan ser ejercidos de forma efectiva, respetando el principio de la igualdad y la no discriminación".[213]

Del fallo analizado, es posible apreciar que existe un derecho especial de representación política en contextos multiculturales, otorgándole al grupo cultural (en este caso pueblo indígena) una relevancia en el proceso político[214]. Ello por cuanto, lo que se determina es la aplicación de un

---

[212] Sobre las imposibilidades fácticas para crear un partido político indígena en Chile, véase: AYLWIN, José (2013). "Igualdad, inclusión y pueblos indígenas: entre el discurso y la política pública". En: *Igualdad, inclusión y derecho*. Santiago, Lom ediciones, pp. 143-144.

[213] CIDH (2011). *Informe Temático. El camino hacia una democracia sustantiva: la participación política de las mujeres en las américas*. OEA/Ser. L/V/II. Doc. 79, p. 9.

[214] En ese sentido, para Amaya Úbeda de Torres: "La importancia democrática de los participantes de las elecciones, sea bajo la forma de partidos políticos, sea como asociaciones con una función específica, da lugar a una interpretación muy amplia del derecho, y a un control riguroso de todo lo que pueda suponer una excepción". UBEDA DE TORRES, Amaya (2007). *Democracia y derechos humanos en Europa y en América*. Madrid, Reus, p. 498.

examen más intenso del derecho a la igualdad en la participación política, "según el cual la participación política puede incluir amplias y diversas actividades, realizadas de modo individual o colectivo, destinadas a intervenir ya en la designación de los representantes, ya en la formación de la política estatal de modo directo, la efectivización de los derechos políticos puede a su vez requerir medidas de acción positiva por parte del Estado, que exceden la mera reglamentación del sistema de partidos, el contenido esencial de estos derechos implica la participación efectiva de las personas en la conducción del Estado".[215]

Asimismo, el voto separado concurrente del Juez Jackman, refuerza la idea de derecho especial de representación política para el grupo cultural, ya que para él, el derecho de participación política consagrado en el artículo 23.1.b de la CADH, es claramente de carácter individual. Al Juez le preocupa, que la Corte IDH al incluir cuestiones de cultura, costumbre y formas tradicionales de organización en su decisión sobre este tema, esté corriendo el riesgo de disminuir la protección que debe estar disponible a todo "ciudadano" bajo la jurisdicción de cada Estado, independientemente de la cultura, las costumbres o formas tradicionales de asociación del ciudadano.[216]

Sin embargo, sería un derecho especial de representación política del grupo cultural en cuanto a su fundamentación, quedando la incógnita en la configuración del mismo. De todas formas, la Corte IDH, da algunas luces

---

[215] CLERICO, Laura y ALDAO, Martín (2011). Ob., cit., p. 188. En un sentido similar, analizando el caso YATAMA en cuanto a un ejercicio de "equidad" en el proceso político y electoral, véase: DALLA VÍA, Alberto (2012). "Derechos políticos, normativa electoral y equidad en los procesos electorales". *Cuadernos de Capel*, N° 57, pp. 25-61. Bastante gráfico al respecto resulta el voto concurrente del Juez de la Corte IDH Sergio García Ramírez en caso YATAMA, véase: Corte IDH, *Yatama vs. Nicaragua*, Serie C N° 127, 23 de junio 2005, voto concurrente Juez, Sergio García Ramírez, párrs. 25-33.
[216] Corte IDH, *Yatama vs. Nicaragua*, Serie C N° 127, 23 de junio 2005, voto separado concurrente Juez Oliver Jackman.

al respecto, cuando señala que Nicaragua "debe adoptar todas las medidas necesarias para garantizar que los miembros de las comunidades indígenas y étnicas de la Costa Atlántica de Nicaragua puedan participar, en condiciones de igualdad, en la toma de decisiones sobre asuntos y políticas que inciden o pueden incidir en sus derechos y en el desarrollo de dichas comunidades, de forma tal que puedan integrarse a las instituciones y órganos estatales y participar de manera directa y proporcional a su población en la dirección de los asuntos públicos, así como hacerlo desde sus propias instituciones y de acuerdo a sus valores, usos, costumbres y formas de organización, siempre que sean compatibles con los derechos humanos consagrados en la Convención".[217]

De lo anterior, se puede desprender que, para la Corte IDH, el Estado de Nicaragua debería configurar el derecho humano de participación política, garantizando que los miembros de las comunidades indígenas puedan participar igualitariamente en las elecciones. Con ello, la Corte IDH entiende el derecho especial de representación, en términos colectivos en cuanto a su fundamentación, pero individual en su ejercicio. El derecho se llevaría a la práctica, cuando los miembros de las comunidades indígenas puedan participar de forma individual, no siendo necesario una representación colectiva.

1.6.2. ¿Constitucionalización de los derechos indígenas?

En América Latina, en las últimas dos décadas, el debate en torno al multiculturalismo, ha tenido como punto central, el si debe incluirse o no en la constitución, un reconocimiento particular a los pueblos indígenas

---

[217] Corte IDH, *Yatama vs. Nicaragua*, Serie C N° 127, 23 de junio 2005, párr. 225.

como tales[218]. Es crucial en este fenómeno la presión ejercida por los movimientos indígenas, que tuvo su expresión más visible y fuerte en el levantamiento del Ejercito Zapatista de Liberación Nacional, en Chiapas, México, el año 1994.[219]

El valor que tiene el reconocimiento constitucional de la diversidad cultural de un país, es un consenso tanto para quienes propugnan ideales liberales, como para comunitaristas. Por ello, me interesa identificar los principales "problemas" normativos que se han producido o esgrimido en torno al reconocimiento constitucional del multiculturalismo de fuente indígena, tomando en consideración que la mayoría de los países del continente durante los últimos 20 años han reconocido constitucionalmente la diversidad cultural.[220] En ese sentido, seguiré en cuanto al fondo lo

---

[218] La constitucionalización de los derechos indígenas, según Yrigoyen, ha tenido tres etapas: 1) El constitucionalismo multicultural (1982-1988); 2) El constitucionalismo pluricultural (1989-2005); El constitucionalismo plurinacional (2006-2009). Al respecto véase: YRIGOYEN, Raquel (2011). "El horizonte del constitucionalismo pluralista: del multiculturalismo a la descolonización". En: *El derecho en América Latina: Un mapa para el pensamiento jurídico del siglo xxi*. Buenos Aires, Siglo xxi, p. 140.

[219] Sobre la Rebelión de Chiapas y el derecho, véase: MELGAR, Adalid, RUIZ, José y SOBERANES, José (1994). *La rebelión en Chiapas y el derecho*. México, Universidad Autónoma de México, 267 pp.

[220] Con sus diferencias, los países de América mayoritariamente han reconocido constitucionalmente su diversidad cultural, siguiendo modelos para ello, teniendo Constituciones políticas que reconocen todos o algunos de los siguientes puntos: 1) A los pueblos indígenas como tales; 2) La diversidad cultural; 3) La libre determinación de los pueblos; 4) Derechos de participación política; 5) Derechos de tierras, territorios y recursos naturales; 6) Lenguas indígenas; 7) Educación intercultural bilingüe; 8) Derecho Consuetudinario Indígena. La Constitución del Estado Plurinacional de Bolivia del año 2009, Colombia (1991), Ecuador (2008), México (2001) y Nicaragua (1986), las más avanzadas en la materia, ya que reconocen todos los puntos recién señalados. Así, además en las Constituciones de Argentina (1994), Brasil (1988), Costa Rica (1999), El Salvador (1992), Guatemala (1992), Honduras (1982), Paraguay (1992), Perú (1993) y Venezuela (1999), se reconoce constitucionalmente (con sus diferencias) la diversidad cultural, integrando uno o más de los puntos precitados. Véase: AGUILAR, Gonzalo, LAFOSSE, Sandra, ROJAS, Hugo y STEWARD, Rébecca (2010). "The Constitutional Recognition of Indigenous Peoples in Latina America". *Pace International Law Review Online Companion*. N° 2, pp. 44-104. Asimismo consultar un reciente y magnífico trabajo de: GARGARELLA, Roberto (2013). Ob., cit., pp. 172-195. Sobre el desarrollo constitucional de los países de América Latina en materia indígena, durante los siglos XIX y XX, ver: CLAVERO, Bartolomé (2006). "Derechos Indígenas y

señalado por Miguel Carbonell[221], haciendo algunas variaciones de orden y de enfoque. Para ello, Carbonell ha planteado los siguientes "problemas": 1) Identificación del sujeto; 2) La tensión entre individuo y comunidad en los derechos indígenas; 3) Armonización entre derecho indígena y derecho nacional.

A estos puntos, agrego un aspecto que considero fundamental, y dice relación con el reconocimiento constitucional de la opción de vida (y desarrollo) que tengan los pueblos indígenas, y las colisiones que ello pueda originar con el modelo económico consagrado en la Constitución. Ello se abordará dentro de la tensión identificada con el número 2 del párrafo anterior, por cuanto ésta se produce en el ámbito institucional.

El primer aspecto que se analiza en el reconocimiento constitucional de los derechos indígenas, dice relación con las supuestas complejidades para identificar el sujeto y el objeto sobre el cual se asignarán derechos y obligaciones. Las preguntas que surgen son: ¿Cómo determinar al sujeto protegido o pueblo indígena? ¿Cuál es el bien cultural protegido? ¿Qué es una cultura?

Las anteriores preguntas giran en torno a lo mismo: ¿cómo identificar una cultura indígena dentro de una sociedad mayoritariamente mestiza? Tal como anota Carbonell, muchas de estas preguntas surgen al inicio del debate sobre la constitucionalización de los derechos indígenas, con la intención de cerrar el debate[222], buscando como excusa la imposibilidad de

---

Constituciones Latinoamericanas". En: *Pueblos indígenas y derechos humanos*. Bilbao, Instituto de Derechos Humanos, Universidad de Deusto, pp. 313-338.
[221] CARBONELL, Miguel (2004). Ob., cit., pp. 21-80.
[222] Al respecto apunta Carbonell: "Se trata de preguntas válidas, pero a veces tenían más la intención de cerrar el debate que de refinarlo. En cualquier caso, una parte de las mismas preguntas es la primera de las dificultades a las que tuvo que enfrentar el proceso de constitucionalización de los derechos indígenas en América Latina". Ibíd., p. 47.

determinación del sujeto. En el punto siguiente, analizaré con mayor detención esta objeción, cuando se revise este aspecto como una de las dificultades de los derechos de los grupos. Sin embargo, comparto lo señalado por Carbonell, en el sentido que el Convenio 169 de la OIT, sirve como punto de partida para la identificación clara del sujeto. En su artículo 1[223], el convenio da una definición del sujeto, que se ha aplicado en la gran mayoría de los países de la América Latina, con operatividad práctica y no sólo teórica.[224]

Como segundo aspecto complejo, se ha señalado la tensión existente entre individuo y comunidad en el derecho indígena. A mi juicio, este es el aspecto más importante y complicado para la teoría del derecho constitucional. Las primeras legislaciones indígenas, buscaron resolver esta tensión, atribuyendo derecho al indígena[225], y no a su "pueblo", como comunidad. Sin embargo, el Estado unitario liberal no da las respuestas adecuadas a "pueblos" que tienen una concepción del mundo basada en lo "colectivo" más que lo "individual".

Para que la teoría del derecho pueda abordar seriamente esta cuestión, se deben analizar si los derechos de los grupos son compatibles o no dentro de un Estado democrático de derecho. Ello se analizará en el punto 1.7 del presente capítulo.

---

[223] En el punto primero del artículo 1, para atribuir la condición de "pueblo indígena" se toma en consideración aspectos geográficos, históricos, culturales y sociales. Luego ello se integra con el punto segundo, que da valor a la "autoidentificación".

[224] Sobre los criterios que se tienen en cuenta por los organismos internacionales para identificar un "pueblo indígena o tribal", véase: CIDH (2009). *Derechos de los Pueblos Indígenas y Tribales sobre sus Tierras Ancestrales y Recursos Naturales*. OEA/Ser. L/V/II. Doc. 56/09, pp. 9-13.

[225] Un ejemplo es la Ley Chilena N° 19.253 que establece normas sobre protección, fomento y desarrollo de los Indígenas, y crea la Corporación Nacional de Desarrollo Indígena. Dicha norma, en su artículo 1° establece que el sujeto protegido es el "indígena", no el "pueblo indígena".

En tercer lugar, en cuanto a la armonización del derecho indígena con el nacional, el tema que se plantea aquí, es si el Estado reconoce o no el pluralismo jurídico. Carbonell anota que en la mayoría de los Estados de América Latina, la aspiración del pluralismo jurídico por parte de los pueblos indígenas ha sido reconocida en mayor o menor medida[226]. Sin embargo ello, no implica que se hubieran resuelto los problemas de armonización jurídica que trae consigo la coexistencia de dos ordenamientos jurídicos tan diversos dentro del Estado.[227]

Carbonell apunta que estas tensiones se pueden dar en dos dimensiones: una individual y otra organizativa o institucional. En el plano individual, según Carbonell[228], los problemas de armonización dicen relación con la tensión que se produce entre los Derechos Humanos y Fundamentales y los "usos y costumbres" de los pueblos indígenas. Un mayor respeto por los derechos humanos, implica menor aceptación de los usos y costumbres; ergo, mayor laxitud con los derechos humanos, implica mayor aplicación de "usos y costumbres".

Comparto con Carbonell el punto central del análisis: la tensión es entre derechos humanos y "usos y costumbres". Sin embargo, creo que la pregunta debe ser en cuanto al entendimiento de los derechos humanos, en un marco multicultural. Que los derechos humanos o fundamentales, sean límite aceptable para la aplicación del pluralismo jurídico, me parece inobjetable, pero el cómo se entienden e interpretan los derechos humanos,

---

[226] CARBONELL, Miguel (2004). Ob., cit., p. 53.
[227] Escéptica se muestra en éste punto Marian Ahumada, señalando que la coexistencia de ambos derechos junto con ser compleja, presenta serios problemas de legitimidad democrática. Véase: AHUMADA, Marian (2008). "Derecho Indígena y Constitucionalismo Democrático: una mirada crítica". En: *Derechos, costumbres y jurisdicciones indígenas en la América Latina contemporánea*. Madrid, Centro de Estudios Políticos y Constitucionales, p. 235.
[228] CARBONELL, Miguel (2004). Ob., cit., p. 54-55.

considero que es un tema en desarrollo[229]. Ello implica que el centro sea la integración de visiones, en el plano discursivo y por ende en la interpretación del significado de los derechos humanos. Si los derechos humanos se entienden sólo con un prisma occidental, la tensión tiende a volverse irresoluble e irreconciliables. La pregunta que habría que resolver en el plano de la filosofía del derecho, es si: ¿Es posible la multiculturalización de los derechos humanos? Responder a la pregunta, excede a los objetivos del presente trabajo, pero sirve para señalar que es un tema abierto en la discusión filosófica jurídica.[230]

La segunda dimensión en este punto, es la tensión que se produce en el plano organizativo o institucional. Aquí, la problemática surge por el autogobierno indígena y su armonización con las instituciones nacionales, surgiendo problemas en cuanto a las políticas educacionales, de desarrollo,

---

[229] Hay que tener presente que para llevar un debate serio, no se pueden idealizar posiciones, ni extremar los ejemplos. No comparto, que se señale por ejemplo, que las prácticas de los pueblos indígenas son en su mayoría contrarias a los derechos humanos, justificándose ello con ejemplos puntuales y muy repetidos. De igual forma, tampoco comparto la idealización de los "pueblos indígenas". El debate debe buscar la integración cultural, no buscar ejemplificar "superioridades culturales", ya sea de cosmovisión occidental o indígena.

[230] Existe una clara tensión entre los derechos humanos universales y los derechos de los pueblos indígenas, entendidos como un particularismo colectivo concreto. En ese sentido, para Etcheverría: "Lo primero que conviene subrayar es que dado que todo lo humano está contagiado de culturalidad e historicidad particular, también lo estarán las formulaciones de derechos humanos. ¿Cómo lograr que, a la vez, éstas se dirijan a todos los humanos y no lo hagan con contenidos tan marcados culturalmente por una cultura particular que se conviertan en imposición de ésta? Una primera estrategia es la que propone Walzer: distinguir, por un lado, entre unos mínimos derechos-deberes básicos de alcance universal en los que el consenso es fácil y que no se imponen a las diferencias (derecho a no ser despojado de la vida y de la libertad —oposición a la dominación—, respeto a las creaciones culturales y derecho a la comunidad) y derechos-deberes que ya no son el resultado de nuestra común humanidad, sino que tienen carácter local y particular, apoyados en concepciones culturales particulares de los bienes sociales. Los primeros serían universales y los segundos culturales y específicos, sólo válidos para cada cultura en cuestión". Véase: ETCHEVERRÍA, Xabier (2006). "La tradición de los derechos humanos y los pueblos indígenas: una interpelación mutua". En: *Pueblos indígenas y derechos humanos*. Bilbao, España, Instituto de Derechos Humanos, Universidad de Deusto, p. 77.

ambientales, e incluso de tipo electoral[231]. Para la gestión de este tipo de complejidades, Carbonell anota un aspecto que debe tenerse en cuenta (también en el caso de los inmigrantes), y que comparto absolutamente. Señala que:

"Los grupos que reivindican a la vez cuestiones redistributivas y de reconocimiento son llamados por Fraser "comunidades bivalentes", que se diferencian del resto en virtud tanto de la estructura socio-económica como de la estructura de la valoración cultural. En casi todos los países de América Latina, los indígenas son una comunidad "bivalente", pues padecen discriminaciones por falta de reconocimiento, como de tipo socio-económico".

Tomando en consideración lo anotado por Carbonell, es relevante que las políticas de reconocimiento tomen en cuenta: la interdependencia del reconocimiento-redistribución, en la formulación realizada por Fraser[232], o el reconocimiento que implica justicia material, según el esquema de Honneth[233]. Ya que si no lo hacen en su formulación, se corre el riesgo, de ser un reconocimiento de tipo "simbólico"[234]. En el Capítulo III, del presente trabajo, se podrá ver la influencia de este punto en el debate multicultural de la experiencia boliviana.

1.7. Derechos de los grupos.

Los derechos de los grupos, entendidos como aquéllos que pertenecen a las colectividades humanas como tal (a los que se ha denominado también

---

[231] Para Gargarella, es necesario no sólo poner atención en el reconocimiento de derechos, sino que también en la distribución de poderes, en los aspectos institucionales y orgánicos de la constitución, para promover la inclusión social. Véase: GARGARELLA, Roberto (2013). Ob., cit., p. 184.
[232] Ver: FRASER, Nancy (2006). Ob., cit., pp. 71-88.
[233] Ver: HONNETH, Axel (2006). Ob., cit., pp. 89-148.
[234] Al respecto véase: YRIGOYEN, Raquel (2011). Ob., cit., p. 143.

como derechos colectivos[235]), es un concepto controvertido dentro de la teoría del derecho. Se debate sobre la naturaleza de los derechos colectivos. Acerca de si es posible que los grupos sean sujetos de derecho, dentro de un Estado democrático con raíces liberales. Se discute en cuanto a si se puede entender que los "grupos" tengan intereses, voluntad, motivaciones morales válidas, etc. Se polemiza sobre la utilidad de tener derechos de grupos y su compatibilidad con los derechos individuales. En fin, el concepto de derechos de grupos, es controversial y los académicos liberales y comunitaristas, lo han usado como un aspecto central para argumentar sus teorías.

Debido al debate entre liberales y comunitarios, la idea de derechos de los grupos se encuentra muy influenciada (contaminada) con la postura filosófica que uno tome al respecto[236]. De esta forma, el reconocimiento de derechos a ciertos grupos culturales implicaría aprobar la crítica comunitarista del liberalismo, y la visualización de la defensa de derechos los grupos como entes cohesionados. O en su defecto, si uno no considera la utilidad de los derechos de grupo, implicaría entender que el único sujeto moral válido para la asignación de derechos es el individuo, negando la importancia del grupo en la construcción de la identidad y en el ejercicio de la libertad.

---

[235] Para Bhikhu Parekh, el termino "derechos colectivos" es genérico y los derechos de los grupos son especies que pertenecen a ese género. Asimismo, realiza una distinción entre derechos colectivos derivados y primarios, basada en la forma o naturaleza de su adquisición. Cuando los individuos ponen en común sus derechos o los ceden a la colectividad, se habla de derechos colectivos derivados. Si los grupos adquieren derechos por lo que son y no de forma derivada, estaríamos en presencia de un derecho colectivo primario y que serían los que interesarían para el presente trabajo. Ver: PAREKH, Bhikhu (2005). *Repensando el multiculturalismo*. Madrid, Istmo, p. 317.

[236] Al respecto ver: ESCUDERO, Rafael (2008). "Tensiones conceptuales en el liberalismo y en el multiculturalismo". En: *Derechos, costumbres y jurisdicciones indígenas en la América Latina contemporánea*. Madrid, Centro de Estudios Políticos y Constitucionales, pp.37-53.

Para los teóricos liberales clásicos, los derechos colectivos y los derechos individuales son profundamente incompatibles. Subrayan que una nueva categoría de derechos es innecesaria para adaptarse a las demandas de las minorías culturales o de otro carácter. En este sentido, los derechos y libertades fundamentales, tal como están, proporcionan un marco lo suficientemente flexible para garantizar la coexistencia pacífica de los diferentes grupos en las sociedades democráticas. Así, la doctrina liberal de la tolerancia, junto con el principio de neutralidad del Estado, ofrece un marco adecuado para abordar la diversidad y dar cabida a las minorías.[237]

Como se ha podido observar, el debate sobre los derechos de las minorías nacionales, inmigrantes y pueblos indígenas, se encuentra estrechamente ligado al valor que se le asigne al grupo dentro de la sociedad. Para los comunitaristas, el grupo tiene un valor central en la definición identitaria de la persona, por lo cual, el ordenamiento jurídico debiera procurar la supervivencia de los mismos. "Se trata también de garantizar que seguirá existiendo en el futuro una comunidad de gente que querrá aprovechar esa oportunidad. Las políticas que buscan la supervivencia tratan activamente de crear miembros de la comunidad, por ejemplo, asegurando que las generaciones sucesivas seguirán identificándose como francófonas o como lo que sea".[238]

En un plano diametralmente opuesto, las democracias liberales, se han cimentado en el individuo, desconfiando de los grupos intermedios y de su función en la sociedad. "El compromiso básico de una democracia liberal es la libertad y la igualdad de sus ciudadanos individuales. Esto se refleja en los derechos constitucionales, que garantizan los derechos civiles y

---

[237] Al respecto ver: TORBISCO, Neus. (2006) Ob., cit., pp. 5-8.
[238] TAYLOR, Charles (1999). "Valores compartidos y divergentes". En: *Asimetría Federal y Estado Plurinacional*. Madrid, Trotta, p. 59.

políticos básicos a todos los individuos, independientemente de su pertenencia de grupo. De hecho, la democracia liberal surgió en parte como reacción contra la forma en que el feudalismo definía los derechos políticos y las oportunidades económicas de los individuos en función del grupo al que pertenecían".[239]

Así, la realidad multicultural, enfrenta un dilema con consecuencias normativas y prácticas[240] cuando se habla sobre los derechos de los grupos. Luis Rodríguez Abascal, luego de analizar los derechos de los grupos en tres niveles (conceptual, normativo y práctico) señala que es posible argumentar razonablemente que éstos tengan una justificación conceptual y salven sus dificultades normativas y prácticas.[241]

Desde otro prisma, buscando superar la forma clásica en que se ha abordado el debate de los derechos de los grupos, y entendiendo que estos pueden ser necesarios para una teoría de la justicia liberal, Neus Torbisco argumenta que "(…) a diferencia de lo que se afirma desde el liberalismo más ortodoxo, los derechos colectivos no remplazan a los derechos individuales sino que los complementan a fin de honrar tres valores que

---

[239] KYMLICKA, Will (1995). Ob., cit., p. 57.

[240] En dicho sentido, (apunta Torbisco) es que la relevancia de este debate no es meramente teórico. El problema no es sólo que muy pocos Estados tienen hoy en día una ciudadanía culturalmente homogénea, sino que el hecho sorprendente es que las tensiones multiculturales se han convertido en una fuente importante de conflicto político y violencia en el mundo. La mayoría de los conflictos de nuestro tiempo son conflictos internos debido a los conflictos étnicos-culturales, que poseen un carácter omnipresente y que ha generado violaciones masivas de los derechos humanos. Véase: TORBISCO, Neus (2006). Ob., cit., p.1. En el mismo sentido: KYMLICKA, Will (1995). Ob., cit., p. 13.

[241] RODRIGUEZ ABASCAL, Luis (2002). Ob., cit., pp. 409-434. RODRIGUEZ ABASCAL, Luis. "On the admissibility of group rights". *Annual Survay of International & Compartaive Law*. Golden Gate University School of Law, Spring, 2003, pp. 101-110.

distinguen a la teoría de la justicia liberal: la autonomía, la igualdad y la justicia".[242]

A continuación, revisaré las propuestas que hacen Luis Rodríguez Abascal y Neus Torbisco sobre los derechos de los grupos. Ambos planteamientos nos ilustran los principales aspectos teóricos acerca de los derechos de grupo.

1.7.1. Los tres planos de análisis, de Luis Rodríguez Abascal.

Distinguiendo niveles de análisis[243], Luis Rodríguez Abascal argumenta a favor de los derechos de los grupos, luego de analizar las críticas que han tenido desde la filosofía política liberal, en tres planos: conceptual, normativo y práctico. Diferenciar los planos desde los cuales se habla del tema y entenderlos como filtros consecutivos nos permite, según Rodríguez Abascal, que:

---

[242] TORBISCO, Neus (2006). Ob., cit., pp. 243-247. En un sentido similar, pero señalando además que los derechos colectivos amplían la dimensión sustancial de un Estado constitucional de derecho, véase: GIL, Andrés (2005). *Neoconstitucionalismo y Derechos Colectivos.* Buenos Aires, Ediar, 269 pp. Finalmente, un interesante análisis de los derechos colectivos, desde una óptica del constitucionalismo español en: SOLOZÁBAL, Juan (2001). "Los derechos colectivos desde la perspectiva constitucional española". *Cuadernos de Derecho Público.* N° 12, pp. 79-115.

[243] En un trabajo previo al de Luis Rodríguez Abascal, el año 2000, Nicolás López Calera, buscó dar una respuesta a la pregunta sobre si existían derechos de grupo o no. Para ello, se planteó tres preguntas. La primera sobre la existencia del sujeto colectivo. La segunda sobre la fundamentación de la actividad moral de los sujetos colectivos. La tercera, sobre la correlación de derecho colectivo como derecho moral. Es decir, sus interrogantes buscaron, examinar el concepto de derecho de grupo a la luz de los parámetros de los derechos individuales, entendidos desde una óptica clásica. Si bien el trabajo de López Calera, queda inconcluso, ya que no da respuesta satisfactoria a su pregunta central, es interesante, porque se puede ver la influencia del debate liberal-comunitario en su forma de abordar el tema, con un esfuerzo por compatibilizarlo con los presupuestos de la teoría liberal. Al respecto ver: LOPEZ, Nicolás (2000). *¿Hay derechos colectivos?* Barcelona, Ariel, 174 pp. Para consultar trabajos críticos de la obra de Nicolás López Calera, véase: 1) PECES-BARBA, Gregorio (2001). "Los derechos colectivos". En: *Una discusión sobre derechos colectivos.* Madrid, Dykinson, pp. 67-76; 2) RODRIGUEZ URIBES, José (2001). "Algunas reflexiones a partir de la obra de Nicolás María López Calera, ¿Hay derechos colectivos? Individualidad y Socialidad en la Teoría de los Derechos". En: *Una discusión sobre derechos colectivos.* Madrid, Dykinson, pp. 291-294.

"Al pasar cada filtro, quedará descartado que algunas reclamaciones pueden ser entendidas como derechos de grupo.

En cada uno de esos terrenos el debate tiene un objeto diferente. En el terreno conceptual se discute si, dado el concepto de <<grupo>> y el concepto de <<derecho>> que manejamos, se puede hablar de los grupos como titulares de derechos y, en todo caso, qué concepto de <<grupo>> y de <<derecho>> serían preciso para que pudiéramos hablar de derechos de grupo. En el terreno normativo se discute cuál es la importancia moral de ciertos grupos humanos y si esa importancia o alguna de las circunstancias en que se encuentran esos grupos justifica la asignación de derechos al grupo. En el terreno pragmático se discute cuáles son los requisitos que deben cumplir ciertos grupos para que los derechos que se predican de ellos puedan ser llevados a la práctica".[244]

En este sentido, el primer obstáculo que deben sortear los derechos de los grupos, es si éstos pueden considerarse derechos en un sentido subjetivo. Utilizando un concepto de derecho subjetivo funcional, sería posible que los grupos tengan derechos como tal.[245]

Luego: ¿Tienen los grupos razones para tener derechos? Esta pregunta, en el plano conceptual, admitiría una respuesta positiva, tanto desde la teoría del interés defendida Ihering, Bentham, y Raz, como desde la teoría de la voluntad, planteada por Hart.[246]

---

[244] RODRIGUEZ ABASCAL, Luis (2002). Ob., cit., p. 414.
[245] Ibíd., p. 415.
[246] Al respecto consultar: RODRIGUEZ ABASCAL, Luis (2003). Ob., cit., pp. 101-110.

Así, los derechos de los grupos no tendrían objeciones analíticas[247], para que se puedan considerar derechos desde un punto subjetivo. Sin embargo, para que consideremos derechos de grupo propiamente tal, se deberán entender aquellos derechos que no puedan ser descompuestos en derechos individuales, ya que de lo contrario, no serían derechos de grupo, sino que individuales asignados a grupos de personas[248]. Los derechos de autogobierno y de representación, podrían considerarse verdaderos derechos de grupo y que cumplen con todos los requisitos conceptuales para ello.

En este plano, se han realizado al menos cinco objeciones, para las pretensiones que aspiran convertirse en derechos de grupo. Sin embargo dichos obstáculos, son salvables, no sólo para los derechos de los grupos, sino que también para otras situaciones jurídicas.

Se ha planteado, en primer lugar, que las pretensiones que aspiran en convertirse en derechos de grupo, no cumplen con el supuesto de que el grupo lo podamos considerar un agente moral. Esta crítica está realizada desde un concepto de individualismo ético, donde el individuo es el único al que podríamos conceder valor moral. Esta objeción es posible salvarla de dos formas. La primera, por el hecho de que "para concebir que algunos grupos podrían ser titulares de derechos sólo sería necesario admitir algún modo válido de formar la voluntad colectiva"[249]. La segunda, en el sentido de que para ser sujeto de derechos morales, no es necesario ser agente

---

[247] Si bien, no es una objeción propiamente analítica la realizada por Nancy Fraser a los derechos de los grupos, se puede considerar de tipo conceptual. Para ella se debe intentar no constitucionalizar o institucionalizar los derechos de los grupos, porque al ser distinciones de "estatus" pueden resultar muy difíciles de modificar. Al respecto ver: FRASER, Nancy (2006). Ob., cit., p. 79.

[248] Luis Rodríguez Abascal, señala que en éste punto coinciden tanto los partidarios de los derechos de los grupos, como sus detractores. Véase: RODRIGUEZ ABASCAL, Luis (2002). Ob., cit., p. 416.

[249] Ibíd., p. 418.

moral. "Si para ser titular de derechos exigiésemos ser un agente moral, responsable de sus actos, entonces no sólo los derechos de los grupos quedarían descartados, sino también los derechos de los niños, los derechos de los disminuidos psíquicos, o los derechos de los animales (...)"[250]. Concebir derechos de grupo, puede implicar rechazar que sólo el individuo es agente moral, por ende criticar el individualismo ético. Sin embargo, se puede aceptar el individualismo ético, y afirmar los derechos de los grupos, ya que sólo basta para ello, señalar que para tener derechos legales no es preciso ser agente moral.[251]

Como segunda objeción, se ha planteado que los derechos de los grupos no son necesarios normativamente hablando, porque ellos no tienen un valor diferente al de sus miembros. Esta crítica, se supera desde que se entiende que el grupo tiene un valor moral fundamental en la formación de la identidad del individuo (Taylor y Raz), con lo que tendría un valor en sí mismo. En el mismo sentido, el grupo es el lugar donde el individuo ejerce su autonomía[252]. Finalmente y como tercer contra argumento, no todos los bienes o intereses son posibles de reducir a la suma de bienes o intereses individuales.[253]

---

[250] Ídem.

[251] Ibíd., pp. 418-419.

[252] Amy Gutmann, argumenta los siguientes aspectos para fundamentar el valor de los grupos culturales dentro de la sociedad: "¿Qué bien común importante para la sociedad ofrecen los grupos culturales? Uno de esos bienes es un contexto de elección. Las culturas proporcionan contextos dentro de los cuales los individuos ejercen su libertad y sus oportunidades (...) Más allá de proveer el contexto de elección libre, los grupos culturales también pueden proporcionar a sus integrantes seguridad social, debido a la condición de bien implícito que supone toda cultura. La pertenencia cultural es "una cuestión de pertenencia, no de merecimiento" (...) Otro de los bienes sociales que la identidad cultural puede ayudar a garantizar es el auto respeto, que va más allá de la seguridad (...) El auto respeto, así entendido, es una condición necesaria para que las actividades de la vida de una persona tengan significado. Sin auto respeto, las elecciones (la libertad) de las personas tendrían un valor mucho menor. Con auto respeto, a las personas les importa mucho mas su vida". GUTMANN, Amy (2008). Ob., cit., pp. 66-69.

[253] Para Kymlicka, el debate no tiene sentido en el plano de las protecciones externas y que serían el fundamento principal de su idea de derechos diferenciados de los grupos. El debate

Una tercera crítica a los derechos de los grupos, dice relación con la idea de que otorgar dichos derechos, puede implicar la opresión a los miembros de los grupos. Por lo anterior, sería más aconsejable garantizar derechos individuales a miembros de grupos oprimidos que al grupo mismo. Esta crítica general, es poco clara al ser analizada según el tipo de derecho de grupo que se trate. Por ejemplo, si hablamos de derechos especiales de representación, no se vislumbra como ello podría implicar la opresión de los individuos de ese grupo. En este punto, resulta útil lo planteado por Kymlicka, en cuanto a que, los derechos de los grupos se debieran conceptualizar como una protección externa del mismo[254], versus el grupo dominante de la sociedad. Ello teniendo presente que las "restricciones internas", esto es, aquellas que limiten derechos fundamentales de parte del grupo a sus individuos, no se toleran como parte de los derechos legítimos del grupo.

En cuarto lugar, se ha señalado que los derechos de los grupos generan problemas muy graves de cooperación social. Ello debido que al establecer derechos de grupos, los individuos tenderían a asociarse para formar parte de grupos, lo que produciría tensión y fragmentación social. Ello implicaría entender que la sociedad no se encuentra fragmentada y que otorgar derechos de grupo produciría la misma. Sin embargo, quienes argumentan en favor de los derechos de grupo, señalan que la sociedad ya se encuentra fragmentada y que ellos sólo buscan equilibrar las relaciones sociales e intergrupales dentro de las democracias multiculturales.

---

tiene implicancias en cuanto a las restricciones internas, sin embargo, con el criterio que utiliza de que ellas sólo son admisibles cuando no limitan arbitrariamente o afectan la esencia de los derechos fundamentales de sus miembros, el debate también se vuelve estéril. Véase: KYMLICKA, Will (1995). Ob., cit., p. 75.

[254] Véase: KYMLICKA, Will (1995). Ob., cit., pp. 57-76.

Como quinto problema, los detractores de los derechos de los grupos, señalan que su consagración es inoficiosa, debido a que los supuestos beneficios que ellos traerían consigo no se encuentran garantizados. Esta crítica de carácter especulativa y general, queda superada, desde el momento en que acepta que el sólo hecho de reconocer derechos de grupo tiene un valor intrínsico.

Como se puede apreciar, reconocer derechos de los grupos, tanto desde un punto de vista conceptual como normativo, sería posible (en el esquema utilizado por Rodríguez Abascal), lo que nos lleva a revisar sus posibles problemas prácticos. En este plano, para poder construir derechos de los grupos, se deben superar una serie de dificultades.

Primero, problemas para determinar los límites del grupo, es decir, en algunos casos cuesta establecer sus miembros. En algunos casos el grupo para el que se buscan asignar derechos alberga en su interior otros grupos[255], con ello, la definición del grupo puede traer inconvenientes de infra inclusión o supra inclusión.

Segundo, todo grupo cultural está compuesto de miembros de otros grupos que los conforman. Por ejemplo los pueblos indígenas, poseen en su interior miembros de grupos de mujeres, discapacitados, minorías sexuales, entre otros. A diferencia de lo expresado por Rodríguez Abascal, esta complejidad no la veo como tal, desde el momento en que se ha especificado el rango de acción del multiculturalismo a los grupos etnoculturales, minorías nacionales e inmigrantes, dicho problema se resuelve. Sin embargo, podría presentar problemas especiales, en los casos

---

[255] Ver los ejemplos que entrega, en: RODRIGUEZ ABASCAL, Luis (2002). Ob., cit., p. 427.

de derechos de representación en su sentido clásico[256], si se otorgan derechos de representación para los pueblos indígenas y para las mujeres en el congreso. Pienso en el caso de la mujer indígena, que en un supuesto que exista representación especial para ambos grupos, podría producirse una situación de doble representación, sin embargo ello es un aspecto que se puede revisar a la luz de las propuestas de I. Young sobre derechos especiales de representación[257]. De todas formas, como veremos en el punto siguiente, lo importante en un análisis que se centra en las justificaciones y principios, no se debería detener ante desacuerdos en este plano.

Tercero, señala la dificultad que presenta el dinamismo de los grupos, es decir, que éstos se transforman e incluso desaparecen. Creo que ello es correcto para los grupos de interés, en el caso de los grupos culturales (minorías nacionales, indígenas e inmigrantes) presentan una estabilidad bastante importante. En el caso de los pueblos indígenas, la estabilidad es mayor y anterior a la del propio Estado nacional.[258]

1.7.2. La propuesta integradora de Neus Torbisco.

Rompiendo con la forma de enfocar el tema hasta ahora y centrándose en las demandas de las minorías culturales, sostiene que los derechos de grupo no son intrínsecamente contrarios a los derechos individuales, sino que los

---

[256] Sobre el concepto de representación, véase: PITKIN, Hanna (1985). *El concepto de representación*. Madrid, Centro de Estudios Constitucionales, 288 pp. Sobre los principios del gobierno representativo véase: MANIN, Bernard (2010). *Los principios del gobierno representativo*. Madrid, Alianza Editorial, 3era. Reimp., 300 pp.

[257] Sobre las formas de representación de los grupos culturales y sociales véase: YOUNG, Iris (2000). *Inclusion and Democracy*. New York, Oxford, pp. 148-153.

[258] Al respecto, para el caso del pueblo mapuche en Chile, véase: 1) BENGOA, José (2000). *Historia del pueblo mapuche. Siglos XIX y XX*. Santiago de Chile, LOM ediciones, 421 pp.; 2) CLAVERO, Bartolomé (2007). Ob., cit., pp.107-128.

complementan, con el fin de honrar algunos valores fundamentales que caracterizan las teorías liberales.[259]

Neus Torbisco, explora su tesis central fuera de los límites que ha puesto el debate entre liberales y comunitaristas sobre los derechos colectivos. Critica la correlación entre los derechos individuales y el liberalismo; y el comunitarismo y los derechos de grupo, por ser engañoso. Esta analogía no sólo se basaría en dudosas premisas teóricas, también desvía la atención de las cuestiones normativas pertinentes. El hecho de que las minorías y grupos culturales expresen sus demandas en términos de derechos colectivos o de grupo propicia un análisis que se centra fundamentalmente en los problemas formales implícitos en esta categoría de derechos, dejando las cuestiones normativas importantes sin explorar.

Para Neus Torbisco, siguiendo el análisis de Kymlicka, la mayoría de los debates sobre derechos de las minorías no son cuestiones entre una mayoría liberal y minorías comunitarias, sino entre liberales sobre el significado del liberalismo[260]. Es decir, se trata de debates entre los diferentes grupos y personas que están en desacuerdo sobre la interpretación de los principios liberales democráticos en las sociedades multiétnicas y multiculturales.[261]

Para fundamentar sus conclusiones, Neus Torbisco, comienza analizando el concepto jurídico de minoría, ya que en dicho espacio se centró desde 1970 el debate sobre los derechos colectivos, y propone que dicho concepto sea entendido como uno de tipo controvertido, siguiendo lo que entiende

---

[259] Véase: TORBISCO, Neus (2006). Ob., cit., pp. 243-247.
[260] Neus Torbisco, entrega argumentos, sobre lo que denomina como la falacia de generalización en la que caen autores liberales al analizar algunas de las demandas de grupos culturales. Al respecto ver: Ibíd., pp. 65-77.
[261] Ibíd., pp. 36-37.

Jeremy Waldron[262] al respecto. Así, carecería de sentido, tratar por separado la cuestión de definir a una minoría del problema de la atribución de derechos específicos para ésta. La existencia de desacuerdos sobre el significado de este término no constituye una razón suficiente para eludir el tema de los derechos de grupo. Lo central no son los aspectos prácticos, sino los principios que se encuentran en juego.[263]

Como se puede apreciar, en el punto de partida, se ve un contraste importante con el trabajo de Rodríguez Abascal, ya que, es justamente en el plano de análisis práctico, donde él visualiza las mayores dificultades para los derechos de los grupos, en cuanto a que entendemos, como limitamos, como conformamos y proyectamos los grupos o minorías. Sin embargo, para Neus Torbisco, lo central no es el aspecto práctico, sino que los principios que se encuentran en juego.[264]

Lo importante, radica en enfocarse en la legitimidad moral y política de los derechos de los grupos y las demandas de las minorías culturales, desde el liberalismo[265]. Así, luego de analizar principalmente los trabajos de Taylor, Raz y Kymlicka, concluye que la pertenencia individual a un grupo cultural constituye un interés legítimo fundamental para el bienestar individual, a los que los catálogos de derechos individuales civiles y políticos, no pueden proteger adecuadamente, ni de forma directa ni indirecta.

Basándose en las críticas formuladas por Taylor y Kymlicka, al enfoque tradicional del liberalismo sobre la diversidad cultural, Neus Torbisco

---

[262] Véase: WALDROM, Jeremy (1994). "Vagueness in Law and Language: Some Philosophical Issues". *California Law Review*, N° 82, pp. 509-540.

[263] TORBISCO, Neus (2006). Ob., cit., pp. 19-42.

[264] Ibíd., p. 28.

[265] En un sentido similar, Parekh, argumenta que lo importante es centrarse en las demandas de los grupos, y preguntarse que colectividades deberían tener derechos y bajo qué condiciones. Véase: PAREKH, Bhikhu (2005). Ob., cit., p. 322.

argumenta que el substrato del que debería nutrirse una teoría de los derechos colectivos de las minorías culturales, que va más allá del modelo de tolerancia y no discriminación propio de los derechos individuales, pero fundamentado en los mismos principios de libertad, igualdad y dignidad que postula una vertiente igualitaria del liberalismo.[266]

Justamente, de Taylor y Kymlicka, obtiene la idea de una intrínseca conexión interna entre libertad y autonomía, y la necesidad de reconocimiento de la identidad, fruto o influida por el grupo o contexto social, dependiendo de la visión del autor que se utilice.[267]

Luego, para fundamentar sus planteamientos de los derechos colectivos, utiliza una combinación de las propuestas de Kymlicka y la política del reconocimiento de Taylor, que le permiten argumentar que la pertenencia cultural es un bien básico, sin caer en un discurso esencialista de la identidad que lleva a la defensa de un derecho a la supervivencia cultural. Por ello, los derechos de grupo no deben servir para reproducir artificialmente elementos culturales que ya se han perdido, o para limitar la libertad de los miembros de las minorías culturales que optan por asimilarse a la cultura dominante. La correlación entre el reconocimiento de la identidad, la autoestima y la dignidad humana justifican así la

---

[266] TORBISCO, Neus (2006). Ob., cit., pp. 189-190. Cabe hacer presente, que Neus Torbisco, llama a las teorías de Taylor y Kymlicka, como vertientes de un "social liberalism", que para efectos de que exista una coherencia en el uso del lenguaje en el presente trabajo, traduzco como liberalismo cultural, usando el termino acuñado por Kymlicka y caracterizaría a la fase actual del liberalismo, ya revisada en el punto 1.2.4. del presente capítulo.

[267] Las diferencias sobre la importancia de la cultura societal en la formación de la identidad, es un punto en el cual Kymlicka y Taylor tienen diferencias importantes. Además, ambos tienen distintas concepciones de la sociedad liberal y de las consecuencias de la neutralidad. Sin embargo, coinciden en que la identidad de los seres humanos, nace y se forma dentro de una cultura, que proporciona una gama de significados. Por lo cual, se preocupan por garantizar la preservación y el acceso a los recursos necesarios para el mantenimiento de dicho marco. Ibíd., p. 190.

importancia del derecho a la propia cultura, incluso cuando la asimilación a la cultura dominante no plantea excesivos problemas.[268]

Por tanto, para Neus Torbisco, los derechos de los grupos como derechos fundamentales se justifican, por la relevancia moral intrínseca de la pertenencia cultural. En dicho sentido apunta que: "(…) minority cultures in multinational or multiethnic states have a justifiable claim that constitutional provisions should explicitly recognize a number of group rights that may be invoked to justifying state obligations"[269]. Su fundamentación de los derechos de grupo es de tipo sustancial, diferenciándose de las que denomina instrumental, que sólo enfatizan en la relevancia de la pertenencia cultural, para garantizar la realización de otros valores.[270]

Finalmente, es importante señalar que los derechos de los grupos, han alcanzado un reconocimiento normativo y jurisprudencial en el contexto latinoamericano. En el plano interno las constituciones latinoamericanas han reconocidos derechos de grupo y en el plano internacional, tanto con el reconocimiento del Convenio N° 169 de la OIT, como con la jurisprudencia del Sistema Interamericano de Protección de los Derechos Humanos, se han conceptualizado como derechos humanos propiamente tales.[271]

---

[268] Ídem.
[269] Ibíd., p. 191.
[270] Ibíd., pp. 190-191.
[271] GAJARDO FALCÓN, Jaime (2014b). "Derechos de los grupos en el Sistema Interamericano de Protección de los Derechos Humanos". En: *Un conflicto de derechos: autonomía individual v. autonomía colectiva*. Madrid, Marcial Pons, pp. 139-165.

1.8. Resumen.

El presente capítulo es la base para el análisis normativo que se realizará en los capítulos siguientes. Así he pretendido ir desde lo general, hasta lo más particular y concreto de las discusiones que se han tenido sobre el multiculturalismo.

Se ha podido evidenciar que en el plano de la filosofía política, hay un cierto consenso en la integración de políticas de reconocimiento al plano liberal, las que se han plasmado en lo denominado como liberalismo igualitario.

Igualmente, existe consenso tanto en liberales como comunitaristas, en cuanto a que las políticas de reconocimiento multicultural, tienen su base en razones de igualdad y justicia[272]. Así, la igualdad es importante para la cultura, como horizonte de perspectivas dentro del cual se ejerce la libertad, desde un punto de vista liberal. Para la óptica comunitaria, ella permite reconocerse y ser reconocido, algo fundamental para la identidad personal y del grupo.

Asimismo, los liberales igualitarios o culturales, y los comunitaristas, coinciden en que la cultura es un valor políticamente relevante en las democracias y reconocen que un Estado no puede ni ha sido, "culturalmente neutro". "El Estado estaría violando el principio de igualdad y el principio que lo obliga a tratar con igual consideración y respeto a sus ciudadanos si no reconoce y acomoda adecuadamente a las diferentes culturas a las que pertenecen sus ciudadanos".[273]

---

[272] Al respecto, revisar: BONILLA, Daniel (2008). "Los derechos de las minorías culturales y las desigualdades de clase". En: *Derechos, costumbres y jurisdicciones indígenas en la América Latina contemporánea*. Madrid, Centro de Estudios Políticos y Constitucionales, pp.17-36.
[273] Ibíd., pp. 29-30.

En lo que se refiere a la justicia, también hay acuerdo, en que los derechos diferenciados responden a razones de reparación, ya que ellos serían un medio para corregir las injusticias cometidas por los Estados históricamente en contra de las minorías culturales. Ello ha sido reconocido expresamente en el desarrollo del Derecho Internacional de los Pueblos Indígenas[274].

Debido a lo anterior, hoy el debate principalmente, se libra en un plano inferior. Éste se desarrolla en las políticas concretas del multiculturalismo y en la recepción en el derecho internacional y constitucional. En América Latina, el debate se centra en la aplicación del derecho internacional de los pueblos Indígenas y en la recepción constitucional de los mismos. Sin embargo, para el caso chileno, las experiencias que ha dejado el debate multicultural de fuente de inmigración, pueden resultar importantes, ya que la inmigración tiende a crecer en Chile.

En los capítulos siguientes aplicaré el marco teórico expuesto, para el análisis de la recepción normativa que ha tenido el multiculturalismo en Chile y Bolivia, y las principales tensión identificables tanto en un plano de *lege lata* como de *lege ferenda*.

---

[274] En el preámbulo del Convenio N° 169 de la OIT, en el párrafo sexto hay un reconocimiento expreso del ideal reparador, así se señala: "Observando que en muchas partes del mundo esos pueblos no pueden gozar de los derechos humanos fundamentales en el mismo grado que el resto de la población de los Estados en que viven y que sus leyes, valores, costumbres y perspectivas han sufrido a menudo una erosión". Más explícita es la Declaración de la ONU sobre los Derechos de los Pueblos Indígenas de 2007, al señalar en su preámbulo que: "Preocupada por el hecho de que los pueblos indígenas hayan sufrido injusticias históricas como resultado, entre otras cosas, de la colonización y enajenación de sus tierras, territorios y recursos, lo que les ha impedido ejercer, en particular, su derecho al desarrollo de conformidad con sus propias necesidades e intereses".

II. RECEPCIÓN NORMATIVA Y PERSPECTIVAS DEL MULTICULTURALISMO EN CHILE

"No es utópico pensar que con el reconocimiento del derecho de cada pueblo a asumir lo que le es propio en condiciones de igualdad plena, se posibilite y se enriquezca la construcción de la identidad cultural. Diríamos más: es un requisito para construirla", me está diciendo mi hermano Arauco desde su doble exilio".

Elicura Chihuailaf [275]

"Acá hay mucha discriminación, sobre todo por como se viste. Si yo pudiera me vestiría mejor. Pero me visto con lo que tengo. A mí todos los días de mi vida me pasa en el micro eso. A mi hija la voy cargando, a la otra la sostengo con el otro brazo y las bolsas, y no me dejan ni afirmarme y me miran a la cara, y no me dejan y menos me dan el asiento. Cada vez que me bajo del micro me salen unas cuantas lágrimas".

Estela, 22 años, boliviana, un año y medio en Chile [276]

En el presente capítulo, pondré a prueba la tesis principal del trabajo, ésta es que: Chile debe reconocerse como un país multicultural y multinacional, ello por razones de justicia, igualdad y reparación, tanto para con los pueblos indígenas que lo conforman, como para los inmigrantes que se encuentran habitando el territorio de la república.

---

[275] CHIHUAILAF, Elicura (2008). "Nuestra lucha es una lucha por ternura". En: *Historia y luchas del pueblo Mapuche*. Santiago de Chile, Le Monde diplomatique, p. 29.
[276] POLLONI, Leonardo y MATUS, Christian (2011). *Somos Migrantes. Experiencias de integración a la ciudad de Santiago*. Santiago, Fundación Ideas, p. 81.

Para ello, dividiré el capítulo en cinco puntos, transitando desde la exposición del tratamiento que se ha dado a las minorías culturales en la concepción del Estado, la legislación actual con los debates que ha originado, a las posibilidades de reforma al respecto.

Así, el primer punto, aborda el tratamiento histórico que han tenido las minorías culturales, entendiendo que dicho aspecto durante los siglos XIX y XX, es principalmente en cuanto a la relación del Estado de Chile con los pueblos indígenas que habitan el territorio. Hago la salvedad, que este trabajo no es de carácter historiográfico, ni busca ofrecer un relato profundo, sino entregar los elementos básicos del contexto histórico, para el respectivo análisis normativo actual. Así, en este punto, el trabajo busca exponer de forma breve y ejemplar la tensión que hay desde la fundación del Estado chileno con el pueblo Mapuche[277] y, posteriormente, con otros pueblos indígenas. La periodización que utilizaré, no corresponderá a la manera como los propios indígenas percibieron e interpretaron la relación, por lo que valen las críticas al trabajo en ese sentido.

Como segundo aspecto, identificaré la construcción filosófica política que realiza la Constitución Política de la República de Chile de 1980 en materia de pueblos indígenas. Ello se hará desde un plano descriptivo, no valorativo, basándome tanto en el cuerpo normativo mismo, como en el pensamiento político de sus redactores.

---

[277] Hablo de tensión entre el Estado chileno y el pueblo Mapuche, al que de mala forma se denomina por la prensa como: "conflicto mapuche". Denominar el problema de esa forma, oculta una parte del conflicto y coloca en el centro del lenguaje la falta de respeto que se tiene para con el pueblo Mapuche. Al respecto se puede consultar: KILALEO, Fernando (2004). "Del reconocimiento a la autonomía: una posibilidad de superar la racionalidad Wigka". En: *Derechos Humanos y Pueblos Indígenas: Tendencias Internacionales y Contexto Chileno.* Temuco, Instituto de Estudios Indígenas, Universidad de la Frontera, pp. 331-335.

En tercer lugar, analizo los cambios legislativos introducidos durante el período de 1990-2010, en materia de pueblos indígenas, con el objeto de determinar cuáles han sido sus alcances y limitaciones, buscando responder las siguientes preguntas: ¿Bajo qué prisma filosófico político se han realizado las reformas legislativas? ¿Si las reformas legislativas permiten hablar de un reconocimiento de los pueblos indígenas en Chile? Este punto abordará la legislación promulgada, la reforma constitucional del año 2005 y el proceso de ratificación del Convenio N° 169 de la Organización Internacional del Trabajo. El trabajo se centra en una revisión de la legislación, el que no prescinde de la fundamentación ideológica de las políticas que abordan la diversidad cultural, de ahí que se busca analizar el contexto socio histórico y de las ideologías imperantes.

Como cuarto aspecto, revisaré el desarrollo normativo en materia de inmigración. Ello lo haré en cuanto a la historia más reciente[278], exponiendo la regulación constitucional, la normativa vigente y los Convenios Internacionales aprobados y ratificados por Chile, con especial atención a las observaciones realizadas por organismos internacionales de protección de los derechos humanos.

Finalmente, como quinto punto, a la luz del desarrollo normativo expuesto y sus concepciones políticas, reflexionaré sobre las perspectivas del multiculturalismo en Chile.

---

[278] Sobre los antecedentes históricos de la inmigración en Chile, durante los siglos XIX y XX, ver: CANO, María, SOFFIA, Magdalena y MARTINEZ, Jorge (2009). *Conocer para legislar y hacer política: los desafíos de Chile ante un nuevo escenario migratorio*. Disponible en: <http://www.eclac.cl/publicaciones/xml/8/37498/lcl3086-P.pdf> [consulta: 12 abril 2013].

2.1. Contexto histórico: relación del Estado chileno con los pueblos indígenas, durante el siglo XIX y XX.

El 18 de enero del año 2001, el Presidente de la República de Chile, don Ricardo Lagos Escobar, mediante Decreto Supremo N° 19 de 2001, creó la Comisión de Verdad Histórica y Nuevo Trato, que tenía por mandato:1) Le informara acerca de la historia de la relación que ha existido entre los pueblos indígenas y el Estado de Chile; 2) Sugiriera propuestas y recomendaciones para una nueva política de Estado que permitiera avanzar hacia un nuevo trato entre el Estado, los pueblos indígenas y la sociedad chilena, señalando mecanismos institucionales, jurídicos y políticos, para una plena participación, reconocimiento y goce de los derechos indígenas en un sistema democrático, sobre las bases de un consenso social y de reconstrucción de la confianza histórica.[279]

La Comisión, estuvo compuesta por más de una veintena de representantes indígenas y no indígenas, y su presidencia fue encomendada al ex Presidente de Chile don Patricio Aylwin Azocar[280]. Para la disposición del

---

[279] Véase: EGAÑA, Rodrigo (ed.) (2008). *Informe de la Comisión Verdad Histórica y Nuevo Trato con los Pueblos Indígenas.* Santiago, Comisionado Presidencial para Asuntos Indígenas, 684 pp.

[280] La composición de la Comisión fue establecida en el artículo tercero del Decreto Supremo N° 19 de 2001, designando a las siguientes personas para ello: Patricio Aylwin Azocar (Presidente de la Comisión), Antonio Alcafuz Canquil, José Bengoa Cabello, Sandra Berna Martínez, Juan Claro González, Obispo Sergio Contreras Navia, Enrique Correa Ríos, Armando de Ramón Folch, Alberto Hotus Chávez, Francisco Huenchumilla Jaramillo, Aucan Huilcamán Paillán, Carlos Inquiltupa Tito, Felipe Larraín Bascuñán, José Llancapán Calfucura, Adolfo Millabur Ñancuil, José Santos Millao Palacios, Sonia Montecino Aguirre, Samuel Palma Manríquez, Carlos Peña González, Ivone Quispe Osorio, Galvarino Raimán Huilcamán, Ricardo Rivadeneira Monreal, Víctor Canuillán Coliñir, José Quidel Lincoleo y Rosamel Millamán Reinao. Como los representantes fueron designados por Decreto Supremo y sin consulta previa a los representantes de los pueblos indígenas, ello ocasiono problemas con los dirigentes del pueblo Mapuche. Así se restaron de participar en ella: Adolfo Millabur Ñancuil, Aucan Huilcamán Paillán y Galvarino Raimán Huilcamán. Sin embargo ellos suscribieron el informe final de la Comisión, pero realizando observaciones al mismo. Ver observaciones en: EGAÑA, Rodrigo (ed.). Informe de la Comisión Verdad Histórica y Nuevo Trato con los Pueblos

trabajo, la Comisión se organizó en los siguientes grupos de trabajo temáticos: Revisión Histórica, Legislación e Institucionalidad, Desarrollo Económico y Social. Además, se establecieron grupos de trabajo territoriales, los que estuvieron integrados por autoridades, dirigentes y expertos, pertenecientes a los respectivos pueblos indígenas: Aymara, Atacameño, Quechua, Colla, Rapa Nui, Mapuche e indígenas urbanos.

Cada grupo de trabajo elaboró sus informes, que sirvieron de base para el informe final de la Comisión, el cual fue entregado al Presidente de la República de Chile, el día 28 de octubre del año 2003. El informe final de la Comisión, consta de cuatro extensos volúmenes, haciendo un examen de la historia de los pueblos indígenas y de su relación con el Estado chileno, y contiene un conjunto de propuestas y recomendaciones para posibilitar un nuevo trato entre el Estado y los pueblos indígenas.

En el plano histórico, la Comisión señala que los pueblos indígenas son los "primeros pueblos" constituidos en el territorio que hoy ocupa Chile, que su historia es extensa y se remonta a miles de años. "La "invasión europea" de sus territorios ancestrales, junto con constituir un proyecto civilizatorio y religioso (la conquista), se realizó por medio de acciones militares de gran violencia, a las que se sumó la introducción de enfermedades frente a las cuales los indígenas carecían de defensas. Afirma que en este orden colonial los indígenas ocuparon casi siempre un lugar de subordinación".[281]

La Comisión establece que las relaciones entre la corona y el pueblo mapuche estuvieron reguladas por parlamentos, los que consistían en

---

Indígenas. Santiago de Chile, Comisionado presidencial para Asuntos Indígenas, 2008, pp. 621-627.
[281] AYLWIN, José (2003). *El informe de la Comisión Verdad Histórica y Nuevo Trato y sus desafíos para el gobierno de Lagos*. Disponible en: <www.centrofeycultura.cl/Mapuches(nuevotratoJoseAlwin).doc> [consulta: 12 abril 2013].

acuerdos que permitieron el establecimiento de relaciones pacíficas entre mapuches e hispanos y que reconocieron a los primeros el territorio al sur del Bío Bío y su autonomía en él. Éste punto es importante, ya que constata el hecho de que existía un Estado mapuche, anterior al Estado chileno, el que tenía un límite territorial claro y que contaba con el reconocimiento de la Corona Española.[282]

No considerando lo anterior, el proceso de conformación del Estado en Chile, realizado durante el siglo XIX, fue guiado por los principios del constitucionalismo inglés, la ilustración francesa y la independencia de los Estados Unidos, basándose en ideales de libertad e igualdad[283], negando la identidad indígena y, por ende, buscando ocultarlos o asimilarlos a la idea de "nación chilena"[284]. Para la Comisión, la nación chilena: "(…) no es el producto de una evolución natural espontánea, que inspira al desarrollo no deliberado de una comunidad. El desarrollo del Estado Nacional en Chile, en cambio, es el resultado de un proceso guiado por un proyecto político que (en conformidad a los ideales republicanos) tuvo por objeto erigir una comunidad sobre la cual fundar el universalismo de la ciudadanía. Se

---

[282] Sobre el punto se puede consultar el trabajo de: CLAVERO, Bartolomé (2007). Ob., cit., pp.107-128.

[283] Véase: GONZALEZ, José (2005). "Los pueblos originarios en el marco del desarrollo de sus derechos". *Estudios Atacameños*. N° 30, pp. 79-90. Asimismo, para un reciente e interesante trabajo véase: NAVARRETE, Manuel (2013). *Constitucionalización indígena: Variaciones jurídicas y metajurídicas*. Santiago, Librotecnia, pp. 31-46.

[284] ¿Existe la nación chilena? Si ella existe, ¿Cuándo se conforma? ¿Es anterior o no al Estado Chileno independiente? Estas son algunas preguntas que ha debatido la historiografía nacional con bastante vehemencia. Para Mario Góngora, la nación chilena fue formada por el Estado desde mediados del siglo XIX. Ver: GONGORA, Mario (2010). *Ensayo histórico sobre la noción de Estado en Chile en los siglos XIX y XX*. Santiago, Editorial Universitaria, 9ª ed., 431 pp. En un sentido similar, véase: SALAZAR, Gabriel (2011). *Construcción de Estado en Chile*. Santiago, Editorial Sudamericana, 3ª ed., 550 pp. Otros como Bernadino Bravo Lira, Eyzaguirre, Meza Villalobos, Prieto Sánchez y Vial, opinan que: "(…) la nación antecedió a la Independencia y, por tanto, al Estado independiente". Véase: BRAVO, Bernardino (2010). "La crisis de la idea de Estado en Chile, durante el siglo XX". En: *Ensayo histórico sobre la noción de Estado en Chile en los siglos XIX y XX*. Santiago, Editorial Universitaria, 9ª ed., pp. 383-403.

menospreciaba[285] profundamente la cultura de los pueblos indígenas y se buscaba construir un país de corte occidental, imitando a las sociedades europeas[286]. La "ceguera frente a la diferencia" que subyace a ese tipo de universalismo, se tradujo en la negación de la identidad y de la existencia de los pueblos originarios como entidades socio históricas".[287]

La Comisión arribó a la idea de que la relación histórica del Estado de Chile, para con los pueblos indígenas, ha sido, en general, en la búsqueda de que éstos se asimilen a la sociedad chilena culturalmente dominante, luego de un análisis particularizado de cada uno de los pueblos indígenas y de una revisión de sus procesos específicos.[288]

---

[285] Rodolfo Stavenhagen, da cuenta de la forma en que los principales intelectuales y dirigentes del proceso de independencia de América del Sur, veían a los pueblos indígenas. El menosprecio de la cultura indígena era total y se mantuvo a lo largo del Siglo XIX, durante la formación de los Estados independientes. Véase: STAVENHAGEN, Rodolfo (1988). *Derecho Indígena y Derechos Humanos en América Latina*. Ciudad de México, El Colegio de México, 383 pp.

[286] Bartolomé Clavero, anota asertivamente, que la primera y última mención que se ha hecho de los pueblos indígenas en las Constituciones de Chile, es la realizada en el artículo 47 de la Constitución de 1822, donde se establece que: "Corresponde al Congreso: 6. Cuidar de la civilización de los indios del territorio". Dicha obligación autoimpuesta por el Estado, devela el menosprecio a la cultura de los pueblos indígenas. Ver: CLAVERO, Bartolomé (2007). Ob., cit., p. 108. Este menosprecio e intento de asimilación se seguirá teniendo por la clase política chilena y sus legisladores hasta 1970. La reforma agraria marca un hito para los pueblos indígenas, ya que, entre otras cosas, busca devolver tierras mediante el mecanismo de la expropiación a los indígenas. Sin embargo, con la llegada de la Dictadura, ese proceso se detuvo y los pueblos indígenas vivieron el intento mas grave de asimilación, que se ha denominado como el "genocidio étnico" del Decreto Ley Nos 2.568 y 2.570, ambos de 1979. Al respecto véase: AYLWIN, José (1995). *Antecedentes Histórico-Legislativos*. Disponible en: <http://200.10.23.169/trabajados/legislativo.pdf> [consulta: 23 de abril 2013].

[287] EGAÑA, Rodrigo (ed.) (2008). Ob., cit., p. 531.

[288] Sobre la relación del Estado chileno y los pueblos indígenas de la zona central, ver la Primera Parte, Punto I, La Historia larga de los pueblos indígenas de Chile, Capítulo II, del Informe final de la Comisión, en: EGAÑA, Rodrigo (ed.) (2008). Ob., cit., pp. 73-91. Resalta en esta relación el hecho constatado por la Comisión de que: "(...) los indígenas del valle central no fueron incorporados en su calidad de tales a la realidad de la nación que se estaba conformando, sino que, y fundamentalmente a través de la historiografía nacional serán transformados en personajes de un pasado mítico, lejano, y en este sentido adquiere un papel preponderante sólo aquellos que opusieron resistencia a la invasión y luego a la conquista española, mientras que el resto de aquellos fue olvidado y silenciado bajo la sombra de un imaginario mestizo que niega su raíz indígena y la diversidad de aquella". Sobre la relación del Estado chileno con los pueblos del norte, ver la Primera Parte, Punto II, Capítulo primero: el

Con las debidas diferencias en el proceso de asimilación y ocultamiento, la Comisión estableció además que el Estado Chileno, en su proceso de configuración realizó una política expansionista y de usurpación (generalmente por la fuerza) del territorio ocupado por los pueblos indígenas. Así se apropió de sus terrenos y los desterró a espacios territoriales mínimos, de menor valor y todos bajo la soberanía del Estado de Chile, quien en sus comienzos no contemplaba dichos territorios en su conformación. En ese sentido la Comisión señaló:

> "Así como la Nación chilena se constituyó sobre la base del intento por asimilar –mediante la fuerza y la letra- a esos pueblos, el territorio nacional se estableció en aquellos espacios sobre los que el Estado no tenía control ni ejercía soberanía. A la época de Constitución del Estado chileno, el Pueblo Mapuche mantenía el control sobre el territorio comprendido entre los ríos Bío Bío, por el norte, y el límite constituido por el cordón de Panguipulli y el río Cruces en San José de la Mariquina, por el sur. Lo propio ocurría con el Pueblo Rapa Nui, cuyo territorio recién fue incorporado a la soberanía del Estado chileno en 1888, y con los pueblos que habitaban la Patagonia y canales australes, como es el caso de los Aónikenk, Selk´man, Kawéskar y Yagán. Los Pueblos Aymará, Atacameño y Quechua se encontraban sometidos a la jurisdicción de

---

Pueblo Aymara; Capítulo segundo: El Pueblo Atacameño; Capítulo tercero: El Pueblo Quechua; Capítulo cuarto: Los Collas de la Cordillera de Atacama; Capítulo quinto: Los Diaguitas; del Informe final de la Comisión, en: EGAÑA, Rodrigo (ed.) (2008). Ob., cit., pp. 91-258. Sobre la relación del Estado chileno y el Pueblo Rapa Nui, ver la Primera Parte, Punto III, del Informe final de la Comisión, en: EGAÑA, Rodrigo (ed.) (2008). Ob., cit., pp. 259-316. Sobre la relación del Estado chileno con el Pueblo Mapuche, ver la Primera Parte, Punto IV, del Informe final de la Comisión, en: EGAÑA, Rodrigo (ed.) (2008). Ob., cit., pp. 317-472. Sobre la relación del Estado chileno con los pueblos indígenas del extremo sur, ver la Primera Parte, Punto V, del Informe final de la Comisión, en: EGAÑA, Rodrigo (ed.) (2008). Ob., cit., pp. 477-525.

las también nacientes repúblicas de Perú y Bolivia. Una clara política expansionista del Estado chileno, permitió la ocupación definitiva de los territorios indígenas: el sometimiento del territorio mapuche a fines del siglo XIX; la anexión de las tierras aymaras, atacameñas y quechuas, como resultado de la Guerra del Pacífico, a través de la cual Chile disputo a Perú y Bolivia los territorios del extremo norte; la incorporación de la Isla de Pascua a la soberanía del Estado Chileno en 1888; y, finalmente, la política de otorgamiento de enormes concesiones que el Estado desarrolló para hacer ocupación definitiva del extremo austral; fueron dando fisonomía definitiva al territorio de Chile, quedando las poblaciones indígenas diversas y numerosas que lo habitaban desde antiguo, bajo la jurisdicción de un Estado a cuya constitución no habían sido invitados sino para formar parte de sus mitos y relatos fundadores".[289]

En el plano jurídico-legislativo, la relación del Estado de Chile con los pueblos indígenas hasta 1990, se ha dividido en seis etapas[290]: 1) Declaración de igualdad jurídica de los indígenas (1819-1859); 2) Invasión[291] de la Araucanía y expansión territorial; 3) La radicación; 4) División de la comunidad (1927-1970); 5) La reforma agraria (1970-1973); 6) La liquidación de la comunidad (1979-1990). En general, junto con la búsqueda de la asimilación cultural del indígena, todo el proceso de la

---

[289] EGAÑA, Rodrigo (ed.) (2008). Ob., cit., p. 532.
[290] Sigo en éste punto la división realizada por: AYLWIN, José (1995). Ob., cit., 12 pp. Para estudios más detallados, véase: BOCCARA, Guillaume y SEGUEL-BOCCARA, Ingrid (1999). "Políticas Indígenas en Chile (siglos XIX y XX). De la asimilación al pluralismo". *Revista de Indias*. N° 217, pp. 741-774. VALENZUELA, Myléne (2002). *La política indígena del Estado Chileno y la legislación Mapuche*. Disponible en: <http//www2.estudiosindigenas.cl/imagenes/instituto.html> [consulta: 12 de abril 2013].
[291] Utilizo el concepto usado por la Comisión en el Informe final de la Comisión Verdad Histórica y Nuevo Trato con los Pueblos Indígenas. Ver: EGAÑA, Rodrigo (ed.) (2008). Ob., cit., p. 357.

relación, se ve marcada por la expansión y consolidación territorial del Estado, lo que implicó el despojó de las tierras indígenas a sus comunidades y la reducción de la comunidad a pequeños propietarios indígenas individuales. Así la legislación "indígena" del siglo XIX y XX, principalmente versa sobre aspectos territoriales.

Las etapas mencionadas, se analizarán, principalmente, en relación al pueblo Mapuche, que por su importancia histórica y política, es el centro de la actividad normativa y política de la acción estatal.

La primera fue una etapa de contradicciones[292], ya que, inspirado en el liberalismo más clásico, se intentó proteger de discriminaciones a los indígenas[293], buscando su asimilación étnica-jurídica-política, mediante distintos decretos y bandos dictados, principalmente por Bernardo O´Higgins, durante 1818 y 1819, mediante los cuales no debía hacerse diferencia alguna entre chilenos e indios, debían ser denominados todos como "chilenos"[294]. Sin embargo, y pese a la obligación impuesta al Congreso Nacional en el artículo 47 de la Constitución de 1822, de civilizar a los "indios", en 1825, siguiendo con las costumbres coloniales, se celebra el Parlamento General en Tapihue, con asistencia masiva de representantes indígenas y del Estado chileno. La práctica de los parlamentos siguió a lo

---

[292] Para José Bengoa, estas contradicciones se expresan en que: "Los criollos independentistas vieron en la "guerra araucana" el antecedente inmediato de la lucha anticolonial: construyeron un discurso que retomaba las viejas banderas de Lautaro y Caupolicán, y que lamentablemente se contraponía a los hechos, ya que los descendientes de los héroes de la Araucanía se alinearon mayoritariamente en el bando realista. Este discurso contradictorio marcará la visión contemporánea de la sociedad chilena respecto a la sociedad mapuche. No podrá explicar –hasta el día de hoy- cómo los descendientes de tan preclaros guerreros fueron objeto de la guerra y el exterminio; en el discurso patriótico se los muestra como partes de la constitución heroica de la nación, y en la práctica cotidiana se los combate como rémora perniciosa del pasado, como expresión viva de la barbarie. La República chilena nace con un extraño traumatismo cultural respecto a su pasado y origen étnico". En: BENGOA, José (2000). Ob., cit., p. 137.
[293] Mirando el asunto condescendientemente.
[294] Véase: GONZALEZ, José (2005). Ob., cit., pp. 79-90.

largo del siglo XIX, sin embargo para la política del Estado chileno, no significaron compromisos concretos, más bien, eran parte de una tradición que perduró más allá de la Colonia. Para el pueblo mapuche, el Parlamento de Tapihue fue un reconocimiento mutuo entre estados, que Chile desprecia y dilapida.

En esta primera etapa, las normas liberales comienzan a tener implicancias para el pueblo mapuche, a contar de mediados del siglo XIX, con el proceso de penetración o infiltración de chilenos al sur del Bío Bío, el que se producía utilizando como herramienta contratos abusivos de compraventa de tierras entre chilenos y mapuches. Ello, como anota Aylwin, llevó al Estado a la creación de la Provincia de Arauco en 1852 y a dictar una serie de leyes para "el mejor gobierno de las fronteras, la eficaz protección de los indígenas, para promover su pronta civilización i arreglar los contratos y relaciones de comercio con ellos".[295]

En la segunda etapa, denominada de invasión de la Araucanía y de expansión territorial, se consolida en términos generales el actual territorio de la República de Chile. Ello se logra luego de la ocupación de la Araucanía y la expansión territorial, al anexar al territorio chileno las provincias de Arica-Iquique y Antofagasta[296], y la Isla de Pascua[297]. Este

---

[295] Ley del 2 de julio de 1852, artículo 3, en: AYLWIN, José (1995). Ob., cit., p. 2. El autor plantea que éste proceso de igualdad jurídica, se vio interrumpido por la legislación dictada a contar de 1853, hasta la ocupación, la que pretendía proteger a los indígenas estableciendo que la compraventa de sus tierras debía ser autorizado por el Intendente de Arauco. Sin embargo ello fue en vano, ya que el proceso de infiltración de chilenos continúo y fue en aumento.

[296] Sobre la relación entre el Estado boliviano y luego el chileno, con los pueblos indígenas de Atacama, durante el siglo XIX, consultar: BARROS, Alonso (2008). "Identidades y propiedades: Transiciones territoriales en el siglo XIX atacameño". *Estudios Atacameños*. N° 35, pp. 119-139.

[297] Véase: GRUPO INTERNACIONAL DE TRABAJO SOBRE ASUNTOS INDÍGENAS (2012). *Los derechos del Pueblo Rapa Nui en Isla de Pascua*. Disponible en: http://www.iwgia.org/iwgia_files_publications_files/0598_Informe_RAPA_NUI_IGIA-Observatorio_Castellano_FINAL.pdf [consulta: 22 de octubre 2013].

proceso, marcado por la guerra de exterminio de parte del Estado chileno hacia el pueblo Mapuche, y la posterior ocupación del territorio que ellos ocupaban, trajo consecuencias nefastas para el pueblo Mapuche, que una vez terminada la guerra, quedó radicado en laderas precordilleranas y al sur del río Cautín.

Junto a la usurpación de sus tierras y la confinación, se lleva adelante el proceso de radicación, reducción y entrega de títulos de merced al pueblo Mapuche, el que se desarrolla durante 1884 y 1929. Este proceso, da inicio a la tercera etapa de la relación y consiste en aquel, mediante el cual el Estado de Chile, reconoció al pueblo Mapuche el 6,39%[298] del territorio que ellos habían ocupado históricamente.

> "La radicación de indígenas comienza a hacerse efectiva con la creación de la Comisión Radicadora de Indígenas de 1883, la que estaba conformada por un abogado –que la presidía- y dos ingenieros. Su objetivo fundamental consistía en radicar a los indígenas en espacios delimitados, las reservaciones, de modo que el resto del territorio quedase libre para la colonización. Ciñéndose a las reglas establecidas en la Ley del 4 de diciembre de 1866 "…la Comisión Radicadora procedía al deslinde de los terrenos que eran ocupados por los indígenas, debiendo estos probar una posesión efectiva y continuada de al menos un año. Una vez resuelto y fijados estos deslindes, dicha comisión procedía a extender un acta de todo lo realizado en un libro, y expedía a favor del o de los indígenas poseedores un Título de Merced a nombre de la República,

---

[298] AYLWIN, José (1995). Ob., cit., p. 4.

insertando copia de dicha acta y anotando el título en otro libro que servía de registro conservador de la propiedad indígena".[299]

El procedimiento ocupado por la Comisión Radicadora, junto con ser largo y lento, no reflejó adecuadamente los terrenos de dominio indígena, ya que durante el proceso de radicación gran parte de sus terrenos ya habían sido traspasados a particulares. Para la Comisión el proceso de radicación trajo múltiples problemas[300]:

"La acción estatal en la reducción y el reparto del territorio usurpado al Pueblo Mapuche trajo consigo numerosos pleitos y conflictos, durante y después de producida la radicación de los indígenas. De esta manera el territorio mapuche es objeto de innumerables acciones usurpadoras de tierras efectuadas por particulares que se habían instalado como vecinos de las comunidades mapuches o por el propio Estado, cuando, a través de los remates de tierras, no respetaban los deslindes establecidos por los Títulos de Merced, así como ya no lo había hecho con las tierras ocupadas ancestralmente por el Pueblo Mapuche, y que con el proceso de radicación le fueron sustraídas".[301]

La invasión del Estado chileno a los territorios Mapuches y el posterior proceso de radicación, marcaron la relación entre ambos para el futuro.

---

[299] EGAÑA, Rodrigo (ed.) (2008). Ob., cit., p. 362.
[300] Otro punto importante, y que es anotado por Aylwin, es que la radicación: "(…) no respeto las formas de organización social, política y territorial de los mapuches. La comunidad impuesta a través de éste proceso, toma su nombre de la comunidad de bienes establecida en la legislación chilena (código civil), pero no guarda relación con el rewe o el lof u otras formas de asociación propias de la cultura mapuche vigente hasta entonces. Por el contrario, en la mayoría de los casos está vino a romper con dicha forma de organización al sobreponerse a ellas". En: AYLWIN, José (1995). Ob., cit., p. 5.
[301] EGAÑA, Rodrigo (ed.) (2008). Ob., cit., p. 365.

Para la Comisión, el Estado chileno es responsable de crear un conflicto con el pueblo Mapuche que sus consecuencias se ven hasta el día de hoy.[302]

Durante los años 1927 y 1970, se desarrolla la cuarta etapa, en la cual el Estado busca, a través de –principalmente- la Ley N° 4.169 de 1927, terminar con el reconocimiento de tierras a las comunidades mapuches, para instaurar la propiedad individual en su interior. Se intenta igualar los regímenes de propiedad de los indígenas, a los del resto de la población. La ley precitada, crea un tribunal especial en la ciudad de Temuco, el que tiene por objeto promover la división de las comunidades, estableciendo que dicho trámite lo puede solicitar cualquier integrante de la comunidad.

Este proceso se intensifica con el transcurso de los años. El año 1930, se dicta la Ley N° 4.802, que en lo medular, crea cinco tribunales especiales en la Región de Temuco y disponía que la división de tierras pudiera realizarse de oficio por el tribunal, aún sin petición de parte y contra la voluntad de los comuneros[303]. Esta legislación se complementa con el Decreto con Fuerza de Ley N° 266 y el Decreto Supremo N° 4.111, ambos del año 1931, "los cuales exigen la aprobación de un tercio de los comuneros para proceder a la división, y se autoriza a los adjudicatarios una vez concluida la división para celebrar toda clase de contratos sobre

---

[302] En ese sentido la Comisión apunto: "(...) el Estado chileno fue el responsable de crear un conflicto que tuvo efectos inmediatos en la zona y que afectó fuertemente a la sociedad mapuche; pero además el Estado proyectó el conflicto indígena, haciéndolo permanente hasta el día de hoy, no sólo por haberse apropiado de un territorio que no le pertenecía, sino porque además a través del proceso de radicación y reparto de tierras de la Araucanía, entrampó a numerosas comunidades mapuches en fuertes y largos litigios con particulares, cuestión que puede verse con toda claridad hasta nuestros días". En: Ídem.
[303] AYLWIN, José (1995). Ob., cit., p. 6.

sus hijuelas con el consentimiento del juez, el que debía limitarse a verificar que este fuere libre".[304]

Además la Comisión señala, que durante esta etapa se desarrolló un fuerte impulso del Estado por la asimilación-integración del pueblo Mapuche a la sociedad chilena. "La principal herramienta fue la educación, la que tendió a eliminar lo propiamente indígena e imponer una visión criolla, católica occidental"[305]. Ésta etapa no estuvo exenta de violencia de parte del Estado chileno hacia los mapuches que se resistían al proceso de asimilación y división de tierras.[306]

Toda esta legislación y actuación estatal, trajo por consecuencia la creación de importantes organizaciones mapuches y el cambio de eje político de sus reivindicaciones. Ahora el centro de la misma, era la recuperación de tierras y el reconocimiento de derechos que se tienen como mapuche y ciudadano chileno. Al respecto la Comisión señaló:

> "Se da paso a un nuevo discurso, que va a predominar durante el siglo XX. Se recupera la historia pasada, la que llevaron los antepasados, se plantea seguir la lucha, pero con un cambio de

---

[304] Ibíd., p. 7. José Aylwin, apunta los fundamentos que tenía el gobierno de la época para la dictación de las leyes y decretos señalados. Al respecto, dice: "Ellos son bien expuestos en el mensaje con que el ejecutivo presentara en 1926 la primera de estas iniciativas al Congreso para su debate: "Los indígenas se han civilizado rápidamente y casi se puede decir que no hay reducción alguna en la frontera donde no existan tres, cuatro o más indígenas que no sepan leer y escribir, que hayan hecho su servicio militar y que desempeñen cargos públicos, y muchos son también los que ejercen activa y ventajosamente profesiones liberales. Resulta cruel y extrañamente absurdo que individuos como éstos, capacitados como el que más, para la celebración correcta de toda clase de contratos y negocios que digan relación con sus actividades y patrimonio, no lo pueden, sin embargo, celebrar, por la prohibición injusta y añeja de la ley. Las consecuencias que de esta arbitraria y enojosa situación derivan, no son sólo funestas para los indígenas, sino también para toda la zona sur del país, que ve paralizada las iniciativas y actividades de la propiedad indígena, porque, como se ha dicho, éstos no pueden celebrar contratos de ninguna especie. De aquí proviene la estancación y pobreza de esa zona que puede ser una de las más prósperas y ricas del país".
[305] EGAÑA, Rodrigo (ed.) (2008). Ob., cit., p. 391.
[306] Al respecto ver: BENGOA, José (2000). Ob., cit., pp. 374-376.

perspectiva; el paso de una lucha por la independencia política a una lucha por bienestar social, reivindicando además los derechos que se tienen por ser mapuche y también por ser ciudadano chileno. En el centro de las reivindicaciones se encuentra el problema de las tierras usurpadas, la violencia ejercida, la discriminación y la marginalidad; es decir, se demanda un cambio frente a los elementos que forman la nueva condición que ha adquirido el mapuche; una condición de pobreza y marginalidad".[307]

Con éste cambio en las aspiraciones del pueblo mapuche, se da paso a la quinta etapa, que se desarrollará entre 1970 y 1979. El gobierno del ex Presidente de la República don Salvador Allende, intentó recoger las aspiraciones del pueblo Mapuche y compatibilizarlas con su programa de gobierno.

La Comisión señaló, que durante el gobierno de Allende, se inició una política coordinada y sistemática destinada a resolver las demandas de restitución de tierras del pueblo Mapuche.[308]

Además, el gobierno de Allende en 1971 envió al Congreso un proyecto de ley indígena, que tenía por objeto: 1) El fortalecimiento de la comunidad indígena; 2) El establecimiento de cooperativas indígenas; 3) Procedimientos legales que aceleraban los trámites de justicia; 4)

---

[307] EGAÑA, Rodrigo (ed.) (2008). Ob., cit., p. 393.
[308] Al respecto, la Comisión apuntó: "El proceso de restitución de las tierras usurpadas era difícil y complejo ya que la ley indígena que operaba hasta ese momento no consideraba la restitución de tierras usurpadas. Allende pensó en resolver el problema de las tierras indígenas de la manera más efectiva y rápida posible; para ello, sugirió aplicar la Ley de Reforma Agraria para tratar de resolver el problema de la restitución de tierras. En una publicación reciente, se cita una entrevista a Chonchol, quien expresa que el proceder de las autoridades de la época: "...cuando haya un fundo en esta zona que ha sido expropiado en el cual hay tierras usurpadas lo primero que vamos a hacer, antes de constituir asentamiento, es restituir las tierras a las comunidades usurpadas". En: Ibíd., p. 408.

Fortalecimiento del aparato administrativo de protección a los indígenas. En el mensaje del proyecto de ley enviado al Congreso se señalaba que:

"El problema indígena es preocupación esencial del gobierno popular y debe serlo también de todos los chilenos (…) la problemática de los grupos indígenas es distinta a la del resto del campesinado, por lo que debe ser observada y tratada con procedimientos también distintos y no siempre el legislador ni el ciudadano común lo entendieron, agravando con ello el problema. Como es diversa su escala de valores lo es también su conducta. En cuanto tiene conciencia que por centenares de años ha sido el dueño de la tierra su actitud es la de quién se siente desposeído de algo que en justicia le pertenece, en tanto, para los restantes campesinos, el logro de la tierra constituye una conquista. Su bandera de lucha es la recuperación, mientras para los demás, es la distribución para quienes mejor la trabajen (…)".[309]

No sin problemas y modificaciones, el proyecto se concretizó en la Ley Indígena N° 17.729 de 1972. Para la Comisión el gran mérito de esta ley radica en "(…) que por primera vez en la historia republicana se disponía de medios jurídicos efectivos para la restitución de las tierras indígenas usurpadas. Esta legislación se constituye, así, en el máximo logro alcanzado por el movimiento mapuche –indígena en general- en su relación con el Estado"[310]. Por primera vez el Estado de Chile, reconoce a los pueblos indígenas en general, y al pueblo Mapuche en particular, que habían sido víctimas de una gran injusticia, en la usurpación de sus tierras,

---

[309] Ibíd., pp. 409-410. Junto a lo anterior, la Comisión señala que este proceso de restitución de tierras se vivió no exento de violencia, la que provino principalmente de grupos paramilitares que utilizaban los dueños de los fundos expropiados para no entregarlos a la Comisión de Reforma Agraria.
[310] Ibíd., p. 410.

y que el Estado debía repararlos por ello. Rodolfo Stavenhagen, cataloga la legislación indígena dictada durante este periodo, como: "(…) la primera fase de la evolución jurídica indigenista en Chile".[311]

Según los datos de la Comisión, durante 1970-1973, por aplicación de la reforma agraria y de la Ley N° 17.729, se restituyeron a los mapuches una superficie total de 138.115 hectáreas físicas, equivalentes a 7.407 hectáreas de riego[312]. Sin embargo esta ley, tuvo una breve aplicación, ya que una vez realizado el golpe militar de 1973, la aplicación de la ley fue suspendida y luego en 1979 sustituida.

La sexta y última etapa de esta breve revisión histórica legislativa de la relación del Estado con los pueblos indígenas, se ubica temporalmente entre los años 1979 y 1990 y se ha denominado como de liquidación de la comunidad. En paralelo y desde el golpe de militar de 1973, se realizó una contra-reforma agraria que tuvo consecuencias nefastas para las tierras expropiadas a favor de los mapuches. La Comisión señala, con testimonios de víctimas mapuches, la represión llevada a cabo por militares, la violencia utilizada y la humillación que sufrieron al momento de un nuevo despojo de sus tierras.[313]

La inspiración de la legislación indígena dictada durante la dictadura militar, es de carácter neoliberal y tiene por objeto transformar a todo indígena en un pequeño propietario individual. Se busca eliminar cualquier indicio de comunidad y diferenciación cultural del pueblo indígena. Es una política asimilacionista llevada a su expresión más extrema.

---

[311] STAVENHAGEN, Rodolfo (1988). Ob., cit., p. 69.
[312] EGAÑA, Rodrigo (ed.) (2008). Ob., cit., p. 410.
[313] Ibíd., pp. 411-414. Además, la Comisión citó el informe de la Comisión Nacional de Verdad y Reconciliación, en el cual se señala que fueron 136 los mapuches muertos o desaparecidos durante la dictadura militar.

El proceso de liquidación de las comunidades mapuches, la dictadura militar lo realizó mediante la aplicación del Decreto Ley N° 2.568 de 1979, el que tenía por objetivos: 1) Promover el pleno acceso a la propiedad individual, mediante la entrega de títulos de propiedad a los mapuches y otros pueblos indígenas; 2) Lograr una asimilación total de los pueblos indígenas en la sociedad chilena; 3) Desarrollar una política agresiva para erradicar la "pobreza" de las comunidades mapuches y otros pueblos indígenas.

Sobre los objetivos del Decreto Ley N° 2.568, la Comisión señaló que: "Se pensaba que al entregarse propiedades privadas, se produciría algo así como una selección natural, donde algunos venderían sus tierras, otros comprarían, aumentando sus propiedades, entrarían empresas forestales, algunos mapuches abandonarían el campo y se descongestionaría el problema indígena. Los mapuches podrían presentarse en la sociedad chilena sin ninguna traba para exigir sus derechos como cualquier otro ciudadano".[314]

Las consecuencias de la aplicación del Decreto Ley N° 2.568[315], fueron nefastas para los pueblos indígenas y en particular para el pueblo Mapuche. Ello por cuanto, se produjo la división y liquidación de la comunidad, desapareciendo no sólo la propiedad colectiva, sino que la unidad cultural y social, ya que la comunidad en la tierra es la base identitaria de los pueblos indígenas y en particular del pueblo Mapuche. Lo anterior, en términos estadísticos, significó que: "(...) entre los años 1979 y 1988 se dividieron

---

[314] Ibíd., p. 417.
[315] El Decreto Ley N° 2.568, fue complementado y modificado (parcialmente) por el Decreto Ley N° 2.570, también de 1979. No analizo el último, porque para lo que interesa aquí, sus modificaciones y complementaciones siguieron lo ya expresado.

2.918 comunidades mapuches dando lugar a la creación de 73.444 hijuelas con un total de 519.257 hectáreas".[316]

Además, en el año 1979 se dictó el Decreto Ley N° 2.885, mediante el cual se legitimó el dominio fiscal de Isla de Pascua y se desconocieron los derechos territoriales del Pueblo Rapa Nui, ya que el traspaso de tierras desde el fisco a poseedores regulares sólo incluyó las tierras a las que fueron reducidos luego de la anexión al Estado de Chile, esto es Hanga Roa.

Finalmente, es importante señalar, que la acción del Estado en materia indígena, que se había centrado en políticas de asimilación cultural y expoliación de tierras, se suma la nueva normativa en materia de aguas, principalmente con la dictación del Código de Aguas en el año 1981, el que ha producido todos los conflictos venideros con los pueblos indígenas del norte del país, por el proceso de privatización de sus aguas ancestrales a manos de las compañías mineras.

Todo lo anterior, ha llevado a que los autores señalen que la normativa dictada por la dictadura militar y sus acciones, buscaron terminar con los pueblos indígenas en Chile. "El impacto de estas normativas en el mundo indígena fue devastador, llegándose a considerar que los referidos Decretos Leyes constituyeron la "legislación etnocida del régimen militar"[317]. En el mismo sentido Rodolfo Stavenhagen señala que:

> "(…) este fenómeno de privatización y de otorgamiento de mayor productividad a las tierras indígenas se ha convertido en un problema claro que atañe a los derechos humanos y, como lo han señalado

---

[316] EGAÑA, Rodrigo (ed.) (2008). Ob., cit., p. 418.
[317] GONZALEZ, José (2005). Ob., cit., p. 85.

numerosas organizaciones humanitarias, puede plantearse en la configuración del proceso de etnocidio. Conforme al decreto-ley núm. 2568 (marzo de 1979) se considera indígenas a los ocupantes de las mercedes de tierras de reducción, mientras éstas se encuentran indivisas. El inciso último del artículo 1 del decreto-ley en referencia dispone: "A partir de la inscripción en el Registro de Propiedad del Conservador de Bienes Raíces de las hijuelas, resultado de la división, las reservas dejarán de considerarse tierras indígenas e indígenas a sus dueños o adjudicatarios". De tal manera que desaparece la categoría de indígena por la simple división de las tierras de su propiedad".[318]

En el próximo punto del presente capítulo, analizaré con mayor detenimiento el ideario político que se encuentra expresado en la Constitución Política de 1980 y sus implicancias en el multiculturalismo. Por lo que dicho punto valdrá para integrar la visión general sobre la legislación indígena dictada en este período.

Luego de la revisión histórica de la relación entre el Estado y los pueblos indígenas, la Comisión constató que los pueblos indígenas que habitan el territorio en la actualidad sienten: "(…) su cultura amenazada y se ven a sí mismos como víctimas de un proceso histórico en el que fueron condenados –a veces con violencia- a la invisibilidad y a la exclusión"[319]. Además, la Comisión pone de relieve las principales aspiraciones de los pueblos indígenas, señalando que ellos: "(…) sienten que hoy día tienen derecho a hacer pública, y a que les sea reconocida, la identidad que fue ahogada durante el proceso de construcción del Estado nacional. Hoy día

---

[318] STAVENHAGEN, Rodolfo (1988). Ob., cit., p. 73.
[319] EGAÑA, Rodrigo (ed.) (2008). Ob., cit., p. 26.

reivindican esa identidad y los lugares con que ella está atada, no con el afán de desconocer los íntimos vínculos que poseen con la Nación chilena, sino con el propósito de integrarse plenamente a ella desde lo que son, desde lo que han llegado a ser. La Comisión valora profundamente ese propósito de integración y comprende que él debe ser alcanzado no desde la supresión de la identidad de esos pueblos, sino mediante su pleno reconocimiento".[320]

Las aspiraciones de los pueblos indígenas al ser de reconocimiento e integración, marcan el punto de entendimiento y traen consecuencias normativas muy importantes, ya que sus pretensiones son del todo posibles en un Estado democrático de derecho, tal y como ya se analizó en el capítulo primero.

Para la Comisión el sentimiento de víctima de los pueblos indígenas para con el Estado chileno es razonable y justificado, señalando que:

"Durante la historia de Chile, y desde el momento en que se constituyó la República, ese reconocimiento –ha podido constatar la Comisión- no fue conferido.

La Nación chilena se constituyó sobre la base de asimilar –a veces mediante la fuerza- a esos pueblos. Es seguro, sin embargo, que en medio de ese proceso la identidad de todos los actores resultó influida. Los miembros de la sociedad que llegó a ser dominante se definieron en medio de esa relación y lo mismo ocurrió, sin duda, con los Pueblos Indígenas. Quienes se reconocen como miembros plenos de la sociedad chilena y quienes se ven a sí mismos como parte de los pueblos indígenas, llevan, cada uno de ellos, en su

---

[320] Ídem.

140

memoria y en su identidad actual, la historia de esa relación. Sacar a la luz, esa historia, hasta donde ello sea posible, es una manera entonces –entiende la Comisión- de colaborar a la mejor comprensión de lo que hoy día somos".[321]

Así, en una primera aproximación sobre la coherencia de la tesis del presente trabajo, puedo establecer que tal y como constató la Comisión: Chile es un país que ha tenido una conformación multiétnica de fuente indígena, la que ha sido ocultada e intentada asimilar por el Estado Chileno desde su conformación a comienzos del siglo XIX. Sus políticas históricas, han generado una falta de reconocimiento hacia los integrantes de los pueblos indígenas, no permitiendo que ellos tengan un pleno respeto hacia su identidad y por ende generándoles una falta de autoestima en sí mismos y en su relación con la cultura dominante (punto de vista comunitario), o no aceptado que ellos desarrollen su libertad dentro de su ámbito cultural (punto de vista liberal cultural).

Además, los pueblos indígenas en Chile, fueron objeto de la expoliación de sus territorios y división de sus comunidades, ello debido a la política expansionista en el establecimiento del territorio actual del Estado de Chile y las legislaciones asimilacionistas. Dicha usurpación y división, fue realizada mediante el uso de la fuerza y del derecho.

Lo anterior, ha generado un daño a los pueblos indígenas que debe ser reparado por su causante, esto es, el Estado de Chile. Así el reconocimiento de Chile como país multicultural y multiétnico, se justifica por razones de igualdad, justicia y reparación, para con todos los pueblos indígenas.[322]

---

[321] Ídem.
[322] Es posible para justificar el reconocimiento jurídico de los pueblos indígenas, establecer razones similares para todos los pueblos indígenas que habitan el territorio chileno, aunque sus

Como ha sido el derecho el principal instrumento de discriminación de los pueblos indígenas, el mismo debe ser el mecanismo central (no el único) para corregirlo. Éste debe permitir a los pueblos indígenas de Chile el que puedan decidir el tipo de contacto que quieren tener con la cultura "chilena", el ritmo de esos contactos, así como las estrategias para mantener, reproducir y transformar sus legados culturales.[323]

¿Qué tipo de reconocimiento de su diversidad cultural, requiere Chile para corregir y reparar los daños causados a los pueblos indígenas? En el punto 2.5. del presente capítulo, luego de haber revisado la legislación chilena actual sobre derechos indígenas y políticas de inmigración, realizaré una aproximación a este tema. Para ello, tomaré en cuenta las propuestas realizadas por la Comisión, las propuestas hechas por los pueblos indígenas y las reformas constitucionales truncadas. Sin embargo, en las conclusiones finales del presente trabajo, integraré la respuesta, con el análisis de la experiencia boliviana que se realizará en el capítulo tercero. Lo que busco en el presente capítulo es determinar el tipo de reconocimiento necesario y si éste debe ser de índole constitucional o no.

2.2. Conceptualización del Estado, en lo respectivo a pueblos indígenas, en la Constitución Política de 1980.

La política indígena elaborada por la dictadura militar y su legislación, vieron en la elaboración y posterior aprobación de la Constitución Política de 1980 su fundamentación normativa e ideológica. La Constitución de

---

procesos de asimilación y de usurpación de territorios de parte del Estado de Chile, fue distinto según cada uno de ellos. En ese sentido, para el caso Rapa Nui véase: YAÑEZ, Nancy (2004a). "El acuerdo de voluntades estado de Chile – pueblo rapa nui: Bases normativas para fundar la demanda de autonomía rapa nui". En: *Derechos Humanos y Pueblos Indígenas: Tendencias Internacionales y Contexto Chileno*. Temuco, Instituto de Estudios Indígenas, Universidad de la Frontera, pp. 15-26.
[323] BONILLA, Daniel (2008). Ob., cit., pp. 31-32.

1980 tiene una coherencia en sus ideas políticas[324], que permiten su sistematización y, por ende, su apreciación ideológica sin mayores inconvenientes teóricos.

En la Constitución Política de 1980, se busca (con éxito) dar expresión normativa a un cuarteto valórico[325] representado por los ideales de libertad, seguridad, progreso y justicia, que constituirían una forma de vida intrínseca de la persona y, que por tanto, la Constitución debiera proteger de sus posibles amenazas, y en particular de las decisiones de la mayoría, creando para ello sistemas contra mayoritarios al interior de la Constitución.[326]

Para los ideólogos de la Constitución de 1980, el ideal de libertad representaba una idea pre-política, un valor absoluto y una condición para la realización del resto de los valores morales que les interesa proteger. La

---

[324] Justamente la coherencia del ideal político establecido en la Constitución de 1980, permiten a Renato Cristi (junto a otros aspectos) sistematizar el pensamiento político de Jaime Guzmán, quién ha sido reconocido como el principal ideólogo de la Constitución. "(...) en un modo análogo al de los *Founding Fathers* de la Constitución americana, sus ideas políticas, particularmente en el ámbito del derecho constitucional, son coherentes y admiten de sistematización". Ver: CRISTI, Renato (2011). *El pensamiento político de Jaime Guzmán*. Santiago, Lom ediciones, 2° ed., p. 17.

[325] En un sentido similar, para el profesor Francisco Zúñiga, la Constitución de 1980 cristaliza en su parte dogmática, los componentes ideológicos de una refundación autoritaria del capitalismo, los que serían: originariamente autoritarios, neoliberales, iusnaturalistas y lejanamente corporativistas. Véase: ZUÑIGA, Francisco (2007). "Vieja – Nueva Constitución". *Estudios Constitucionales*. N° 1, pp. 349-370.

[326] Para Jaime Guzmán, la forma de vida intrínseca es mediada por la democracia, la que considera una forma de gobierno que tiene un valor solo instrumental. Así señala Jaime Guzmán: "La democracia es una forma de gobierno, y como tal solo un medio –y ni siquiera, el único o el más adecuado en toda circunstancia- para favorecer la libertad, que en cambio integra la forma de vida hacia la cual todo sistema político humanista debe tender como fin u objetivo. Dicha forma de vida incluye además la seguridad y el progreso, tanto espiritual como material, y dentro de esto, tanto económico como social". En: CRISTI, Renato (2011). Ob., cit., p. 23. Siguiendo lo expuesto por Cristi, disiento de lo señalado por Humberto Nogueira, en el sentido de que el objetivo central del régimen militar es la estructuración de una democracia autoritaria y protegida. Ello no es el objetivo central, sino el medio que utilizan los ideólogos de la Constitución, para garantizar los valores e ideales que buscan proteger de las decisiones de la mayoría. Sobre lo señalado por Nogueira, véase: NOGUEIRA, Humberto (2009). "La evolución político-constitucional de Chile 1976-2005". En: *La evolución político-constitucional de América del Sur 1976-2005*. Santiago, Librotecnia, pp. 338-393.

noción de libertad, aparece ligada de manera irresoluble a la propiedad privada, los derechos individuales, la libertad de asociación y de empresa. Se busca una individualidad privada libre de cualquier interferencia, con la menor intervención estatal posible y con una Constitución Política que blinde al máximo dichos ideales, neutralizando la actuación del pueblo mediante una gran gama de mecanismos constitucionales.[327]

Para el profesor Francisco Zúñiga, la Constitución de 1980 es:

"(…) una refundación autoritaria del capitalismo, con nítido sello neoliberal expresada en la fórmula del Estado subsidiario (mínimo); amplia recepción de derechos civiles de contenido patrimonial revestidos de una protección judicial extraordinaria-urgente en el proceso de amparo de derechos ante tribunales superiores de justicia; "autonomías constitucionales" como dispositivos contramayoritarios y enderezadas a defender o custodiar el "orden constitucional" (Tribunal Constitucional y Banco Central); y "enclaves autoritarios" subsistentes como la legislación de "supermayorías" o de quórum especial para dotar de estabilidad el desarrollo de ciertos institutos de la parte dogmática de la Constitución (previsión, salud, educación, enseñanza, limitaciones a la libertad de adquirir bienes, propiedad minera, Estado empresario y amparo económico, entre otras) o de la parte orgánica de la Constitución (bases de la Administración del Estado, Congreso Nacional, Fuerzas Armadas y de Orden, Tribunal

---

[327] Véase: ATRIA, Fernando (2013b). *La Constitución tramposa*. Santiago, Lom ediciones, pp. 31-85

Constitucional, Banco Central, Contraloría General de la República y Gobierno y Administración interior)".[328]

Esta búsqueda de protección máxima de la "libertad", entendida en su vertiente neoliberal[329], llevó a los redactores de la Constitución de 1980, a la utilización del principio de subsidiariedad en la parte dogmática de la Constitución, en particular en el primer artículo y capítulo, de la misma, que se denomina: "Bases de la Institucionalidad".

La Constitución de 1980 en el artículo precitado, preceptuaba que:

"Artículo 1°.- Los hombres nacen libres e iguales en dignidad y derechos.

La familia es el núcleo fundamental de la sociedad.

El Estado reconoce y ampara a los grupos intermedios a través de los cuales se organiza y estructura la sociedad y les garantiza la adecuada autonomía para cumplir sus propios fines específicos.

El Estado está al servicio de la persona humana y su finalidad es promover el bien común, para lo cual debe contribuir a crear las condiciones sociales que permitan a todos y a cada uno de los integrantes de la comunidad nacional su mayor realización espiritual y material posible, con pleno respeto a los derechos y garantías que esta Constitución establece.

---

[328] ZUÑIGA, Francisco (2011). "Nueva Constitución y Constitucionalismo en el Bicentenario". En: *XLI jornadas chilenas de Derecho Público*. Santiago, Universidad de Chile, Facultad de Derecho, pp. 6-7.
[329] Un excelente trabajo sobre el significado y alcance del "neoliberalismo" y en particular de su versión chilena, véase: ATRIA, Fernando (2013a). *Veinte años después. Neoliberalismo con rostro humano*. Santiago, Catalonia, pp. 33-54.

Es deber del Estado resguardar la seguridad nacional, dar protección a la población y a la familia, propender al fortalecimiento de ésta, promover la integración armónica de todos los sectores de la Nación y asegurar el derecho de las personas a participar con igualdad de oportunidades en la vida nacional."

El Principio de subsidiariedad fue creado por la Iglesia Católica y tiene su origen en documentos pontificios. En ese sentido la encíclica Quadragesimo Anno de Pío XI señala que:

"Conviene, por consiguiente, que la autoridad pública suprema deje a las asociaciones inferiores tratar por sí mismas aquellos asuntos y negocios que ellas puedan resolver, de menor importancia, en los cuales por lo demás perdería mucho tiempo o le serían de grandísimo impedimento para cumplir con mayor libertad, firmeza y eficacia cuanto a ella sola corresponde, pues de su exclusiva competencia, a saber: dirigir, vigilar, estimular, reprimir, según los casos y la necesidad lo exigen. Por lo tanto, tengan bien entendido los gobernantes que mientras más vigorosamente reine el orden jerárquico entre las diversas asociaciones, quedando en pie y a salvo este principio de la función subsidiaria del Estado, tanto más firme será no sólo la autoridad sino también la eficiencia social, y tanto más feliz y más próspera la condición del Estado".[330]

Recurro a la versión católica del principio de subsidiariedad, porque fue la utilizada por la Comisión de Estudios de la Nueva Constitución[331], es decir,

---

[330] Pío XI (1953). *Quadraessimo Anno*. Santiago, Talleres gráficos Pía Sociedad San Pablo. En: RUIZ-TAGLE, Pablo (2000). "Principios Constitucionales del Estado Empresario". *Revista de Derecho Público*. N° 62, pp. 47-59.

[331] La Comisión de Estudios de la Nueva Constitución de la República de Chile, fue creada por la Junta Militar de Gobierno (encabezada por el Dictador Augusto Pinochet Ugarte), en el año

el artículo 1° de la Constitución Política de la República de Chile, se encuentra inspirado en el principio de subsidiariedad en su entendimiento católico.

El principio de subsidiariedad, en estos términos, busca ordenar la relación entre persona, grupos intermedios (sociedad civil) y Estado. La organización es de carácter jerárquica y viene dada por la "naturaleza de las cosas", lo que implica una visión de tipo iusnaturalista.

Junto a lo anterior, impone la obligación de que el Estado respete el "orden natural de las cosas", el que sería profundamente individualista, con miras a evitar toda forma de colectivismo.

Así, la función principal del estado, es la de "dirigir, vigilar, reprimir, según los casos y la necesidad lo exigen", el orden natural de las cosas, protegiendo a la familia, los individuos y los grupos intermedios.

Con la plasmación del principio de subsidiariedad, en el sentido católico, en el artículo 1° de la Constitución Política de la República, los redactores de la Constitución buscaron establecer un modelo de sociedad, basado en la intervención mínima del Estado en la economía y en la reducción de su labor a la del Estado Policial del liberalismo clásico.[332]

1973 y tuvo por finalidad entregar el anteproyecto de la nueva Constitución Política de la República de Chile de 1980.

[332] Intentando construir una concepción doctrinaria más amplia de la Constitución y buscando limitar la importancia del principio rector de subsidiariedad que tiene la Constitución Chilena, el profesor Ruiz-Tagle señala que: "Ciertamente, puede aceptarse que la carta fundamental chilena es el producto de una transacción de diversas ideas políticas y constitucionales, entre las cuales se encuentran algunas que representan una tradición de orientación católica y raíz iusnaturalista cristiana. Sin embargo, esta constatación no debe hacernos olvidar que también se puede vincular la constitución chilena a la tradición política liberal y a una serie de propuestas e ideas que son propias de la tradición social demócrata o socialista. Si se acepta esta tesis de la transacción de diversas tradiciones, como una base plural sobre la cual se construye la constitución política chilena, se debe atribuir importancia limitada al principio de subsidiariedad. Desde esta perspectiva, el principio de subsidiariedad se considera como relevante para los que

Al principio de subsidariedad se unen la idea de un Estado-Nación, mono cultural y con unidad territorial. Donde la ciudadanía se encuentra ligada a la nacionalidad y la avecindad en el país. De ello dan cuenta el artículo 2 (emblemas nacionales), 3 (unidad territorial), 5 (soberanía nacional) y el Capítulo II, sobre nacionalidad y ciudadanía.

La Constitución de 1980, busca perpetuar una visión de mundo, en la cual no se integra la perspectiva de los pueblos indígenas[333]. No establece reconocimiento constitucional a los pueblos indígenas, ni derechos diferenciados. Tampoco reconoce valores o principios que permitan entender la diversidad cultural. El criterio utilizado por los ideólogos de la Constitución de 1980, al respecto, consiste en preceptuar el principio de

---

hacen suya la tradición constitucional iusnaturalista, sin perjuicio que incluso en ese caso, la subsidariedad no alcanza el nivel de un principio de derecho constitucional sino una forma ideológica variable, sin un contenido claro que intenta servir de guía para ordenar la relación entre las personas y el Estado". En: RUIZ-TAGLE, Pablo (2000). Ob., cit., pp. 47-59, 2000. En un sentido similar, Jaime Bassa, tiene una propuesta interpretativa y doctrinaria sobre la Constitución de 1980, en el sentido de que esta debe ser re-interpretada en sus fundamentos y significados desde la Teoría Constitucional contemporánea y a partir de 1990 momento desde el cual sólo cabría hablar de Constitución en sentido estricto. Véase: BASSA, Jaime (2008). *El Estado Constitucional de Derecho.* Santiago, LexisNexis, 220 pp. Considero que el esfuerzo de ambos académicos, en términos intelectuales-doctrinarios, para limitar el peso del principio de subsidariedad es importante y merece ser rescatado. Sin embargo, lamentablemente, dicho principio ha sido en la práctica una guía ideológica que ordena la relación de las personas y el estado, siendo además en forma reiterada usado por la jurisprudencia nacional, en todos sus niveles, como fundamento de sentencias. Por ello, cobra mucho más sentido buscar una nueva Constitución. Además, resulta interesante la idea que plantea Atria sobre el peligro de concebir a la Constitución como un "contrato", al respecto véase: ATRIA, Fernando (2013b). Ob., cit., pp. 41-44.

[333] Manuel Núñez, señala que el no reconocimiento de los pueblos indígenas en la Constitución de 1980, se debe a: "(...) la completa ignorancia que los redactores de la Constitución vigente demostraron tener hacia la cuestión indígena, lo que supuso producir un texto en el que difícilmente tenían cabida (bajo el concepto de "grupo intermedio", por ejemplo) los derechos de las comunidades indígenas al modo como se entienden hoy en día. Por el contrario, los principios constitucionales de la "unidad estatal" (art. 3° Const. Pol.) y "unidad de la soberanía" (art. 5° Const. Pol.), como asimismo las concepciones predominantemente europeas sobre el contenido de los derechos vinculados a la religión o a la propiedad, conspiran en contra de una visión pluralista de aquella comunidad política que se construye a partir del texto constitucional". Véase: NÚÑEZ, Manuel (2008). Ob. cit., pp.15-16. Sólo difiero con el autor precitado, en el hecho de que el no reconocimiento de los pueblos indígenas no se debe a ignorancia, quizás a desprecio, pero fundamentalmente a una concepción del mundo, con valores sólo occidentales, donde el ideario de los pueblos indígenas no tiene cabida alguna.

igualdad ante la ley para todos los habitantes de la República, sin hacer distinción de ningún tipo.

Junto a lo anterior, es importante tener en cuenta, que en la Constitución de 1980, se constitucionalizó el derecho de propiedad y se le dio un carácter prácticamente absoluto. En el texto original de la Constitución de 1980, a diferencia de la Constitución de 1925, no se establecía la función social de la propiedad.

La Constitución de 1980, regula en forma lata tanto el derecho de propiedad (artículo 19, N° 24), la libertad para adquirir el dominio (artículo 19, N° 23) y la protege con la no afectación de las garantías constitucionales en su esencia (artículo 19, N° 26) y el recurso de protección (artículo 20).

Para los ideólogos de la Constitución de 1980, "(…) la noción de propiedad está estrechamente unida a la noción de libertad. El derecho de propiedad es una aplicación de lo que significa ser persona: es la realización de la libertad personal"[334]. Así, proteger al máximo el derecho de propiedad en su sentido más absoluto y pre-político, se vuelve una de las principales inspiraciones en la construcción normativa de la Constitución de 1980.

Todo lo anterior, da sentido a la legislación etnocida dictada por la dictadura militar[335] y tiene por objeto principal, realizar una verdadera restauración capitalista de corte neoliberal en Chile. Dicha transformación, entre otras cosas, busca terminar con la propiedad colectiva de las tierras indígenas y asimilar a todos los habitantes del país en una cultura, anclada en los valores ya señalados. Como señala Vicente Cabedo al respecto: "Se

---

[334] CRISTI, Renato (2011). Ob., cit., p. 79.
[335] Véase el punto 2.1. del presente capítulo.

trataba de integrar al indígena en la economía neoliberal impulsada por el régimen, siendo la propiedad privada individual un auténtico instrumento de aculturación de estos pueblos indígenas, de pérdida de su identidad".[336]

En los próximos puntos, analizaré la legislación dictada en Chile sobre pueblos indígenas e inmigración, durante la transición democrática, así como también las reformas constitucionales realizadas en el año 2005, para en el último punto, poder evaluar si con dichas modificaciones se ha logrado cambiar la concepción de Estado, creada por la Constitución de 1980.

2.3. Desarrollo normativo sobre pueblos indígenas en Chile entre 1990-2010.

Desde el año 1990, hasta hoy, Chile ha transitado un proceso gradual de recuperación de su democracia, realizando múltiples reformas constitucionales y legales, y suscribiendo distintos tipos de instrumentos internacionales que versan sobre Derechos Humanos.

En los inicios de este nuevo proceso, fue fundamental el acuerdo suscrito entre las principales organizaciones indígenas y la Concertación, en septiembre – octubre del año 1989[337]. La propuesta del Consejo Nacional de Pueblos Indígenas, recogida por la Concertación, planteaba "la necesidad del reconocimiento constitucional de los pueblos indígenas y de la elaboración, en el más breve plazo, de una ley referida a estos pueblos que, junto con reconocer sus culturas e idiomas, sus derechos consuetudinarios, sus tierras y territorios tradicionales, regulase su relación

---

[336] CABEDO, Vicente (2004). Ob., cit., p. 266.
[337] Al Acuerdo arribado se le llama: "Acuerdo de Nueva Imperial".

con el Estado recogiendo los principios de autonomía y autodesarrollo reconocidos en el Convenio 169 de la OIT".[338]

El Gobierno del ex Presidente de Chile, don Patricio Aylwin Azocar, buscó llevar a la práctica los acuerdos suscritos con los pueblos indígenas, creando en el año 1990, mediante el Decreto Supremo N° 30, la Comisión Especial de Pueblos Indígenas (CEPI), que tenía por objeto presentar una propuesta legislativa y coordinar las políticas del Estado en materia indígena.

La CEPI, trabajó en conjunto con las organizaciones indígenas durante tres años, presentando al Presidente de la República en el mes de septiembre del año 1993, un proyecto de reforma constitucional y otro de ley indígena. Junto a ello el ejecutivo envío el Convenio N° 169 de la OIT en el año 1991 al Congreso Nacional para su aprobación.

Sin embargo, el Congreso Nacional, rechazó la aprobación del Convenio N° 169 de la OIT y la reforma constitucional propuesta. Además hizo importantes modificaciones al proyecto de Ley Indígena, transformándola y limitándola considerablemente. Como se podrá apreciar, en la recapitulación que realizo en los puntos siguientes, la derecha Chilena, se ha opuesto de forma permanente a reconocer el carácter de "pueblos indígenas" en las iniciativas legales que se han presentado al Congreso para su aprobación. Así ocurrió en la Ley Indígena, en su negativa a la aprobación del Convenio N° 169 y en cualquier tipo de reconocimiento Constitucional.

---

[338] AYLWIN, José (2000). *Pueblos Indígenas de Chile: antecedentes históricos y situación actual.* Disponible en: < http://www.estudiosindigenas.cl/centro-de-documentacion> [consulta: 12 abril 2013], p. 9.

José Aylwin, señala al respecto que: "Entre los principales reparos que los partidos de derecha hicieron a estos proyectos en el parlamento se encuentran aquellos que decían relación con el uso en ellos del término "pueblos indígenas", el que consideraban una amenaza en contra del carácter unitario del Estado y un potencial peligro de futuro procesos de separatismo en su interior; con el peligro para el derecho de propiedad podrían significar las normas de protección de las tierras indígenas; y con la contradicción con el derecho constitucional a la igualdad que significaría el establecimiento de beneficios especiales en favor de los indígenas".[339]

Lo apuntado por José Aylwin, es absolutamente coincidente a los principios con los cuales la derecha ideo la Constitución de 1980. Para ellos, reconocer el estatus de pueblo a los indígenas, puede traer aparejado un conflicto con su visión de la libertad, de igualdad ante la ley, y la posible incorporación de derechos colectivos, a los que se oponen rotundamente.[340]

Durante ese período, la actitud del Gobierno, fue contradictoria, ya que junto al trabajo de la CEPI, realizado mancomunadamente con las organizaciones indígenas, el Gobierno de la Concertación, tuvo prácticas que comenzaron el proceso de alejamiento y desconfianza de las organizaciones indígenas. Entre ellas se pueden anotar: 1) A través del Instituto de Desarrollo Agropecuario, se continuó con los trámites de disolución comunidades indígenas, pese a los anuncios de las autoridades

---

[339] Ibíd., p. 13.
[340] Rolf Foerster y Jorge Vergara, analizan la posición de la derecha chilena sobre éste punto, en la revisión de la línea editorial del periódico "El Mercurio". Elaboran la hipótesis de que la derecha tiene una "(...) concepción de la nación chilena como nación-pueblo, Volksnation, o sea, como una entidad prepolítica, integrada por descendencia, tradición compartida y lengua común, y no la definición republicana de la nación de ciudadanos, Staatsnation". Véase: FOERSTER, Rolf y VERGARA, Jorge (2003). "Etnia y nación en la lucha por el reconocimiento. Los mapuches en la sociedad chilena". En: *Mapuches y aymaras. El debate en torno al reconocimiento y los derechos ciudadanos*. Santiago, Ril editores, p. 111.

gubernamentales en sentido opuesto; 2) Muchas organizaciones indígenas del país, fueron (y son) objeto de una gran represión policial, principalmente en sus manifestaciones a raíz del 12 de octubre de 1992; 3) El inicio de los proyectos de construcción de grandes represas eléctricas en zonas habitadas por pueblos pehuenches y mapuches en las localidades de la cuenca superior del río Bío Bío; 4) Las negativas del Gobierno a considerar la posibilidad de devolución de las tierras usurpadas al Pueblo Rapa Nui.[341]

Con la actitud paradójica del Gobierno y el rechazo por parte del Congreso Nacional y, en particular, por parte de los representantes de la "derecha", a la aprobación del Convenio N° 169 y a la reforma constitucional, comienza el actual período en la relación del Estado con los pueblos indígenas, que se desarrollará con avances legislativos, catalogados de insuficientes por las organizaciones indígenas y los organismos internacionales competentes en la materia, y una negativa persistente de parte del Congreso Nacional, al reconocimiento constitucional de los pueblos indígenas. Todo ello, en un clima de represión policial[342] y criminalización de las demandas de los

---

[341] Sigo las planteadas por: AYLWIN, José. Pueblos Indígenas de Chile: antecedentes históricos y situación actual [en línea]. < http://www.estudiosindigenas.cl/centro-de-documentacion> [consulta: 12 abril 2012], p. 12.

[342] Al Comité Contra la Tortura de las Naciones Unidas, en su informe sobre Chile de 2009, "le preocupan las numerosas denuncias recibidas que apuntan a una persistencia de actuaciones abusivas por parte de los agentes policiales contra integrantes de pueblos indígenas, en particular, contra miembros del pueblo mapuche. Le preocupa al Comité especialmente que entre las víctimas de esas actuaciones se encuentren mujeres, niños, niñas y personas de avanzada edad. Asimismo, el Comité también nota con preocupación que, en ocasiones, el Estado parte ha aplicado la Ley Antiterrorista contra integrantes de pueblos indígenas en relación con actos de protesta social (art. 16). El Estado parte debe: a) Tomar todas las medidas necesarias para que se lleven a cabo investigaciones prontas y efectivas sobre abusos cometidos contra integrantes de pueblos indígenas, y se enjuicien y sancionen a los funcionarios de la policía que cometan este tipo de actos; b) Proporcionar datos estadísticos pormenorizados y desglosados por edad, sexo y lugar geográfico de las denuncias interpuestas por actos de tortura y malos tratos cometidos por fuerzas del orden contra integrantes de pueblos indígenas, así como las investigaciones, el procesamiento y las condenas correspondientes. c) Proporcionar datos detallados sobre los casos de aplicación de la Ley Antiterrorista en que han estado

pueblos indígenas y en particular del Mapuche[343], que siguen hasta el día de hoy.[344]

En el presente punto, revisaré la legislación vigente en Chile sobre pueblos indígenas, dividiendo el tema en tres partes. La primera describirá la normativa vigente en materia de derechos indígenas, señalando sus aspectos principales y las discusiones más relevantes al respecto.

Luego analizaré las reformas constitucionales truncadas que se han presentado desde 1990 en adelante y los principales argumentos dados tanto para su aprobación, como para su rechazo. Asimismo, se analizará el proyecto de reforma constitucional presentado durante el gobierno de la ex

---

involucradas personas indígenas". Véase: COMITÉ CONTRA LA TORTURA, NACIONES UNIDAS (2009). *Examen de los informes presentados por los estados partes en virtud del artículo 19 de la Convención contra la Tortura y Otros Tratos o Penas Crueles, Inhumanos o Degradantes, Chile.* Disponible en: <http://daccess-dds-ny.un.org/doc/UNDOC/GEN/G09/433/47/PDF/G0943347.pdf?OpenElement> [consulta: 12 de abril 2013].

[343] Sobre este punto ver los siguientes trabajos: YAÑEZ, Nancy y AYLWIN, José (2006). *El gobierno de Lagos, los pueblos indígenas y el "nuevo trato": las paradojas de la democracia chilena.* Santiago, Lom Ediciones, 504 pp. MELLA, Eduardo y LE BONNIEC, Fabien (2004). "Movimiento mapuche y justicia chilena en la actualidad: reflexiones acerca de la judicialización de las reivindicaciones mapuche en Chile". En: *Derechos Humanos y Pueblos Indígenas: Tendencias Internacionales y Contexto Chileno.* Temuco, Instituto de Estudios Indígenas, Universidad de la Frontera, pp. 354-364. Además se pueden consultar los informes permanentes que han realizado los dos últimos Relatores Especiales sobre la situación de los derechos humanos y las libertades fundamentales de los indígenas, de las Naciones Unidas. En ese sentido al Relator Especial pasado, Rodolfo Stavenhagen, en el año 2006, sobre la aplicación de la Ley Antiterrorista a dirigentes mapuches, señalaba en un informe oficial que: "(...) él se da cuenta de las disposiciones en atención a las cuales se dictó la sentencia, pero no deja de preocuparle la aplicación injustificada de la Ley N° 18314 en el caso de actividades relativas a cuestiones sociales o los derechos a la tierra". Entre otros muchos, véase: CONSEJO DE DERECHOS HUMANOS, NACIONES UNIDAS (2005). *Informe del Relator Especial sobre la situación de los derechos humanos y las libertades fundamentales de los indígenas, Rodolfo Stavenhagen. Análisis de la situación de los países y otras actividades especiales del relator.* Disponible en: <http://daccess-dds-ny.un.org/doc/UNDOC/GEN/G05/110/85/PDF/G0511085.pdf?OpenElement> [consulta: 29 marzo 2013].

[344] En un trabajo reciente, José Aylwin, resume las principales áreas de discriminación y exclusión de los pueblos indígenas, las que son: 1) La política de tierras; 2) La discriminación económico-social; 3) La discriminación política; 4) La discriminación ante la justicia. Véase: AYLWIN, José (2013). Ob., cit., pp. 135-148.

Presidenta de la República Michelle Bachelet Jeria y que se encuentra actualmente en tramitación.

Finalmente, y en tercer lugar, reflexionaré si con las reformas constitucionales, y en particular las del año 2005, y la normativa nacional e internacional expuesta, se puede: ¿hablar de un cambio importante en el tratamiento normativo en Chile a la multiculturalidad? y ¿bajo qué óptica filosófica política se han realizado las reformas revisadas?

2.3.1. Normativa vigente en materia de derechos indígenas.

Para el análisis de la normativa vigente en materia de derechos indígenas, dividiré el punto en dos subtemas. Primero expondré los principales aspectos de la legislación vigente en materia indígena, y en segundo lugar revisaré el largo proceso de aprobación legislativa del Convenio N° 169 de la OIT, con los respectivos pronunciamientos del Tribunal Constitucional.

2.3.1.1. Principales aspectos de la legislación vigente.

El cuerpo normativo fundamental en materia indígena es la Ley N° 19.253 de 1993, o Ley Indígena, que recogió parte de las propuestas de la CEPI, como ya he señalado, y aprobada durante el gobierno del ex Presidente don Patricio Aylwin Azocar.

En el mensaje del proyecto de Ley Indígena que el ejecutivo enviaba al Congreso Nacional, se señalaba que:

> "(…) Como lo señale solemnemente al país en el Mensaje presidencial del pasado 21 de mayo, el Gobierno que presido ha venido estudiando una legislación sobre pueblos indígenas en la cual participaron diversos representante de este sector. En esta etapa hemos ido cumpliendo el imperativo que nos propusimos al iniciar el

actual período presidencial en el sentido de establecer una relación diferente con los pueblos indígenas de Chile, en la cual primará el respeto y la responsabilidad, y que se diera cabida a los legítimos derechos que pretenden el casi millón de chilenos que forman los pueblos de la tierra, las raíces de nuestra nación".[345]

La Ley Indígena constituye un avance importante para los pueblos indígenas y su reconocimiento. Los aspectos de la Ley Indígena que se pueden considerar como un progreso en la materia son relativas a: 1) Reconocimiento cultural; 2) Protección; 3) Incipientes derechos de supervivencia cultural; 4) Aplicación mínima del derecho consuetudinario indígena.

En lo relativo al reconocimiento cultural, en la Ley se reconoce a los indígenas (artículo 1°) y se establece el deber del Estado y la sociedad en general, de respetar, proteger y promover el desarrollo de sus culturas, familias y comunidades. Importante en este punto, es que la Ley Indígena incorpora el criterio de auto identificación. Además el Estado reconoce a las principales etnias de Chile y valora su existencia por ser parte esencial de las raíces de la Nación chilena, así como su integridad y desarrollo, de acuerdo a sus costumbres y valores.

El Estado en el artículo 9° de la Ley Indígena, reconoce a las comunidades indígenas y en los artículos 10 y 11, regula las modalidades para la formación de ellas, así como el registro público de las mismas.

---

[345] BIBLIOTECA DEL CONGRESO NACIONAL DE CHILE. *Historia de la ley N° 19.253.* Disponible en: <http://www.leychile.cl/Consulta/portada_hl?tipo_norma=XX1&nro_ley=19253&anio=2012> [consulta: 19 marzo 2013].

Siguiendo en este plano, el Estado, en el Título II de la Ley Indígena, reconoce la importancia de la tierra para la identidad del indígena y entiende por tales, aquellas que las personas o comunidades ocupan actualmente en propiedad o posesión, ya sea provenientes de títulos reconocidos por el Estado desde 1823 hasta la fecha y hacia el futuro, así como aquellas que han ocupado históricamente siempre que sus derechos se encuentren en el Registro que crea esta ley.

En el plano de protección de los indígenas, la Ley establece mecanismos para el resguardo de las tierras indígenas y se crea un Fondo de Desarrollo Indígena (Título III de la Ley), con el fin de adquirir tierras para personas indígenas y sus comunidades. Esto es importante, ya que, la usurpación de las tierras indígenas, la falta de protección legal y la división de sus comunidades, causaron durante el siglo XIX y XX, un gran daño a los pueblos indígenas. Además, crea la Corporación Nacional de Desarrollo Indígena, organismo público, que tiene por misión, según el artículo 39° la de: "promover, coordinar y ejecutar, en su caso, la acción del Estado en favor del desarrollo integral de las personas y comunidades indígenas, especialmente en lo económico, social y cultural y de impulsar y de impulsar su participación en la vida nacional".

La Ley Indígena tiene incipientes derechos que tienden a la supervivencia cultural de las comunidades, éstos son principalmente aquellos, que buscan: "El reconocimiento, respeto y protección de las culturas e idiomas indígenas, el establecimiento de un delito destinado a evitar la discriminación de los indígenas por su origen o cultura, la creación de un sistema educacional bilingüe con el objeto de preparar a los educandos indígenas para desenvolverse en forma adecuada tanto en su sociedad de origen como en la sociedad global, así como un programa de becas para los estudiantes indígenas".[346]

En la Ley Indígena, se establece un mínimo reconocimiento al derecho consuetudinario indígena. En el artículo 54 se señala que: "La costumbre hecha valer en juicio entre indígenas pertenecientes a una misma etnia, constituirá derecho, siempre que no sea incompatible con la Constitución Política de la República. En lo penal se la considerará cuando ello pudiere servir como antecedente para la aplicación de una eximente o atenuante de responsabilidad".

En materia de justicia, se reconoce además, un procedimiento especial para el trámite de los juicios sobre tierras en que se encuentre vinculado un indígena. Ello regulado de los artículos 55° a 59° de la Ley Indígena.

Para José Aylwin[347], las principales limitaciones de la Ley Indígena, en relación al proyecto presentado por la CEPI y las tendencias actuales del derecho comparado sobre la materia, son tres. Primero, que no se reconoce a los indígenas como pueblos[348]. Ello implica negarles el derecho a la autodeterminación y autogobierno de los pueblos indígenas, el que ya ha sido reconocido en los convenios internacionales sobre la materia, y en la mayoría de las legislaciones comparadas. Es importante mencionar que el

---

[346] AYLWIN, José (2000). Ob., cit., p. 14.
[347] Ibíd., p. 15.
[348] Al respecto Guillaume Boccara e Ingrid Seguel-Boccara, señalan que: "(...) al no reconocer la existencia de <<pueblos indígenas>>, la ley se ubica en una posición bastante conservadora respecto de las normativas internacionales vigentes. (...) Notemos que el hecho de hablar de <<etnia>> y no de <<pueblo>>, no solamente remite a un problema jurídico. Tiene que ver también con las luchas de clasificación que se ubican en la base de la reproducción del orden legítimo y dominante. Así, calificar a los indígenas de <<etnias>> es hacerlos existir en tanto que <<etnias>>, es decir como agrupaciones políticas pre-estatales, pre-modernas. Por lo tanto es reafirmar de manera sutil que su identidad es pre-nacional". En: BOCCARA, Guillaume y SEGUEL-BOCCARA, Ingrid (1999). Ob., cit., pp. 741-774.

proyecto de Ley Indígena del ejecutivo[349], en su artículo 1°, hablaba de "pueblos"[350] y no de "etnias", el que fue modificado durante su tramitación legislativa.[351]

En segundo lugar, están las limitaciones realizadas por el Congreso a las áreas de desarrollo indígena, las que contemplaban mayores grados de autogestión para sus comunidades.

En tercer lugar, la eliminación del proyecto de ley, del capítulo referido a los jueces de paz indígenas, "a través del cual se pretendía dar reconocimiento a las formas de resolución de conflictos menores aún

---

[349] "Artículo 1°.- Se entenderá por Pueblos Indígenas a los descendientes (...)". En: BIBLIOTECA DEL CONGRESO NACIONAL DE CHILE. *Historia de la ley N° 19.253.* Disponible en: http://www.leychile.cl/Consulta/portada_hl?tipo_norma=XX1&nro_ley=19253&anio=2012 [consulta: 19 marzo 2013].

[350] Al respecto, durante la tramitación legislativa el entonces Diputado José Antonio Viera-Gallo del Partido Socialista, señalaba que: "(...) Hay dos formas equivocadas de enfrentar el problema de la pluralidad cultural de una nación y de la existencia de pueblos indígenas: Un primer enfoque, es negar la realidad y decir, amparándose en la igualdad formal de la ley, que todos son exactamente lo mismo y, por tanto, con una voluntad de asimilación de la cultura indígena a la cultura dominante, negando la realidad específica, histórica, experiencia, valores, creencias, lengua y cultura de esos pueblos. Esa fue por largo tiempo la política oficial de los gobiernos chilenos en el período pasado. Son numerosas las reiteraciones durante el período del General Pinochet, en las cuales en la práctica se negaba la existencia de los pueblos indígenas y la pluralidad cultural y racial de Chile. Un segundo enfoque equivocado, es reconocer esa realidad distinta, pero hacer de esa distinción una discriminación en la norma, de tal manera de establecer estatutos jurídicos completamente separados, como quién dijera varios Chiles distintos. Y tenemos la expresión máxima de esa segregación o discriminación jurídica en el caso del Apartheid en Sudáfrica, donde la diferencia se hace una norma y se pretende que entre las distintas realidades culturales no exista ninguna forma de contacto ni de comunicación, y al final de cuentas, ni de proyecto común. Por una parte, la asimilación pura y simple a la cultura dominante; y por la otra, la segregación jurídica y política de las comunidades y de los pueblos indígenas son dos enfoques absolutamente equivocados (...) Por eso, comprendo pero lamento que no se haya usado el concepto de "pueblos indígenas" en la nueva legislación. Evidentemente en el Convenio 169 de la OIT que reconoce la existencia de estos pueblos y es el instrumento más avanzado en el derecho internacional sobre la materia, se sostiene con toda claridad que el concepto de "pueblo" allí utilizado no tiene la misma acepción que el concepto de "pueblo" a nivel de derecho internacional. Por tanto no entraña de por sí ningún tipo de amenaza a la unidad nacional. En eso los sectores de la oposición se han equivocado al negarse a utilizar este concepto en la nueva legislación". En: Ibíd., p. 169.

[351] Ello ocurrió en el seno de los acuerdos que se lograron en la Comisión Especial de Pueblos Indígenas que conformó la Cámara de Diputados para el análisis del proyecto de ley presentado por el ejecutivo.

subsistentes en las comunidades de modo de dar cabida al derecho propio o consuetudinario indígena".[352]

A las críticas señaladas, Guillaume Boccara e Ingrid Seguel-Boccara[353], plantean cuatro más que considero relevantes. La primera apunta a que la Ley Indígena, debió reconocer los tratados firmados entre las naciones indígenas y la Corona Española. En segundo lugar, el no reconocimiento del pluralismo jurídico y el mínimo valor que se le da en la aplicación del derecho a la costumbre indígena[354]. Como tercer punto, el hecho de que la educación bilingüe es determinada por el Estado de forma unilateral. Y como cuarto aspecto, expresan que el fenómeno de población indígena urbana, no es considerado por la ley.

Una última crítica que me parece relevante, dice relación con el hecho de que en la Ley Indígena existen contradicciones en la forma en que se regulan instituciones y el entendimiento que tienen de ellas las comunidades indígenas. Un ejemplo de ello sería el caso de la propiedad comunitaria.[355]

Finalmente, durante los últimos años, y por la influencia de las organizaciones indígenas, la presión de los organismos internacionales y la evolución del derecho internacional en la materia, la variable indígena ha permeado la actividad legislativa nacional, incorporándose la diversidad cultural en diversas disposiciones legales.[356]

---

[352] AYLWIN, José (2000). Ob., cit., p. 15.
[353] BOCCARA, Guillaume y SEGUEL-BOCCARA, Ingrid (1999). Ob., cit., pp. 772-773.
[354] Véase: CABEDO, Vicente (2004). Ob., cit., pp. 268-270.
[355] Sobre éste punto véase: CHARNEY, John (2002). *El debate liberal-comunitarista aplicado a las relaciones entre el Estado chileno y el pueblo mapuche*. Santiago, Tesis (Licenciatura en Ciencias Jurídicas y Sociales), Universidad de Chile, Facultad de Derecho, pp. 106-107.
[356] Véase: NÚÑEZ, Manuel (2008). Ob., cit., pp. 43-44.

Por ejemplo en: 1) La Ley N° 19.947 de 2004, nueva Ley de Matrimonio Civil, señala en su artículo 13° que: "Las personas pertenecientes a una etnia indígena, según el artículo 2° de la ley N° 19.253, podrán solicitar que la manifestación, la información para el matrimonio y la celebración de éste se efectúen en su lengua materna"; 2) La Ley N° 20.246 de 2008, que crea el espacio costero marítimo de los pueblos originarios, denominada Ley Lafkenche[357]. En el cuerpo normativo, se utiliza por primera vez en el ordenamiento jurídico chileno el término de "pueblos originarios" y alude al uso consuetudinario del territorio; 3) La Ley N° 20.370 de 2009, Ley General de Educación, establece en su artículo 4°, inciso 7°, que: "es deber del Estado promover políticas educacionales que reconozcan y fortalezcan las culturas originarias". Le corresponde al Consejo Nacional de Educación, en todas las modalidades de educación escolar, según el artículo 52°, letra b, "aprobar o formular observaciones a las adecuaciones curriculares para poblaciones específicas, incluidas, entre otras, los pueblos originarios y los talentos. En materia de supervivencia del idioma de los pueblos indígenas, el artículo 28, promueve como objetivo la enseñanza de las lenguas indígenas en los establecimientos que presenten un alto porcentaje de alumnos; 4) La Ley N° 24.417 de 2010, que creó la nueva institucionalidad ambiental, modificó el artículo 4 de la Ley N° 19.300, sobre Bases del Medio Ambiente, agregando el siguiente párrafo: "Los órganos del Estado, en el ejercicio de sus competencias ambientales y en la aplicación de los instrumentos de gestión ambiental, deberán propender por la adecuada conservación, desarrollo y fortalecimiento de la identidad, idiomas, instituciones y tradiciones sociales y culturales de los pueblos,

---

[357] Véase: MEZA-LOPEHANDÍA, Matías (2009). *Territorio y Autonomía de los Pueblos Originarios en Chile. Una mirada desde el ordenamiento jurídico chileno y la urgencia del Reconocimiento*. Santiago, Tesis (Licenciatura en Ciencias Jurídicas y Sociales), Universidad de Chile, Facultad de Derecho, pp. 163-167.

comunidades y personas indígenas, de conformidad a lo señalado en la ley y en los convenios internacionales ratificados por Chile y que se encuentren vigentes". Además el artículo 11 de la ley, con el artículo 9 del Reglamento de la misma, han venido a conformar lo que se ha denominado como la "variable antropológica"[358], que busca incorporar al proceso de evaluación ambiental los derechos de los pueblos indígenas.

Tal como señala Manuel Núñez: "El resto de la normativa legal dictada después de la Ley núm. 19.253 se refiere a asuntos marginales, tales como el uso del espectro radioeléctrico para la radiodifusión comunitaria (Ley núm. 20.433, D. Oficial de 4 de mayo de 2010, art. 4°), el fomento para la recuperación del bosque nativo por pequeños propietarios forestales (Ley núm. 20.283, D. Oficial de 30 de julio de 2007), el acceso al mercado de los productos "orgánicos" (Ley núm. 20.089, D. Oficial de 17 de enero de 2006), la representación de las comunidades indígenas en comités consultivos para la cultura y las artes o la formación de fondos para promover la cultura de esos pueblos (Ley núm. 19.891, D. Oficial de 23 de agosto de 2003) y la participación indígena en las organizaciones comunitarias (Ley núm. 19.418, D. Oficial de 9 octubre de 1995)".[359]

2.3.1.2. Proceso de aprobación legislativa del Convenio N° 169 de la OIT.

El proceso de aprobación por parte del Congreso Nacional del Convenio N° 169[360] de la OIT, se extendió desde 1990 hasta el año 2008. Como se puede apreciar fue un proceso largo. El día 21 de diciembre del año 1990, el

---

[358] Véase: YAÑEZ, Nancy (2004b). *Investigación Evaluativa de Impacto Ambiental en Territorios Indígenas.* Disponible en: <http//www.observatorio.cl/contenidos/naveg/navContenido.php?c=2006020103264> [consulta: 12 de abril 2013].
[359] NÚÑEZ, Manuel (2008). Ob., cit., pp. 43-44.
[360] Sobre los principales aspectos jurídicos del Convenio, me remito a lo ya expuesto en el punto 1.6.1. del Capítulo I del presente trabajo.

Gobierno del Presidente don Patricio Aylwin Azocar, envió al Congreso, el proyecto de acuerdo del Convenio N° 169 con un mensaje, que al parecer presagiaba el principal punto de discordia que tendría y sobre el cual la derecha chilena se centraría y pondría todos los obstáculos posibles para su aprobación. El mensaje al indicar al Congreso el ámbito de aplicación del Convenio señalaba:

"(…) el Convenio, en el mismo artículo 1° dispone "La utilización del término "pueblos" en este Convenio no deberá interpretarse en el sentido de que tenga implicación alguna en lo que atañe a los derechos que pueda conferirse a dicho termino en el Derecho Internacional".

Esta norma constituye un marco de referencia importante para todo Estado que decida incorporarse al Convenio, dándole un límite claro, por lo menos en lo conceptual, a su aplicación y a sus eventuales efectos en el tiempo. En otras palabras la intención o el objetivo manifiesto del Convenio es no crear situaciones, no obstante la reglamentación propuesta, que puedan poner en peligro la unidad de los Estados o su integridad territorial. Más aún, podría sostenerse que en este sentido, al intentar mejorar o superar la posición relativa de ciertos grupos étnicos, el Convenio, está sirviendo de freno a cualquier tendencia separatista, pues propicia una mayor participación de estos pueblos en el quehacer nacional cuando este los afecte".[361]

---

[361] BIBLIOTECA DEL CONGRESO NACIONAL DE CHILE. *Historia del Decreto N° 236, Promulga el Convenio N° 169 sobre Pueblos Indígenas y Tribales en Países Independientes de la Organización Internacional del Trabajo*. Disponible en: <http://www.leychile.cl/Consulta/portada_hl?tipo_norma=XX2&nro_ley=236&anio=2012> [consulta: 22 de abril 2013].

Los representantes de la derecha, principalmente los del partido Unión Demócrata Independiente y Renovación Nacional, se opusieron férreamente a la aprobación del Convenio, utilizando argumentos muy variados, que oscilaban desde una negación de la diversidad cultural de Chile[362], la poca "conveniencia" de tratamientos diferenciados a los pueblos indígenas[363] y la preocupación de que el Convenio se pudiera interpretar como derechos de autogobierno de los pueblos indígenas[364].

---

[362] El Diputado Gonzalo Ibáñez, del Partido Unión Demócrata Independiente, durante la Discusión en Sala del Convenio N° 169, en la sesión N° 39, del 11 de abril del año 2000, señala que: "(...) considero inapropiado vernos abocados a discutir un convenio como el que ahora se nos presenta. No necesitamos para nada que vengan de afuera a darnos lecciones de cómo tratar en justicia y derecho a quienes componen nuestra patria, y menos a los grupos indígenas que habitan entre nosotros como parte de éste único cuerpo social, cultural y político que es Chile. Lo único que puede resultar de la aplicación de este Convenio entre nosotros, es dar pie para que nuestro país sea objeto de una nueva intervención proveniente de esta legión de personas y organismos que, por dentro de nuestras fronteras y fuera de ellas, sólo busca desestabilizar y crear condiciones de caos y anarquía, porque es en esas condiciones en que ellos se solazan". En: Ibíd., pp. 94-95.

[363] El Diputado del Partido Político Renovación Nacional, Gustavo Alessandri, durante la Discusión en Sala del Convenio N° 169, en la sesión N° 34, del 22 de marzo del año 2000, señala que: "Por el contrario, el Convenio que cuya tramitación tratamos hoy, tiende, sin rodeos, a fortalecer minorías y a consagrar el principio de que las etnias son una parte de la nación, impermeable a su integración y a toda política de fusión cultural. Éste es, precisamente, el porqué de que el proyecto sea altamente inconveniente para países que, como el nuestro, están siendo objeto en estos días de una labor de zapa en su dignidad nacional y paz social (...) Desde mi punto de vista, el problema de fondo es que, en virtud de esta legislación y otras que se han intentado poner en vigencia últimamente, se esta segregando nuestra nación y no integrándola, como debería suceder". El argumento anotado, es muy similar a los utilizados por algunos representantes del partido Conservador en los Estados Unidos para éste tipo de reformas normativas, tal y como apunta, Nancy Fraser: "En debates estadounidenses recientes, por ejemplo, algunos conservadores han afirmado que la discriminación racial acabó con la desaparición de Jim Crow, por lo que la discriminación positiva es innecesaria, injustificada y una violación de la dignidad de las minorías: así apelan a la ausencia de una jerarquía de estatus racial, jurídicamente codificada, con el fin de enmascarar formas nuevas de racismo y de desacreditar las iniciativas orientadas a remediarlo, al tiempo que insinúan que las desigualdades raciales restantes reflejan auténticas disparidades de competencia y capacidad. En casos como éste, los ideales liberales igualitarios contribuyen al proceso mediante el que se elaboran y reproducen las formas característicamente modernas de subordinación de estatus en la sociedad capitalista". En: FRASER, Nancy (2006). Ob., cit., p. 60.

[364] En: BIBLIOTECA DEL CONGRESO NACIONAL DE CHILE. Historia del Decreto N° 236, Ob., cit., p. 48. El Diputado Haroldo Fossa, del Partido Renovación Nacional, durante la Discusión en Sala del Convenio N° 169, en la sesión N° 35, del 23 de marzo del año 2000, señala que: "Nuestras etnias no resuelven sus problemas a través de este tratado. Por el contrario, se complican. Mi interpretación, como la de muchos que he consultado, es que categóricamente contiene una idea de independencia, de pueblo, de un estado dentro de otro, y

Argumentaban que éste era inconstitucional, y alteraba las bases de la institucionalidad política chilena.

Así el año 2000, luego de la aprobación del Convenio en la Cámara de Diputados, 31 diputados, todos pertenecientes a partidos de derecha, presentaron ante el Tribunal Constitucional, un requerimiento de inconstitucionalidad del Convenio N° 169 de la OIT, por razones de fondo y de forma. En la forma, argumentaban que el Convenio se debió aprobar con rango de ley orgánica constitucional y no simple, como lo fue. En el fondo, solicitaban que todo el Convenio se declarará inconstitucional por contravenir las Bases de la Institucionalidad. Según lo requirentes, El Convenio interpone entre el Estado y los chilenos de origen indígena a los "pueblos indígenas", a quienes se les transfieren atribuciones que implican un claro ejercicio de soberanía, limitando las competencias de los órganos públicos y los derechos de los nacionales de origen indígena. Para los requirentes esto implica crear entes colectivos a los que se les atribuye competencias y limita el ejercicio del poder público, lo que no se encuentra contemplado por la Constitución y (según ellos) sería contraria a la misma.

El 4 de agosto del año 2000, el Tribunal Constitucional, resolvió el requerimiento presentado, rechazándolo en su integridad. Como criterios para argumentar su rechazo, señaló que había que diferenciar las normas que fueran autoejecutables de las disposiciones programáticas y que muchas de las normas del Convenio salvan su constitucionalidad al estar sujetas a una posible compatibilidad en el caso concreto con la constitución.

---

esto, a mi juicio, es inadmisible. No lo permite la Constitución ni podríamos darle tal carácter". En: Ibíd., p. 83.

La sentencia del Tribunal Constitucional, ha recibido múltiples críticas, tanto por quienes consideraban que el Convenio N° 169 debía ser declarado inconstitucional[365], como por quienes entienden que la interpretación que hace el Tribunal del Convenio, le resta eficacia y restringe notoriamente su posterior aplicación[366]. Desde la última óptica, para Vicente Cabedo, el fallo del Tribunal Constitucional, principalmente, al declarar compatible con la Constitución los artículo 9° y 10° del Convenio[367], sólo en la medida que ello sea posible, deja patente que el monismo jurídico es parte esencial de la institucionalidad chilena.[368]

Además, la sentencia en comento ha sido criticada porque: "(…) el Tribunal en su intención de armonizar el Convenio con la Constitución, pretendió negar algo que aquel establece con toda claridad: que a quienes se confieren derechos y se transfieren potestades y atribuciones públicas es a los pueblos. Asimismo violó la Convención de Viena que establece claramente las reglas de interpretación de tratados internacionales, que entre otras cosas, establece como parte del texto del mismo su Preámbulo,

---

[365] Véase: DONOSO, Sebastián (2008). *Chile y el Convenio 169 de la OIT: Reflexiones sobre un desencuentro.* Disponible en: http://www.politicaspublicas.uc.cl/media/publicaciones/pdf/20100623180129.pdf [consulta: 2 mayo 2013].

[366] Véase: CONTESSE, Jorge y LOVERA, Domingo (2010). "Pueblos indígenas y participación política en la óptica del Tribunal Constitucional". *Anuario de Derecho Público UDP.* Año 1, pp. 21-37.

[367] En el artículo 9° del Convenio, se establece el deber del Estado, por una parte, de respetar los métodos utilizados por los pueblos indígenas para la represión de los delitos cometidos por sus miembros, y, por otra, de tener en cuenta las autoridades y tribunales estatales las costumbres de los pueblos indígenas en materias judiciales. En el artículo 10°, se establece la necesidad de que los procesos penales, tomen en cuenta, al momento de imponer sanciones, las características económicas, sociales y culturales del pueblo al que pertenece el indígena imputado, dando preferencia a sanciones diferentes a las de privación de libertad.

[368] CABEDO, Vicente (2004). Ob., cit., pp. 270-274. Para él, es precisamente situaciones como ellas, las que ameritan de forma urgente: "(…) la incorporación en la Constitución del reconocimiento de la diversidad étnica y cultural, junto con una serie de derechos colectivos de los pueblos indígenas, entre ellos el derecho a su propio Derecho y a su propia jurisdicción".

que en el Convenio N° 169 es inequívoco al respecto"[369]. En ese mismo sentido, Matías Meza-Lopehandía señala que el tribunal en su sentencia obvia que la voz "pueblos" fue limitada en el convenio para evitar eventuales procesos separatistas, pero en ningún caso para socavar la naturaleza jurídica del grupo, el que se reconoce como tal y por ende es sujeto de derecho.[370]

El Tribunal constitucional, en su sentencia del año 2000[371], deja en evidencia la tensión que existe en la relación entre las normas y principios que establece la Constitución Política de la República y el Convenio N° 169, optando por limitar y restringir el último, para que éste pudiera declararse constitucional. ¿Era posible que el Tribunal Constitucional declarara constitucional el Convenio, sin que tuviera que limitarlo y restringir sus alcances? ¿Bajo qué prisma interpretaran los tribunales de justicia la aplicación del Convenio? ¿Aplicarán el Convenio según sus alcances originales o lo limitarán bajo los criterios señalados por el Tribunal Constitucional?

En ese sentido, Matías Meza-Lopehandía, señala que el Convenio N° 169 al ser declarado constitucional, ha ingresado al sistema normativo chileno, quedando su contenido y alcance determinado por la jurisprudencia internacional, por lo que éste al ser un tratado internacional que versa

---

[369] MEZA-LOPEHANDÍA, Matías (2010). *El Convenio N° 169 sobre Pueblos Indígenas y Tribales en Países Independientes en el sistema normativo chileno*. Disponible en: <http://observatorio.cl.pampa.avnam.net/plibro/ficha/205> [consulta: 13 marzo 2013], p. 138.
[370] MEZA-LOPEHANDÍA, Matías (2010). Ob., cit., p. 139.
[371] El mismo argumento se puede utilizar para el pronunciamiento del Tribunal Constitucional del año 2008, una vez que el Convenio ya había sido ratificado por el Congreso Nacional, que tuvo conforme al control obligatorio de los tratados internacionales que contienen normas de naturaleza orgánicas constitucionales.

sobre derechos humanos, tiene el efecto de limitar el ejercicio de la soberanía nacional.[372]

Otra respuesta posible, y basada en la idea de identidad constitucional, sería que en el caso que no se pueda conciliar la norma internacional con el Derecho nacional, se justifica que el juez nacional prefiera la aplicación de las normas internas sobre las internacionales.[373]

Al ser un tema abierto, cobra relevancia la necesidad de una reforma Constitucional que abra el techo ideológico de la Constitución y permita la perspectiva multicultural dentro de la misma.[374]

Luego de la aprobación del proyecto por parte de la Cámara de Diputados y Sentencia del Tribunal Constitucional, recién el año 2007 se reactivó la discusión del Convenio en el Senado, debido a una creciente movilización y protesta de las organizaciones indígenas en Chile, principalmente del pueblo Mapuche y Rapa Nui. En este contexto los partidos políticos de la Concertación por la Democracia y de la Derecha alcanzaron un acuerdo político, bajo la condición de que en la aprobación del Convenio, se incluyera una declaración interpretativa del artículo 35 del mismo.[375]

---

[372] MEZA-LOPEHANDÍA, Matías (2010). Ob., cit., p. 140.
[373] Véase: NÚÑEZ, Manuel (2008). "Introducción al concepto de identidad constitucional y a su función frente al derecho supranacional e internacional de los derechos de la persona". *Revista Iut et Praxis*, N° 2, pp. 331-372. Ello puede incluso jugar un papel en el marco de la protección internacional de los derechos humanos y el Sistema Interamericano de Protección de los Derechos Humanos, a través del "margen de apreciación" de los Estados. Al respecto véase: DELPIANO, Cristián y QUINDIMIL, Jorge (2012). "La protección de los Derechos Humanos en Chile y el margen de apreciación nacional: fundamentos jurídicos desde la consolidación democrática". En: *El margen de apreciación en el Sistema Interamericano de Derechos Humanos: Proyecciones Regionales y Nacionales*. Ciudad de México, Universidad Nacional Autónoma de México, pp. 155-181.
[374] En las reflexiones finales del capítulo me referiré a esta idea.
[375] Dicha declaración señalaba lo siguiente: "El Gobierno de la República de Chile, al ratificar el Convenio N° 169 de Pueblos Indígenas y Tribales en Países Independientes, formula una declaración interpretativa del artículo 35 del referido instrumento internacional, en el sentido

Sin embargo, el acuerdo precitado no se vio reflejado en la aprobación del Convenio, ya que la Constitución Política de la República en su artículo 54 N° 1 establece que el Congreso puede aprobar o desechar los tratados internacionales que el Presidente le presente para su aprobación. Sólo puede sugerir reservas o declaraciones interpretativas, cuando en conformidad al derecho internacional o al propio tratado que se ratifica, ellas procedan, lo que en éste caso, en conformidad con el artículo 19.8 de la Constitución de la OIT, no era posible.[376]

Las gestiones para limitar el alcance del Convenio N° 169 siguieron hasta el depósito mismo del Convenio en la OIT en su sede en Ginebra, el día 8 de agosto del 2008[377], ya que se incluyó en el depósito un intercambio epistolar entre el Ministro Secretario General de la Presidencia, José Antonio Viera Gallo y el Director de la Oficina sub-regional de la OIT para el Cono Sur. En dicho intercambio, el Ministro chileno, señalaba a la OIT la declaración interpretativa que había realizado el Congreso sobre el artículo 35 del Convenio. Con esta acción el gobierno buscaba que la OIT tuviera presente la declaración interpretativa del artículo 35 del Convenio, al momento del depósito del tratado internacional.

Sin embargo, para la OIT la acción de la Presidencia de la República de Chile, violaba el artículo 19.8 de la Constitución de la OIT, exigiéndole un nuevo depósito del Convenio por parte de Chile, el que fue realizado sin más que la aprobación del Congreso el día 15 de septiembre de 2008,

---

que éste sólo es aplicable en relación a los tratados internacionales ratificados por Chile y que se encuentran vigentes".
[376] SILVA, Hernando (2010). *El largo proceso de tramitación para la aprobación del Convenio N° 169 de la OIT*. Disponible en: <http://observatorio.cl.pampa.avnam.net/plibro/ficha/205> [consulta: 13 marzo 2013], p. 101.
[377] Ibíd., pp. 101-102.

promulgándose mediante el Decreto N° 236 el Convenio N° 169 de la OIT (publicado en el Diario Oficial el día 14 de octubre de 2008).

2.3.2. Reformas Constitucionales truncadas y en tramitación.

El reconocimiento constitucional de la diversidad cultural de Chile y por ende de los pueblos indígenas, ha sido propuesto por parte del ejecutivo y de legisladores particulares al Congreso Nacional en múltiples oportunidades[378]. Sin embargo, todas ellas han tenido el mismo resultado: dilación y rechazo por parte de los partidos de la derecha chilena, en particular, de parte de la Unión Demócrata Independiente.

Reformar la Constitución, para incorporar el reconocimiento constitucional de los pueblos indígenas, es una de las principales demandas de los movimientos indígenas de Chile[379]. Además, dicho punto ha sido

---

[378] Sin ánimo exhaustivo, los proyectos de reforma constitucional más relevantes son: 1) Ingresada por el Presidente de la República, don Patricio Aylwin el 7 de enero de 1991 (Boletín N° 513-07); 2) Presentada por el Diputado Francisco Huenchumilla, de la Democracia Cristiana, en el año 1999; 3) Presentada por el Presidente de la República, don Eduardo Frei Ruiz-Tagle, en el año 1999 y reimpulsada el año 2002 por el Presidente de la República don Ricardo Lagos Escobar; 4) Proyecto de reforma constitucional sobre reconocimiento de los pueblos indígenas, moción presentada por los senadores Andrés Allamand (RN), Carlos Cantero (RN), Alberto Espina (RN), José García (RN) y Sergio Romero (RN), el 6 de septiembre de 2007 y refundida con el mensaje presentado por la ex Presidenta de la República Michelle Bachelet el 23 de noviembre de 2007 (Boletines Legislativos N°s 5324-07 y 5522-07, refundidos), el que se encuentra actualmente en tramitación legislativa (primer trámite constitucional); 5) Proyecto de reforma constitucional sobre "participación y representación política de los pueblos indígenas", moción presentada por los diputados: Gonzalo Arenas (UDI), Pepe Auth (PPD), Fuad Chahín (DC), Alfonso de Urresti (PS), Enrique Jaramillo (PPD), Fernando Meza (PRSD), Cristián Monckeberg (RN), Guillermo Tellier (PC), Joaquín Tuma (PPD) y Orlando Vargas (PPD). Proyecto ingresado el 11 de julio de 2012 (Boletín N° 8438-07), el que se encuentra actualmente en tramitación legislativa (primer trámite constitucional).
[379] Ello es reconocido en el mensaje del proyecto de reforma constitucional que fue presentada por la ex Presidenta de la República de Chile, Michelle Bachelet, el que señala: "Los fundamentos de esta propuesta son los siguientes: 1. Demanda de los pueblos indígenas. En el pasado We Tripantu de 2006, o año nuevo indígena, se hizo un llamado a todas las organizaciones, dirigentes, comunidades, mujeres y hombres indígenas de este país para participar de un gran proceso de dialogo en torno a los intereses y propuestas de los Pueblos Originarios de Chile. Este proceso se denominó Debate Nacional de los Pueblos Indígenas, y participaron más de doscientas organizaciones indígenas pertenecientes a los nueve pueblos originarios de Chile. En sus conclusiones, el reconocimiento constitucional de los pueblos indígenas fue uno de los temas exigidos, abarcando desde su inmediata exigencia hasta la

recomendado y observado al Estado chileno por parte de organismos internacionales protectores de los derechos humanos.

El Relator Especial sobre la situación de los derechos humanos y libertades fundamentales de los indígenas de las Naciones Unidas, en uno de sus informes sobre Chile, en el año 2003, señala como una de sus recomendaciones y hace un llamado al Congreso de Chile para que apruebe a la brevedad posible la iniciativa de reforma constitucional en materia indígena[380]. Ello por cuanto, considera el Relator Especial que toda la problemática indígena:

---

necesidad de consensuar una indicación que contenga los elementos centrales requeridos para satisfacer los años de espera. Del estudio de estas propuestas, así como de las discusiones legislativas efectuadas durante estos años, se concluye que el elemento común es la falta de acuerdos en torno a sus alcances, contenidos y texto. Esta ha sido una larga discusión, con encuentros y desencuentros, marcada por las diferentes fórmulas jurídicas que permitieran llegar a un consenso político. Esto no ha sido posible en dieciséis años". Por ello, llama profundamente la atención, que el proyecto de reforma constitucional fuera enviado al Congreso Nacional, sin la debida consulta a las organizaciones indígenas. Ello es una queja de parte de muchas, las que además no se encuentran conformes con el proyecto enviado al Congreso. En ese sentido, en el último informe sobre Chile, del Relator especial de la ONU para los pueblos indígenas, James Anaya, en el año 2009, se puso atención sobre éste punto, diciendo: "En el curso de la visita del Relator Especial, el 7 de abril de 2009, el Senado de la República votó afirmativamente sobre la idea de llevar a cabo una reforma constitucional en materia indígena, sobre la base de una iniciativa legislativa promovida por el Gobierno en acuerdo con una comisión del Senado. El Relator Especial nota que dicha iniciativa podría representar un paso importante hacia el cumplimiento de la recomendación del anterior Relator Especial de "[aprobar] a la brevedad posible la iniciativa de reforma constitucional en materia indígena" (…) En su comunicado de prensa al concluir la visita a Chile el 7 de abril de 2009, el Relator Especial señaló su "preocupación por algunos aspectos de la propuesta, sobre todo la falta de un consenso con las organizaciones y dirigentes del país". Asimismo, enfatizó que "es crucial asegurar que se lleve a cabo un proceso de consulta sobre la reforma constitucional que se conforme a las normas internacionales aplicables, incluidas aquellas reconocidas en el Convenio N° 169 y en la Declaración de las Naciones Unidas sobre los derechos de los pueblos indígenas, y que, el resultado de la reforma también sea conforme a estas normas". Ver informe completo en: CONSEJO DE DERECHOS HUMANOS, NACIONES UNIDAS (2009). *Informe del Relator Especial sobre la situación de los derechos humanos y las libertades fundamentales de los indígenas, James Anaya. La situación de los pueblos indígenas en Chile: Seguimiento a las recomendaciones hechas por el Relator Especial anterior.* Disponible en: <http://daccess-dds-y.un.org/doc/UNDOC/GEN/G09/162/39/PDF/G0916239.pdf?OpenElement> [consulta: 29 marzo 2013].
[380] CONSEJO DE DERECHOS HUMANOS, NACIONES UNIDAS (2003). *Informe del Relator Especial sobre la situación de los derechos humanos y las libertades fundamentales de los indígenas, Sr. Rodolfo Stavenhagen, presentado de conformidad con la resolución 2003/56*

"(...) se da en un marco legislativo ambiguo y poco conducente, hasta ahora, la protección de las identidades de los pueblos originarios. La Ley Indígena en su redacción actual no contempla adecuadamente los mecanismos de protección de los derechos humanos de los pueblos indígenas, y ello también ha conducido a un sentimiento ampliamente expresado por los representantes indígenas entrevistadas por el Relator Especial, que la actual ley no les brinda suficiente protección. Es por ello, y también por otras consideraciones que tienen que ver con la posición de exclusión social, marginación y subordinación que los indígenas ocupan en la sociedad chilena, que estos demandan su reconocimiento constitucional en el Estado".[381]

Asimismo, en las propuestas del Informe final de la Comisión de Verdad Histórica y Nuevo Trato, se planteaba la necesidad de reformar la Constitución Política de la República, para que se reconociera constitucionalmente la diversidad cultural de Chile. En dicho informe, se señalaba lo siguiente:

"Perfeccionar la Constitución Política del Estado, introduciendo una regla incorporada en las Bases de la Institucionalidad, que:

-Declare la existencia de los Pueblos Indígenas, que forman parte de la nación chilena, y reconozca que poseen culturas e identidades propias.

---

de   la   Comisión.   Disponible   en: <http://daccess-dds-ny.un.org/doc/UNDOC/GEN/G03/170/94/PDF/G0317094.pdf?OpenElement> [consulta: 29 marzo 2013].
[381] Ibíd., p. 16.

-Declare que los Pueblos Indígenas de Chile son descendientes de las sociedades pre-coloniales que se desarrollaron en el territorio sobre el que actualmente el Estado chileno extiende su soberanía, a las que están ligados por una continuidad histórica.

-Establezca el deber del Estado de garantizar la preservación de la diversidad étnico cultural de la nación y, por consiguiente, la preservación y el ejercicio de la cultura y la identidad de los Pueblos Indígenas, con pleno respeto a la autonomía de sus miembros; y que

-En consonancia con dicha declaración, reconozca y garantice el ejercicio de un conjunto de derechos colectivos a favor de los Pueblos Indígenas, de conformidad a las propuestas que en ese sentido se detallan más adelante".[382]

Luego, la Comisión de Verdad Histórica y Nuevo Trato proponía dar rango constitucional a una serie de derechos colectivos, que son de participación política, culturales, derecho consuetudinario indígena y de protección de tierras y territorios. Esta propuesta, como tal, no se cristalizó en un proyecto de reforma constitucional concreto, es decir, que recogiera todos los aspectos de la misma y se puede considerar como la más completa y ambiciosa elaborada por una Comisión creada por el propio el Estado.

Ahora bien, en cuanto a las propuestas que se ha discutido en el Congreso Nacional surgen las siguientes preguntas: ¿Qué ópticas han seguido los proyectos de reforma constitucional, para el reconocimiento de la diversidad cultural de Chile? ¿Cuáles han sido los principales argumentos dados en el Congreso Nacional para no reformar la Constitución Política de

---

[382] EGAÑA, Rodrigo (2008). Ob., cit., p. 535.

la República, en el sentido de incorporar el reconocimiento constitucional de los pueblos indígenas?

Las propuestas que se han presentado hasta ahora, para el reconocimiento constitucional de los pueblos indígenas, han seguido dos visiones ideológicas distintas, aunque siempre transitando dentro del liberalismo, desde su versión clásica más arquetípica a una con tímidos rasgos de liberalismo cultural. El punto central y de principal tensión entre estas dos visiones, es si se reconoce el sujeto colectivo de "pueblos indígenas" o el reconocimiento sólo es para incorporar a la Constitución la diversidad de origen de los chilenos. En ese sentido, Juan Faúndes señala:

> "Los proyectos de reforma y sus respectivas indicaciones, más allá de una u otra redacción pueden sintetizarse en dos tendencias ideológicas: Por una parte, la propuesta de Aylwin de 1991, Huenchumilla de 1999 y del ejecutivo del mismo año, reimpulsada el año 2002, genéricamente: reconocen la diversidad étnica y cultural de nuestra sociedad, a través de la existencia de "pueblos indígenas" que forman parte de la Nación chilena y habitan su territorio. La segunda tendencia, en general, sostenida a partir de los proyectos e indicaciones del bloque conservador, pretende establecerla en términos tales que se consagre constitucionalmente que la <<nación chilena es indivisible>> y que el Estado "reconoce la diversidad de origen de los chilenos", dado que los indígenas "constituyen parte esencial de las raíces de la Nación Chilena".[383]

---

[383] FAUNDES, Juan (2004). "El Reconocimiento de los pueblos indígenas en Chile: una propuesta de reforma al Estado". En: *Derechos Humanos y Pueblos Indígenas: Tendencias Internacionales y Contexto Chileno*. Temuco, Instituto de Estudios Indígenas, Universidad de la Frontera, p. 302.

A la primera tendencia, se puede sumar, en sus orígenes, el proyecto que presentó la ex Presidenta Michelle Bachelet y que se encuentra actualmente en tramitación. Sin embargo, con las indicaciones que éste ha sufrido, se podría señalar que se ha transformado en un proyecto híbrido jurídicamente, ya que por un lado reconoce el sujeto colectivo "pueblos indígenas", pero al mismo tiempo señala que la "nación chilena es indivisible".[384]

Los argumentos utilizados por el bloque de derecha para no reconocer constitucionalmente a los pueblos indígenas[385], han consistido en señalar lo inoficioso de ello, su preocupación por un posible movimiento separatista indígena[386], la necesidad de unidad nacional[387] y lo inconveniente del

---

[384] El texto de "consenso" que está pendiente de aprobación final en el Congreso Nacional, reformaría el artículo 4 de la Constitución por el siguiente: "La Nación chilena es una, indivisible y multicultural. El Estado reconoce la existencia de los pueblos indígenas que habitan su territorio y el derecho de sus comunidades, organizaciones e integrantes a conservar, fortalecer y desarrollar su identidad, cultura, idiomas, instituciones y tradiciones y a participar en la vida económica, social, política y cultural del país en la forma que establece el orden jurídico nacional. Los pueblos indígenas podrán organizar su vida de acuerdo a sus costumbres, siempre que ello no contravenga la Constitución y las leyes". Véase: Congreso Nacional, tramitación proyecto de ley, Boletines N°s 5324-07 y 5522-07.
[385] Una exposición clara de la postura de la Derecha, la entrega el Senador Hernán Larraín, de la Unión Demócrata Independiente, durante la tramitación del proyecto de reforma constitucional, que se encuentra vigente. En la votación del proyecto de acuerdo, el día 17 de marzo del 2009. Ver: Congreso Nacional, tramitación proyecto de ley, Boletines N°s 5324-07 y 5522-07.
[386] Llama profundamente la atención que la derecha recurra tanto a éste argumento, ya que él no tiene sentido jurídico alguno, salvo de tipo comunicacional, tomando en consideración que para el derecho internacional, es absolutamente claro que los pueblos indígenas no tienen derecho a la secesión, para un caso como el de Chile. Sobre ello, ver el punto 1.5. del capítulo primero del presente trabajo. Como muy bien señala Faundes: "En definitiva, puede afirmarse que al reconocer constitucionalmente a los pueblos indígenas no se pone en riesgo la integridad territorial ni la soberanía del Estado y tampoco implica dar pie al derecho a la independencia". En: FAUNDES, Juan (2004). Ob., cit., p. 305.
[387] En el debate de la Comisión del Senado realizado en el marco del proyecto presentado por el ex Presidente Ricardo Lagos, el entonces Senador Julio Canessa Robert quién llegó al Congreso en marzo de 1998 luego que el Consejo de Seguridad Nacional, lo designara como senador institucional, debido a su calidad de ex vicecomandante en jefe del Ejército, sobre la reforma propuesta, "expresó que este tema compromete la unidad nacional. Manifestó que su preocupación está centrada en el progreso, bienestar y desarrollo individual, familiar y colectivo de todos y cada uno de los chilenos, sin distinción de su ascendencia racial, de su clase social o de la religión que profese. La Nación chilena es una realidad social y cultural cuya unidad le parece irrenunciable, la que se ha ido formando a lo largo de 450 años de vida común, en que

reconocimiento de derechos colectivos para los pueblos indígenas[388].

Además, estos argumentos ocultan la preocupación del sector sobre que el reconocimiento Constitucional, sumado a los tratados internacionales sobre la materia, puede llevar a que en Chile exista un cambio importante en materia de propiedad, siendo ello (desde su óptica) nocivo para el normal funcionamiento del mercado y de la economía nacional.

Así, la posición de la derecha chilena, se ancla en los principios y valores establecidos en la Constitución de 1980 y han usado todos los mecanismos contra mayoritarios que ella franquea, para impedir que se reforme y se incorpore un reconocimiento constitucional a los pueblos indígenas.

2.3.3. Reformas Constitucionales en democracia: ¿nueva Constitución?

Desde la entrada en vigor la Constitución Política de 1980, el día 11 de marzo de 1981, ha sido objeto de múltiples reformas. En el año 1989, se

---

los elementos precolombinos y los procedentes de Europa se han fundido en una realidad nueva, cada vez más homogénea y con características propias. Está orgulloso de este proceso de integración que ha acogido a todos en una patria común. Por ello resultaría artificial el empeño en separar a los chilenos según su procedencia étnica, lo que considera una expresión de racismo, causa de un conflicto que puede llegar a convertirse en el fenómeno más importante del siglo XXI: el desgarro de la unidad nacional, con las consecuencias internas y externas que cualquiera puede imaginar. Si hay acuerdo en que la Nación chilena es una e indivisible, no divisa necesidad de modificar la Constitución, y respecto a los compatriotas de ancestro indígena, el deber del Senado es tomar decisiones que los favorezcan, integrándolos y no segregándolos, que es lo que se hace al distinguir o clasificar a los chilenos según su origen racial". En: PFEFFER, Emilio (2005). *Reformas Constitucionales 2005*. Santiago, Editorial Jurídica, p. 546.

[388] En el debate de la Comisión del Senado realizado en el marco del proyecto presentado por el ex Presidente Ricardo Lagos, el Senador Hernán Larraín Fernández, representante del Partido Unión Demócrata Independiente, "estimó que la voz "pueblos" tiene hoy una connotación jurídica especial que la vincula a la calidad de "sujeto de derechos" y, por ende, a la consecuente aspiración a la autonomía. Si se la usara en su sentido meramente antropológico, no vería problemas, pero todas las dudas son valederas si se intenta incorporarla en un cuerpo eminentemente jurídico, como es la Carta Fundamental. Tan reales son estas dudas, que la propia OIT en el Convenio N° 169 hizo una expresa salvedad en cuanto a que el término en cuestión no debería entenderse, en el ámbito regulado por esa convención, en el sentido que se le da en el Derecho Internacional. Destacó que esto es especialmente complejo en el caso de la Isla de Pascua, donde el reconocimiento del carácter de pueblo de la etnia rapa nui podría favorecer los reclamos por reforzar su identidad y, eventualmente, su autonomía". En: Ibíd., pp. 547-548.

introdujeron 54 enmiendas, con las cuales se selló el pacto entre la Dictadura militar de Augusto Pinochet y la Concertación[389]. Dichas reformas comenzaron a regir el día 11 de marzo 1990.

Dentro de estas reformas, está la del artículo 5° de la Constitución, al que se le incorporó el inciso segundo[390]. Mediante dicha reforma, según Francisco Cumplido, Ministro de Justicia del ex Presidente Aylwin y parte del grupo que negoció los cambios constitucionales con la Dictadura Militar, desde una posición iusnaturalista, expone sobre el sentido que le dieron al artículo 5° precitado:

> "Cuando estudié el problema, tuve presente que tanto en la Constitución de 1925, como en la de 1980, la doctrina incorporada a ellas era la de la existencia de los derechos humanos anteriores al Estado y que, por consiguiente, las Constituciones lo único que hacían era asegurarlos, y se asegura lo que ya existe. Ambas Constituciones, adhiriendo a la preexistencia de los derechos al Estado, los incorporaban a la Constitución para proclamarlos, protegerlos y promoverlos, al mismo tiempo que reglamentarlos en la normalidad y en las situaciones de excepción constitucional, como

---

[389] Tal y como anota Francisco Cumplido: "La estrategia de la Concertación consistió, entonces, en introducir el mayor número de reformas que debilitaran el objetivo tenido en cuenta por los autores de la Constitución. En 1989 se concordaron entre la Concertación, el Partido Renovación Nacional y el gobierno militar 54 reformas que fueron definitivamente aprobadas por el procedimiento de las disposiciones transitorias de la Constitución, es decir, acuerdo de la Junta de Gobierno, y plebiscito. El 87,5% de los votos emitidos por los ciudadanos estuvo de acuerdo por la reforma constitucional". En: CUMPLIDO, Francisco (2005). *Reforma Constitucional en Chile*. Disponible en: <http://biblio.juridicas.unam.mx/libros/> [consulta: 28 marzo 2013], p. 2.

[390] Sobre la discusión doctrinaria que ha originado el inciso segundo del artículo 5 de la Constitución Política, véase: CORVERA, Diego (1999). "Constitución y Tratados sobre Derechos Humanos, el artículo 5° de la C.P. de 1980". En: *Doctrinas Esenciales. Gaceta Jurídica, Derecho Constitucional*. Santiago, AbeladoPerrot, pp. 1-20. Asimismo, véase: Tribunal Constitucional, *Requerimiento de inconstitucionalidad*, Rol N° 346, 8 de abril de 2002.

enseñaba mi maestro el Profesor Gabriel Amunátegui Jordán respecto de la Constitución de 1925.

La Constitución de 1980 reforzó el carácter de los derechos humanos en el sistema constitucional chileno. En efecto, el inciso segundo del artículo 5°, establece, nada menos, que el ejercicio de la soberanía reconoce como limitación el respeto a los derechos esenciales que emanan de la naturaleza humana. Coloca pues sobre la soberanía a tales derechos. Por su parte, el Artículo 1° prescribe que las personas nacen libres e iguales en dignidad y derechos, afirmación contenida en varias Convenciones sobre derechos humanos. Agrega que el Estado está al servicio de la persona humana. En la historia fidedigna de esta disposición constitucional quedó expresa constancia que la protección constitucional se refiere no sólo a los derechos establecidos en ella, sino a todos los que son inherentes a la naturaleza humana, como asimismo se reconoció que tales derechos no sólo son los enumerados en el texto de la Constitución, en los capítulos segundo y tercero, sino también los que formen parte del acervo cultural de la humanidad y que son propios de la naturaleza humana (Actas de la Comisión de la Nueva Constitución, sesión 203)".[391]

Como se puede apreciar, la reforma en comento, afianza la idea iusnaturalista de la Constitución, de su carácter pre política y que protege derechos que serían supuestamente anteriores al Estado. Debiendo interpretarse el sentido dado a dichos derechos que emanarían de la naturaleza humana, en la forma en que ellos fueron concebidos por los

---

[391] CUMPLIDO, Francisco (2003). "La reforma constitucional de 1989 al inciso 2° del artículo 5 de la Constitución: sentido y alcance de la reforma. Doctrina y jurisprudencia". *Revista Iut et Praxis*. N° 1, pp. 365-374.

ideólogos de la Constitución, siendo las actas de la Comisión de estudios de la Nueva Constitución su expresión más fidedigna.

Me detengo en este punto, debido que a juicio de algunos autores, con la incorporación del inciso segundo del artículo 5° de la Constitución, sería posible defender los derechos de los pueblos indígenas, ya que estos en virtud de los tratados internacionales que versan sobre derechos humanos[392], permitirían incorporar tales derechos a la Constitución[393]. Difiero de dicha interpretación, aun cuando me parece del todo bien intencionada, porque los derechos de los pueblos indígenas incorporados en los tratados internacionales, colisionan permanentemente con el modelo político e ideológico creado por la Constitución de 1980, y con la reforma del artículo 5 no se logra superar dicho marco. Ello se debe a que, la reforma, es coincidente con ella, y además porque los derechos indígenas incorporados en los tratados, sólo podrían desarrollar y ampliar los derechos fundamentales que la propia constitución establece.[394]

Luego, durante los gobiernos de los ex presidentes Aylwin y Frei, se logró modificar el régimen de la administración local y regional, reducir el mandato presidencial de 8 a 6 años y aprobar una reforma al Poder Judicial, para la implementación de la Reforma Procesal Penal.

Sin embargo, pese a las reformas aprobadas, tal como señala Francisco Cumplido, al momento en que asumió el ex Presidente Ricardo Lagos, esto es el año 2000, subsistían los siguientes enclaves autoritarios:

---

[392] Sobre la discusión que existe en la doctrina nacional, acerca de la jerarquía de los tratados internacionales que versan sobre derechos humanos y su incorporación al sistema de fuentes. En: Ídem.
[393] En ese sentido véase: MEZA-LOPEHANDÍA, Matías (2009). Ob., cit., pp. 124-128.
[394] En ese sentido véase: RUIZ-TAGLE, Pablo (2001). "Presentación: Constitucionalidad de los tratados internacionales en Chile". En: *Los tratados internacionales en la jurisprudencia constitucional*. Santiago, Fundación Facultad de Derecho, Universidad de Chile, pp. 5-15.

"(…) la existencia de los senadores designados y vitalicios, lo que implicaba que no había una cabal representación política; el sistema electoral binominal, que no es ni mayoritario ni proporcional, sino arbitrario; el poder de seguridad en fuerzas armadas garantes de la institucionalidad y limitantes de las facultades del gobierno civil; la integración y atribuciones del Tribunal Constitucional en que participaban poderes burocráticos y se podía llegar al gobierno de los jueces; el procedimiento de reforma de la Constitución, que pese a las anteriores modificaciones de la Carta se ha constituido en un obstáculo para que los gobiernos democráticos introduzcan modificaciones a la Constitución, a menos que los proyectos cuenten con un alto consenso, especialmente en el Senado".[395]

Así en el año 2005, durante el mandato del ex Presidente Ricardo Lagos, se realizó una reforma constitucional mediante la cual se logró remover a los senadores designados y vitalicios; el poder de garante de la seguridad nacional a las Fuerzas Armadas; se reformó la integración, atribuciones y sistema de nombramiento de los ministros del Tribunal Constitucional; parcialmente la composición del Senado.

Dichas reformas, junto a otras que se realizaron dicho año y que perfeccionan la democracia, instalaron el debate en el seno de la sociedad y en particular en la doctrina constitucional, si podíamos hablar de una nueva constitución o no.

En ese sentido el profesor Francisco Zúñiga, propone para abordar el debate realizar una distinción de planos[396]. Un plano sería el político-

---

[395] CUMPLIDO, Francisco (2005). Ob., cit., p. 2.
[396] ZUÑIGA, Francisco (2007). Ob., cit., pp. 349-370.

institucional y el otro, el económico-social de la Constitución. En ese sentido:

"En el plano político-institucional la Constitución Política de la República es una "nueva" Carta, ya que con la reforma constitucional de 2005 se cierra en lo formal la transición al purgar de la Constitución sus "enclaves autoritarios", su estatuto iusfundamental transitorio, así como la firma puesta en el texto por el gobernante de la época, la Junta de Gobierno y sus ministros. En cambio en el plano económico-social (derechos civiles, orden público económico, Constitución Económica y Constitución Social) la Constitución vigente es en esencia la "vieja" Carta de 1980, en la que cristalizan, principalmente en su parte dogmática (valores, principios, derechos fundamentales y garantías), los componentes ideológicos (originalmente autoritarios, neoliberales, iusnaturalistas, y lejanamente corporativistas) de una refundación autoritaria del capitalismo".[397]

Así la constitución con las reformas incorporadas en el 2005, sigue siendo la vieja Constitución de 1980, ideada bajo los valores y prismas ideológicos ya señalados[398], que en lo social-económico, proyecta y moldea un tipo de estado monocultural y neoliberal.

Además, viendo el asunto según el prisma que plantea Fernando Atria, la Constitución Política de 1980, pese a sus reformas (incluida la de 2005) sigue siendo la misma, ya que mantiene la neutralización de la agencia política del pueblo.[399]

---

[397] Ibíd., p. 351.
[398] Al respecto, revisar el punto 2.2 del Capítulo II, del presente trabajo.
[399] ATRIA, Fernando (2013b). Ob., cit., p. 44.

Con ello, en lo que concierne a la apertura del techo ideológico de la Constitución, a la luz de las reformas que ha sufrido, en el plano de la multiculturalidad, en sus líneas gruesas, ella sigue anclada en los principios y valores construidos por los ideólogos de la Constitución de 1980. Bajo ese prisma, la legislación de tipo indígena que se ha aprobado desde 1990 en adelante, busca incorporar una perspectiva pluralista cultural, de tipo liberal cultural atenuada, pero sus preceptos entran en colisión constante con una Constitución, que busca idear una "nación" culturalmente igual, que reconoce derechos individuales e iguales (formalmente), sin derechos colectivos de grupo alguno, donde uno de sus ejes fundamentales para el desarrollo económico social de quienes habitan el territorio es la propiedad privada, la libertad de empresa y la libre circulación de los bienes y la riqueza.

Además, la autodeterminación indígena, choca frontalmente con una Constitución Política ideada para neutralizar la acción del pueblo en su conjunto y, por ende, de los indígenas y de los pueblos indígenas como tales (con mayor razón).

Esta tensión se ve con claridad en el largo proceso de aprobación del Convenio N° 169 de la OIT y en lo que ha sido su implementación en la práctica, todo ello, tomando en consideración que el Tribunal Constitucional, en los dos pronunciamientos que realizó al respecto, con el fin de compatibilizarlo con la Constitución, limitó el entendimiento del mismo en aspectos cruciales.[400]

---

[400] Al respecto, revisar el punto 2.3.1.2. del Capítulo II, del presente trabajo.

2.4. Desarrollo normativo en materia de inmigración.

2.4.1. Panorama General.

En la última década, producto de muchos factores[401], ha crecido considerablemente el número de personas que habitan el país que tienen una nacionalidad diferente a la chilena.

Según los datos entregados en el Censo de 2012, los extranjeros que habitan en nuestro país ascienden a 339.536 personas que representa un 2,04% de la población total. De ellos, destaca la población que proviene de: 1) Perú: 103.624 (30,52%); 2) Argentina: 57.019 (16,79%); 3) Colombia: 27.411 (8,07%); 4) Bolivia: 25.151 (7,41%); 5) Ecuador: 16.357 (4,82%).[402]

Las cifras anteriores varían significativamente a lo largo del territorio nacional, siendo más importantes en el norte del país. Por ejemplo, en la Región de Antofagasta, el porcentaje (según el último censo) de inmigrantes alcanza el 10%.[403]

Como Chile no ha sido históricamente un país receptor de migración, ha carecido de una política integral en la materia, reaccionando política y

---

[401] Para una aproximación a las causas de la creciente inmigración en Chile, véase: RIVEROS, Edgardo (2013). *La migraciones y sus efectos jurídicos, políticos, sociales y económicos: el caso chileno.* Santiago, Fundación Konrad Adenauer, pp. 39-42.

[402] Lamentablemente, debo poner la advertencia de que los datos entregados por el Instituto Nacional de Estadísticas sobre el CENSO del año 2012 se encuentran en revisión, debido a las incompetencias cometidas por sus autoridades en la realización del CENSO de población. Las cifras del CENSO de población del año 2002 arrojaban un porcentaje de extranjeros en el país que alcanzaba el 1,2% de la población. Ello representaba un aumento del 75% respecto del CENSO de 1992.

[403] Se debe tener en cuenta, que en Chile existe una ausencia de datos estadísticos en la materia. La principal fuente es el CENSO, pero no se ocupan otras encuestas para medir con mayor precisión el fenómeno. Esta ausencia de datos, es preocupante, ya que para la esfera pública política, no se reconocen los esfuerzos o problemas individuales, cuando ellos no son parte del programa de organizaciones políticas o movimientos sociales. Al respecto ver: HONNETH, Axel (2006). Ob., cit., pp. 95-97.

legislativamente a los fenómenos que causan la inmigración, más que a seguir algún tipo de política pública y legislativa que aborde el tema de forma general. La tendencia universal, a la hora de elaborar una política migratoria, es armonizar la capacidad institucional del país, la política pública y la necesaria protección de los derechos humanos de los migrantes. Sin embargo Chile, quizás por su condición de expulsor más que de polo de atracción, nunca ha tenido una política clara en esta materia. Más aún, documentos históricos hablan de consideraciones que podrían considerarse racistas y que tenían como fin dotar al país de una "estructura cultural superior".

En cuanto a la realidad actual de los inmigrantes en Chile, Macarena Machin, identificó que éstos son objeto de segregaciones de tipo laboral y espacial, de discriminaciones por su origen y sexo, precariedad laboral[404] y de un desigual acceso a los servicios básicos[405]. Además, hace una síntesis de diversos estudios sociológicos realizados en Chile y que tienen que ver con la percepción que tienen los chilenos hacia los inmigrantes, el cual, en términos generales, es de rechazo[406]. Para una mejor ilustración, cito:

"Un estudio realizado por la Fundación Ideas (2009) identifica tres categorías predominantes de discriminación: la situación socioeconómica (27,5%), la nacionalidad (18,7%) y la étnica (15,3%). En este mismo estudio se preguntó por la frecuencia de la discriminación, un 37% dijo que siempre, un 10,6% señaló que casi siempre, un 43,5% afirmó que a veces, un 13,4 % casi nunca y un

---

[404] Véase: GAMMAGE, Sarah y HELMREICH, Anne (2013). "Migración y mercados laborales en Chile: un trabajo decente para todos". En: *Un Chile abierto: propuestas para una nueva Ley de Migración, N° 2*. Santiago, Centro Democracia y Comunidad, pp. 38-61.

[405] Véase: MACHIN, Macarena (2011). Ob., cit., pp. 42-46.

[406] Sobre la discriminación y falta de reconocimiento que viven a diario los inmigrantes (principalmente de origen andino) en Chile, véase: POLLONI, Leonardo y MATUS, Christian (2011). Ob., cit., pp. 79-85.

21,8% nunca. En esta línea resalta el estudio realizado por la Universidad de Chile en colaboración con la Universidad Católica (2008) donde un 27% de la población encuestada afirmó rechazar a los migrantes que viven en Chile. Este rechazo también se ha manifestado en las aulas, donde los niños y adolescentes consultados consideran que la nacionalidad peruana (32%), boliviana (30%) y en menor medida, la argentina (16%), son nacionalidades inferiores (UNICEF, 2004)".[407]

En el ámbito normativo[408], y en primer lugar el constitucional, la Constitución de 1980, en su artículo 1° preceptúa que el Estado está al servicio de la persona humana y su finalidad es promover el bien común, para lo cual debe contribuir a crear las condiciones sociales que permitan a todos y a cada uno de los integrantes de la comunidad nacional su mayor realización espiritual y material posible, con pleno respeto a los derechos y garantías que establece.

¿Qué entiende la Constitución por comunidad nacional? Al respecto, Macarena Machin, señala que: "Comunidad nacional hace referencia a los miembros que conforman una Nación, ahora bien, este concepto tiene dos acepciones inseparables: la primera, en el ámbito del derecho político, hace referencia a la nación como el conjunto de sujetos políticos en quienes reside la soberanía constituyente de un Estado; la segunda acepción, es la que hace referencia a la nación cultural, concepto social e ideológico que define a una comunidad humana con ciertas características culturales

---

[407] MACHIN, Macarena (2011). Ob., cit., p. 42.
[408] Para una completa recopilación y análisis de la normativa al respecto, véase: DONAIRE, Patricia (2013). "Efectos de la ratificación de los Tratados Internacionales de Derechos Humanos y Acuerdos Regionales en la legislación migratoria chilena". En: *Geografías de la espera*. Santiago, Uqbar editores, pp. 31-62.

comunes"[409]. Para ella, la Constitución entendería una concepción de comunidad nacional monocultural.[410]

Sin embargo, en la Constitución de 1980, se hizo una incorporación importante en materia de derechos para los inmigrantes. Ella dice relación con el reconocimiento al derecho de sufragio activo[411] a los extranjeros[412] que se avecinan en Chile por más de 5 años, tal y como se contempla en el artículo 14 del texto original de la Carta Fundamental.[413]

---

[409] MACHIN, Macarena (2011). Ob., cit., p. 48.

[410] Anota, que es justamente esta última acepción la que ha sido cuestionada por diversos países latinoamericanos (Bolivia, Ecuador y México, entre otros) cuya composición nacional se caracteriza por la pluralidad de culturas. El resultado de estas reivindicaciones es la elaboración de constituciones donde se reconoce explícitamente su composición como nación plurinacional, pluricultural o pluriétnica (Ídem).

[411] Pablo Santolaya, señala que el derecho a sufragio es una excepción a la universalización de los derechos humanos. Afirma que: "no existe ningún país en el mundo que reconozca incondicionalmente el derecho de sufragio activo y pasivo en todo tipo de elecciones a todos los extranjeros que se encuentren en su territorio. El punto más avanzado se encuentra en estos momentos, por una parte en Irlanda y Gran Bretaña, que proclaman tanto en su vertiente de sufragio activo como pasivo en todas las elecciones, pero exclusivamente para determinados tipo de extranjeros, por ejemplo, en el caso británico, los procedentes de Irlanda y de la Commmonwealth, que constituyen lo que podríamos denominar su comunidad histórica, y, por otra parte Chile y Uruguay que lo hacen de todos los extranjeros y en todos sus procesos electorales, pero exclusivamente en la vertiente de poder elegir, no de ser elegidos, y ligado, como en el caso de Uruguay, a periodos muy largos de residencia (…)". Véase: SANTOLAYA, Pablo (2008). "El Derecho de sufragio de los extranjeros". *Revista de Estudios Europeos*. N° 50, pp. 25-34.

[412] Sobre el derecho de voto de los extranjeros, desde una perspectiva comparada, consultar: HERVÉ, Andrés (2008). "El derecho de voto de los extranjeros en el ámbito universal". *Revista de Derecho Migratorio y Extranjería*. N° 18, pp. 9-44.

[413] La Constitución de 1980, en el artículo 14, en su texto original, estableció el derecho a sufragio para los extranjeros de la siguiente forma: "Artículo 14.- Los extranjeros avecindados en Chile por más de cinco años, y que cumplan con los requisitos señalados en el inciso primero del artículo 13, podrán ejercer el derecho de sufragio en los casos y formas que determine la ley". Ello constituyó una innovación, en relación a lo que contemplaba la Constitución Política de 1925, ya que ésta, restringía el derecho a sufragio sólo a los ciudadanos chilenos. Al respecto el artículo 7 señalaba: "Art. 7.- Son ciudadanos con derecho a sufragio los chilenos que hayan cumplido 18 años de edad y estén inscritos en los registros electorales". En la Sesión N° 72 de la Comisión Ortuzar, celebrada el 23 de septiembre de 1978, Jaime Guzmán entrega su fundamentación para esta innovación constitucional, y como se podrá ver, tiene relación con la búsqueda de conceder derecho a voto a aquellos extranjeros "ilustres" y "destacados", principalmente europeos, que llevan mucho tiempo en el país y que no están dispuestos a renunciar a su ciudadanía de origen para adquirir la chilena. Al respecto en las actas de la Comisión Ortuzar se señaló lo siguiente: "(…) el señor GUZMAN manifiesta que

De igual forma, en este punto, resulta bastante relevante la modificación constitucional realizada en 1989 al artículo 5 de la Constitución, ya analizada en el punto 2.3.3. del presente capítulo. Ello es importante, debido a que los derechos humanos, son inherentes a todos, sin distinción de su origen nacional, por lo que los estados deben respetarlos, sin hacer distinciones de origen al respecto.

Completando el cuadro constitucional, hay que mencionar que el año 2005, se aprobó un nuevo inciso segundo de artículo 14 de la Constitución, mediante el cual, se permite que los extranjeros que hubieren obtenido una carta de nacionalización, puedan optar a cargos públicos de elección popular, después de cinco años de estar en posesión de su nacionalización.

En el plano de la normativa internacional, desde el año 1990, Chile ha tenido un proceso ascendente en la aprobación de Convenios Internacionales que abordan materias de inmigración. Aunque quedan muchos convenios y tratados relevantes que no han sido aprobados por Chile, uno de los hitos más importantes en esta materia, viene dado por la aprobación por parte del Estado de Chile del Convenio para la protección de los derechos de todos los trabajadores migratorios y de sus familiares, de

---

correspondería consagrar la excepción y propone que se consigne que, con todo, los extranjeros tendrán derecho a sufragio en determinadas condiciones. Le parece que, desde el punto de vista doctrinario, indiscutiblemente se complica este aspecto, porque no hay duda que, si la ciudadanía es una calidad que tienen determinados nacionales y de ella emanan determinados derechos de los cuales todavía se substraerá a ciertos ciudadanos, todo el tema sigue una línea cada vez más restrictiva hasta llegar al derecho de sufragio, del cual estarán privados algunos nacionales e, incluso, algunos ciudadanos. O sea, desde el punto de vista de la doctrina, rompe la armonía tradicional; pero, desde un punto de vista práctico, le parece que el hecho de que determinados extranjeros con hondo arraigo en la vida del país por su larga permanencia en él puedan votar, es un hecho positivo para la vida cívica. En ese sentido —agrega— entre un doctrinarismo puro y las ventajas prácticas para la vida cívica, prefiere otorgar el derecho a voto a los extranjeros en determinadas condiciones". En: BIBLIOTECA DEL CONGRESO NACIONAL DE CHILE. *Historia de la Ley. Constitución Política de la República de Chile de 1980, Artículo 14.* Disponible en: <http://www.leychile.cl/Navegar?idNorma=242302&eh=True> [consulta: 19 marzo 2013].

las Naciones Unidas, en el año 2005. En el marco de dicho convenio, Chile fue objeto de observaciones, realizadas por el Comité de protección de los derechos de todos los trabajadores migratorios y de sus familiares, de las Naciones Unidas, en el año 2011.

Junto a lo anterior, se deben tener en cuenta, los acuerdos de libre comercio firmados por Chile, los que han incorporado cláusulas tendientes a disminuir las barreras que impiden la movilidad entre países con intereses comunes. Así en los tratados suscritos con: Canadá, México, Centroamérica, Corea y la Unión Europea, se contemplan capítulos que regulan la entrada de profesionales y capitales, permitiendo de paso incrementar mutuamente niveles de productividad, así como la creación de empleos, a través de la llegada de inversionistas. De igual forma, los acuerdos y los procesos de integración regional, han abordado aspectos migratorios, generando espacios comunes para los nacionales del Mercado Común del Sur (MERCOSUR), la Comunidad Andina de Naciones y la Unión de Naciones Suramericanas (UNASUR).

En lo que se refiere a la regulación de rango legal, paradójicamente y a diferencia de lo que se ha expuesto en relación a los pueblos indígenas, la primera regulación importante en materia de inmigración, fue dictada por la Dictadura Militar y es el Decreto Ley N° 1.094 de 1975, conocido como Ley de Extranjería, al que se le han introducido numerosas modificaciones con el objeto de hacer la norma coherente con los Derechos Humanos y los fenómenos globalizadores y de integración mundial actual.

En ese sentido, la Ley N° 19.476 de octubre de 1996 modificó la Ley de Extranjería en materia de asilo y refugio, reconociendo el principio de no devolución de quienes se encuentran en Chile solicitando dicha condición.

Del mismo modo, despenaliza el ingreso irregular al territorio nacional de extranjeros que soliciten refugio o asilo, entre otras garantías.

En 1998, se aprueba y publica la Ley N° 19.581, que crea la categoría de ingreso de habitante de zona fronteriza, con lo que quienes se encuentren en esta situación pueden obtener una "Tarjeta vecinal fronteriza" mediante la cual se les otorga la facilidad de ingresar y egresar de Chile sólo con su presentación a las autoridades fronterizas.

Además, se debe tener en consideración para el análisis, la aprobación reciente[414] de la Ley Antidiscriminación (Boletín N° 3815-07), el que señala en su artículo 1, inciso primero, que la ley tiene por objetivo fundamental "instaurar un mecanismo judicial que permita restablecer eficazmente el imperio del derecho toda vez que se cometa un acto de discriminación arbitraria". Asimismo, la ley establece en su artículo 1, inciso segundo, que: "Corresponderá a cada uno de los órganos de la Administración del Estado, dentro del ámbito de su competencia, elaborar e implementar las políticas destinadas a garantizar a toda persona, sin discriminación arbitraria, el goce y ejercicio de sus derechos y libertades reconocidos por la Constitución Política de la República, las leyes y los tratados internacionales ratificados por Chile y que se encuentren vigentes".

En el artículo 2 de la ley en comento, se define por discriminación arbitraria "toda distinción, exclusión o restricción que carezca de justificación razonable, efectuada por agentes del Estado o particulares, y que cause privación, perturbación o amenaza en el ejercicio legítimo de los

---

[414] La Ley Antidiscriminación, fue aprobada en una dividida votación en el Senado el día 9 de mayo del año 2012. El Proyecto de Ley, fue presentado por el ex Presidente don Ricardo Lagos Escobar, el 14 de marzo del año 2005.

derechos fundamentales establecidos en la Constitución Política de la República o en los tratados internacionales sobre derechos humanos ratificados por Chile y que se encuentren vigentes, en particular cuando se funden en motivos tales como la raza o etnia, la nacionalidad, la situación socioeconómica, el idioma, la ideología u opinión política, la religión o creencia, la sindicación o participación en organizaciones gremiales o la falta de ellas, el sexo, la orientación sexual, la identidad de género, el estado civil, la edad, la filiación, la apariencia personal y la enfermedad o discapacidad".

Así, con la nueva Ley Antidiscriminación los extranjeros, podrán ejercer la acción de no discriminación arbitraria, establecida en los artículos 3° y siguientes, cada vez que sean objeto de una discriminación arbitraria y, por ende, solicitar en conformidad al artículo 12, que se deje sin efecto el acto discriminatorio y que el Juez decrete las providencias que juzgue necesarias para restablecer el imperio del derecho y asegurar la debida protección del afectado.

La actual normativa migratoria, ha sido objeto de críticas, principalmente debido a su marcado acento en la seguridad nacional, la excesiva participación policial y arbitrariedad de las autoridades nacionales[415], las carencias de su sistema institucional y su incapacidad para tender a la inclusión de los migrantes a la sociedad chilena.[416]

---

[415] Véase: MOLLER, Franz, CAUCOTO, Nelson y GODOY, Rodrigo (2013). "Oficina especializada de Derechos Humanos de la Corporación de Asistencia Judicial: Solicitud al Pleno de la Corte Suprema por grave situación que afecta a los extranjeros en Chile". En: *Un Chile abierto: propuestas para una nueva ley de migración, N° 2.* Santiago, Centro de Democracia y Comunidad, pp. 62-87.

[416] Véase: TORREALBA, Nicolás (2013). "Mínimos regulatorias para una nueva y mejorada ley de extranjería". En: *Un Chile abierto: propuestas para una nueva ley de migración, N° 2.* Santiago, Centro de Democracia y Comunidad, pp. 9-16. Asimismo, véase: DONAIRE, Patricia y CUBIDES, José (2013). "Consideraciones y problemáticas que debiera regular una nueva ley

Con el fin de corregir la deficiente normativa migratoria expuesta, el 4 de junio de 2013, el Gobierno del Presidente Sebastián Piñera, ingresó al Congreso Nacional un proyecto de Ley de Migración y Extranjería. La modificación legal de la actual normativa en materia migratoria era una demanda que venían realizando hace años organizaciones de migrantes y organismos no gubernamentales que trabajan en el área. El proyecto de ley presentado, toma en consideración la realidad migratoria por la que atraviesa Chile y según su mensaje busca: "aprovechar las potenciales ventajas de la migración internacional en beneficio del país. En la línea de países como Canadá, Estados Unidos, Australia y Nueva Zelanda, que han forjado buena parte de su desarrollo en base al aporte de la población foránea, se concibe la ley como una herramienta capaz de atraer talento y fuerza laboral en sectores y lugares determinados".[417]

Sin embargo, el proyecto de ley es criticable debido a que no ayuda en la adecuada protección de los derechos humanos de los inmigrantes, omitiendo obligaciones internacionales del Estado y desconociendo los instrumentos internacionales de integración regional que ha suscrito

---

de extranjería". En: *Un Chile abierto: propuestas para una nueva ley de migración, N° 2.* Santiago, Centro de Democracia y Comunidad, pp. 88-105.

[417] El proyecto señala que la actual normativa tiene una serie de insuficiencias, tales como: 1) carencia de principios orientadores, derechos y deberes; 2) Sus categorías migratorias son insuficientes; 3) Institucionalidad débil; 4) Ausencia de mecanismos institucionales para la generación de política; 5) Omisión de toda referencia a los chilenos que viven en el exterior; 6) Dificultad para la expulsión; 7) Dificultad para la revalidación de títulos universitarios; 8) Limitación a la contratación de trabajadores extranjeros; 9) Dificultad para el tránsito vecinal fronterizo. Véase: Mensaje de S.E. el Presidente de la República con el que inicia un proyecto de ley de migración y extranjería, N° Boletín 8970-06, disponible en: http://www.camara.cl/pley/pley_detalle.aspx?prmID=9377&prmBL=8970-06. Asimismo véase un análisis crítico del proyecto de ley en: OLEA, Helena (2013). "Derechos Humanos de los migrantes y refugiados. Análisis del proyecto de ley de migración y extranjería". En: *Informe anual sobre los Derechos Humanos en Chile 2013.* Santiago, Universidad Diego Portales, pp. 123-162.

Chile[418]. Asimismo, no toma en consideración la capacitad estatal para autorizar la residencia de extranjeros en el país, continua con el amplio margen de discrecionalidad del ejecutivo en la expulsión de extranjeros e "intenta importar mecanismos vigentes en Estados con otras dinámicas migratorias y cuerpos consulares muy diferentes".[419]

Por otra parte, el proyecto de ley puede considerarse un avance en algunos aspectos, por ejemplo por: "la inclusión de los criterios a partir de los cuales las cortes han acogido recursos de amparo preventivo contra órdenes de expulsión[420], en función de la protección de los derechos de los niños, de la protección de la familia y de la proporcionalidad entre la falta cometida y la sanción impuesta".[421]

Para efectos de ordenar adecuadamente los temas expuestos, en el próximo punto revisaré los principales aspectos de la normativa internacional al respecto, los aspectos importantes de los procesos de integración regional y algunas pautas que ha establecido la jurisprudencia del Sistema Interamericano de Protección de los Derechos Humanos en la materia.

2.4.2. Tratados Internacionales y procesos de integración regional.

En el ámbito internacional, los tratados internacionales[422] que tienen relevancia en materia de inmigración y que han sido ratificados por Chile[423], son:

---

[418] Ibíd., p. 159.
[419] Ibíd., p. 127.
[420] Véase un listado de jurisprudencia en: Ibíd., p. 133.
[421] Ibíd., p. 127.
[422] En éste punto, sólo anoto Tratados Internacionales que se refieren en especial a la inmigración, sin embargo, dicho panorama normativo se debe complementar con los siguientes tratados y declaraciones que reconocen Derechos Humanos para todos los seres humanos, sin importar su condición nacional. Entre ellos: 1) Declaración Universal de Derechos Humanos de 1948, ratificada por Chile en 1990; 2) Pacto Internacional sobre Derechos Civiles y Políticos de 1966 con sus dos protocolos de 1976 y 1989, ratificados por Chile en 1989, 1992 y 2009

1) La Convención sobre el Estatuto de los Refugiados, que fue aprobada en julio de 1951, con su Protocolo de 1967. Ratificada por Chile en 1972. La presente Convención[424] busca el compromiso de los Estados partes, para garantizar el pleno ejercicio de los derechos humanos de los refugiados.

2) La Convención Internacional sobre la eliminación de todas las formas de discriminación racial de 1965, y ratificada por Chile en 1972. El artículo 1.1. señala lo que se entiende por discriminación racial: "En la presente Convención la expresión "discriminación racial" denotará toda distinción, exclusión, restricción o preferencia basada en motivos de raza, color, linaje u origen nacional o étnico que tenga por objeto o por resultado anular o menoscabar el reconocimiento, goce o ejercicio, en condiciones de igualdad, de los derechos humanos y libertades fundamentales en las esferas política, económica, social, cultural o en cualquier otra esfera de la vida pública".

Luego en el artículo 1.4., los Estados partes se comprometen a adoptar medidas especiales que busquen "el fin exclusivo de asegurar el adecuado progreso de ciertos grupos raciales o étnicos o de ciertas personas que

---

respectivamente; 3) Pacto Internacional sobre Derechos Económicos, Sociales y Culturales de 1966, con su protocolo facultativo de 2008, siendo el pacto ratificado por Chile en 1989 y su protocolo se encuentra en tramitación en el Congreso Nacional; 4) Convención Americana sobre Derechos Humanos de 1969, ratificada por Chile en octubre de 1990; 5) La Convención Internacional contra la tortura y otros tratos o penas crueles, inhumanas o degradantes de 1984. La Convención fue ratificada por Chile en noviembre de 1988.

[423] Es importante, señalar que existen otros convenios internacionales relevantes en la materia, que aún no han sido ratificados por el Estado chileno, entre ellos se pueden destacar los siguientes: 1) La Convención sobre el Estatuto de los Apátridas de 1954; 2) El Convenio N° 97 de la OIT, sobre trabajadores migrantes; 3) El Convenio N° 143 de la OIT, relativo a las migraciones en condiciones abusivas y la promoción de la igualdad de oportunidades y trato de los trabajadores migrantes.

[424] Sobre la situación de los refugiados de las Américas, ver: ALTO COMISIONADO DE LAS NACIONES UNIDAS PARA LOS REFUGIADOS (2011). *La protección internacional de refugiados en las Américas*. Disponible en: <http://www.acnur.org/t3/fileadmin/scripts/doc.php?file=t3/fileadmin/Documentos/Publicacion es/2012/8340> [consulta: 19 abril 2013].

requieran la protección que pueda ser necesaria con objeto de garantizarles, en condiciones de igualdad, el disfrute o ejercicio de los derechos humanos y de las libertades fundamentales no se considerarán como medidas de discriminación racial, siempre que no conduzcan, como consecuencia, al mantenimiento de derechos distintos para los diferentes grupos raciales y que no se mantengan en vigor después de alcanzados los objetivos para los cuales se tomaron".

En el marco del artículo 9 de la Convención, en el año 2009 Chile recibió el informe particular del Comité para la Eliminación de la Discriminación Racial, el que señala su preocupación por el hecho de que los refugiados y migrantes en Chile no ven plenamente garantizados sus derechos económicos y sociales. Además le inquieta al Comité el hecho de que en ocasiones son víctimas de discriminación y en particular los de origen Peruano y Boliviano. Por ello formula la Recomendación N° 17, que señala: "El Comité recomienda al Estado parte que tome las medidas necesarias y efectivas, incluyendo de orden legislativo, para garantizar en igualdad los derechos reconocidos en la Convención a los migrantes y refugiados y, para este fin, tome en cuenta los resultados de los estudios realizados por el Ministerio del Interior en 2007 y 2008".[425]

3) La Convención Internacional sobre la eliminación de todas las formas de discriminación contra la mujer de 1979, con su protocolo facultativo de 1999. La Convención fue ratificada por Chile en diciembre de 1989. El protocolo facultativo se encuentra firmado pero aún no ha sido ratificado por el Congreso Nacional.

---

[425] COMITÉ PARA LA ELIMINACIÓN DE LA DISCRIMINACIÓN RACIAL, NACIONES UNIDAS (2009). *Examen de los informes presentados por los estados partes de conformidad con el artículo 9 de la convención, Chile.* Disponible en: <http://daccess-dds-ny.un.org/doc/UNDOC/GEN/G09/448/27/PDF/G0944827.pdf?OpenElement> [consulta: 12 de abril 2013].

En este punto, conviene tener presente las observaciones finales realizadas por el Comité para la Eliminación de la Discriminación contra la Mujer de las Naciones Unidas, a Chile en el mes de agosto de 2006. En dicho informe, en su punto número 15, se señala la preocupación del Comité sobre la trata de mujeres y niñas, en particular: "(…) la insuficiencia de la información acerca de las causas y el alcance de la trata en Chile como país de origen, de tránsito y de destino, la falta de legislación nacional y la ausencia de medidas adecuadas para combatir el fenómeno de la trata y la explotación de la prostitución".[426]

4) La Convención Internacional sobre los Derechos del Niño de 1989, con su protocolo facultativo relativo a la venta de niños, prostitución infantil y utilización de niños en pornografía de 2000. La Convención fue ratificada por Chile en agosto de 1990 y el protocolo en septiembre de 2003.

En relación al tema en análisis, resulta relevante el artículo 7 de la Convención, que establece que el niño será inscrito inmediatamente después de su nacimiento y tendrá derecho desde que nace, a un nombre y a adquirir una nacionalidad[427]. Los Estados partes velarán por la aplicación de estos derechos de conformidad con su legislación nacional y las obligaciones que hayan contraído en virtud de los instrumentos internacionales pertinentes en esta esfera, sobre todo cuando el niño resultara de otro modo apátrida. De igual forma, en el artículo 8, los Estados se comprometen a respetar el derecho del niño a preservar su identidad, incluidos la nacionalidad.

---

[426] COMITÉ PARA LA ELIMINACIÓN DE LA DISCRIMINACIÓN CONTRA LA MUJER, NACIONES UNIDAS (2006). *Observaciones finales del Comité para la Eliminación de la Discriminación contra la Mujer: Chile*. Disponible en: <http://daccess-dds-ny.un.org/doc/UNDOC/GEN/N06/479/50/PDF/N0647950.pdf?OpenElement> [consulta: 12 de abril 2012].

[427] Véase: Sentencia Corte Suprema, *Reclamo de Nacionalidad*, Rol N° 7580-2012, 14 de septiembre de 2013.

En el artículo 14, los Estados se comprometen a respetar el derecho del niño a la libertad de pensamiento, de conciencia y de religión. Asimismo, en el artículo 17, se señala que los Estados alentarán a los medios de comunicación a que tengan particularmente en cuenta las necesidades lingüísticas del niño perteneciente a un grupo minoritario o que sea indígena.

En el artículo 22, los Estados se obligan tomar medidas adecuadas para lograr que el niño que trate de obtener el estatuto de refugiado, o que sea considerado refugiado de conformidad con el derecho y los procedimientos internacionales o internos aplicables, reciba, tanto si está solo como si está acompañado de sus padres o de cualquier otra persona, la protección y la asistencia humanitaria adecuadas para el disfrute de los derechos pertinentes enunciados en la presente Convención y en otros instrumentos internacionales de derechos humanos o de carácter humanitario en que dichos Estados sean partes. A tal efecto los Estados cooperarán, en la forma que estimen apropiada, en todos los esfuerzos de las Naciones Unidas y demás organizaciones intergubernamentales competentes u organizaciones no gubernamentales que cooperen con las Naciones Unidas por proteger y ayudar a todo niño refugiado y localizar a sus padres o a otros miembros de su familia, a fin de obtener la información necesaria para que se reúna con su familia. En los casos en que no se pueda localizar a ninguno de los padres o miembros de la familia, se concederá al niño la misma protección que a cualquier otro niño privado permanente o temporalmente de su medio familiar, por cualquier motivo, como se dispone en la presente Convención.

5) El Convenio N° 105 de la OIT, relativo a la abolición del trabajo forzoso, de 1957 y ratificado por Chile en febrero de 1999.

6) El Convenio N° 111 de la OIT, relativo a la discriminación en materia de empleo y ocupación, de 1958 y ratificado por Chile en 1971.

7) Convenio Internacional sobre la protección de los derechos de todos los trabajadores migrantes y de sus familias de 1990[428]. La Convención fue ratificada por Chile en marzo de 2005[429] y en él se toman en consideración todos los convenios internacionales ya enunciados para la protección de los trabajadores migrantes y sus familias, ya sean estos documentados o indocumentados, según la aplicación del artículo 1, 2 y 5 de la Convenio.

Este Convenio se puede considerar como el instrumento internacional en materia de protección de los derechos de los migrantes, más avanzado de la actualidad. El texto se aproxima a entender la migración como un derecho y con características de Derecho Humano.[430]

En el artículo 7 de la Convención, los Estados se comprometen, de conformidad con los instrumentos internacionales sobre derechos humanos, a respetar y asegurar a todos los trabajadores migratorios y sus familiares que se hallen dentro de su territorio o sometidos a su jurisdicción los derechos previstos en la Convención, sin distinción alguna por motivos de sexo, raza, color, idioma, religión o convicción, opinión política o de otra

---

[428] Véase el Convenio Internacional sobre la protección de los derechos de todos los trabajadores migrantes y de sus familias, disponible en: http://www2.ohchr.org/spanish/law/cmw.htm.

[429] Si bien el Convenio Internacional sobre la protección de los derechos de todos los trabajadores migrantes y de sus familias, fue adoptado en 1990, éste entro en vigor internacional recién en el año 2003, debido a que costo 12 años que se cumpliera el mínimo de ratificaciones estatales (20) para su entrada en vigor. Véase: ALVAREZ, Aurelia (2003). "La entrada en vigor de la convención internacional sobre la protección de todos los trabajadores migratorios y sus familiares de 18 de diciembre de 1990". *Revista de Derecho Migratorio y Extranjería*. N° 2, pp. 9-52.

[430] AGUELO, Pascual y CHUECA, Ángel (2005). "La Convención sobre la Protección de los Derechos de todos los trabajadores Migratorios y de sus Familiares". *Revista de Derecho Migratorio y Extranjería*. N° 10, pp. 117-126.

índole, origen nacional, étnico o social, nacionalidad, edad, situación económica, patrimonio, estado civil, nacimiento o cualquier otra condición.

En la Parte III de la Convención, denominada: "Derechos humanos de todos los trabajadores migratorios y de sus familiares", se establece un amplio catálogo de derechos, que tienen por objeto principalmente asegurar el tratamiento igualitario de los trabajadores migratorios y sus derechos civiles. Entre otros, los Estados se comprometen a no realizar expulsiones colectivas de trabajadores migratorios y asegurar las libertades de conciencia y de religión de los mismos.

En lo respectivo a derechos sociales, en el artículo 47 de la Convención, los Estados se obligan a que los trabajadores migratorios gozarán de igualdad de trato respecto de los nacionales del Estado de empleo en relación con: 1) El acceso a instituciones y servicios de enseñanza, con sujeción a los requisitos de admisión y otras reglamentaciones de las instituciones y servicios de que se trate; 2) El acceso a servicios de orientación profesional y colocación; 3) El acceso a servicios e instituciones de formación profesional y readiestramiento; 4) El acceso a la vivienda, con inclusión de los planes sociales de vivienda, y la protección contra la explotación en materia de alquileres; 5) El acceso a los servicios sociales y de salud, siempre que se hayan satisfecho los requisitos establecidos para la participación en los planes correspondientes; 6) El acceso a las cooperativas y empresas en régimen de autogestión, sin que ello implique un cambio de su condición de trabajadores migratorios y con sujeción a las normas y los reglamentos por que se rijan los órganos interesados; 7) El acceso a la vida cultural y la participación en ella.

En relación al Convenio en análisis, es importante anotar las recomendaciones que le hiciera al Estado de Chile, el Comité Protección de los derechos de todos los trabajadores migratorios y de sus familiares, en el mes de septiembre del año 2011[431]. En dicho informe se hacen 22 recomendaciones al Estado, siendo las más importantes las siguientes: Primero, se alienta al Estado para que termine pronto de preparar el proyecto de ley sobre migración, y que éste sea plenamente conforme con las normas internacionales de protección de los derechos de los trabajadores migratorios y de sus familiares y, en particular, con las disposiciones de la Convención.

En segundo lugar, el Comité hace ver al Estado la falta de información estadística sobre la migración en Chile y, por ende, recomienda que se establezca un sistema de información nacional sobre migración. En dicho sistema, la base de datos centralizada deberá tener en cuenta todos los aspectos de la Convención e incluya información detallada sobre trabajadores migratorios presentes en el Estado parte, sobre aquellos que se encuentran en tránsito y sobre emigrantes, y alienta al Estado parte a recopilar información y estadísticas desglosadas por sexo, edad y trabajo desempeñado. En los casos en que no sea posible obtener información precisa, como información sobre trabajadores migratorios en una situación irregular, el Comité agradecería recibir datos basados en estudios o estimaciones.

---

[431] Véase el informe completo en: COMITÉ DE PROTECCIÓN DE LOS DERECHOS DE TODOS LOS TRABAJADORES MIGRATORIOS Y DE SUS FAMILIARES, NACIONES UNIDAS (2011). *Observaciones finales del Comité de Protección de los Derechos de Todos los Trabajadores Migratorios y de sus Familiares, Chile.* Disponible en: <http://www.ohchr.org/SP/countries/LACRegion/Pages/CLIndex.aspx> [consulta: 12 de abril 2013].

En tercer lugar, debido a la discriminación de que son objeto los trabajadores migratorios y sus familias en Chile, más aún cuando ellos son de origen Peruano o Boliviano, el Comité recomienda que el Estado adopte medidas positivas y refuerce las medidas ya adoptadas para combatir las actitudes discriminatorias y la estigmatización social, en particular mediante campañas de mejora de la concienciación dirigidas al público en general, así como a maestros, funcionarios de inmigración y profesionales de los medios de comunicación.

Además, como cuarto aspecto, el Comité insta al Estado para que examine sus disposiciones legales para asegurarse que todos los trabajadores migratorios, incluido aquellos que hayan sido sancionados por la autoridad administrativa en relación con una infracción del Decreto-Ley N° 1.904 puedan salir libremente del país, salvo que la restricción sea necesaria para proteger la seguridad nacional, el orden público, la salud o la moral públicas o los derechos y libertades ajenos, de conformidad con el artículo 8 de la Convención.

Como quinto aspecto, el Comité recomienda que el Estado vele por el acceso eficaz a la salud por parte de los trabajadores migratorios, en particular dando a conocer sus obligaciones al personal de salud y estableciendo un mecanismo para la vigilancia de las ellas.

En sexto lugar, el Comité alienta al Estado a conceder la nacionalidad a los niños nacidos en Chile de padres en situación irregular, cuando éstos no les puedan transmitir su propia nacionalidad. También alienta al Estado parte a que se adhiera a la Convención sobre el Estatuto de los Apátridas de 1954 y la Convención para reducir los casos de apátrida de 1961.

Como séptimo punto, el Comité recomienda que el Estado vele por la aplicación efectiva del Oficio Ordinario N° 07/1008 (1531), de 2005 sobre el ingreso y la permanencia de los niños inmigrantes en situación irregular en los establecimientos escolares, en particular dándolo a conocer en todas las instituciones educativas y estableciendo un mecanismo para vigilar su aplicación.

Finalmente, el Comité recomienda que el Estado proteja a las mujeres trabajadoras domésticas migratorias, garantizando una mayor y más sistemática vigilancia de las condiciones laborales de estas por parte de los inspectores de trabajo. Asimismo insta al Estado a garantizar que esas trabajadoras migratorias tengan acceso efectivo a los mecanismos de presentación de denuncias contra sus empleadores y que todos los abusos, incluidos los malos tratos, sean investigados y, cuando proceda, sancionados.

En lo que respecta a los procesos de integración regional, ellos revisten importancia, tomando en consideración que la principal fuente de inmigración en Chile, proviene de origen fronterizo. En este marco, sólo consideraré las acciones tomadas por el MERCOSUR, la Comunidad Andina de Naciones y UNASUR.[432]

El MERCOSUR, desde un comienzo, basó su política migratoria en torno a la regulación y la residencia de los nacionales dentro de la región, para ello acordó, en la reunión de ministros de Justicia en el año 2002, dos proyectos de acción firmados por los Estados Parte (Brasil, Argentina, Paraguay y Uruguay) y asociados (Venezuela, Bolivia y Chile). En los últimos años la

---

[432] Para un análisis sobre todas las acciones y declaraciones tomadas por los Estados de Iberoamérica, en cumbres de jefes de estados, comités parlamentarios o gubernamentales, véase: MACHIN, Macarena (2011). Ob., cit., pp. 56-62.

problemática migratoria ha adquirido un enfoque centrado en los derechos humanos a nivel mundial, lo que se ha reflejado en las decisiones tomadas por el MERCOSUR a partir del año 2000, por medio del Acuerdo Contra el Tráfico Ilícito de Migrantes entre los Estados Partes y asociados, que data del año 2004 (sólo ha sido ratificado por Argentina, Paraguay y Uruguay); la ratificación de los Protocolos de Promoción y Protección de los Derechos Humanos del año 2005 (ningún país lo ha ratificado aún); el Acuerdo entre los Estados Partes del MERCOSUR y Estados Asociados sobre Cooperación Regional para la Protección de los Derechos de Niños, Niñas y Adolescentes en situación de vulnerabilidad de 2008 (ningún país lo ha ratificado aún).[433]

En la Comunidad Andina de Naciones, Chile es un país asociado y, por lo tanto, asume responsabilidades ante aquellos tratados o declaraciones consensuadas. En lo que se refiere a la migración, la Comunidad Andina de Naciones ha decidido sumar esfuerzos para lograr la libre circulación de sus habitantes por la subregión, ya sea por razones de turismo, trabajo u otros, que impliquen cambio de residencia habitual. Actualmente, su objetivo se centra en la elaboración del Plan Andino de Desarrollo Humano de las Migraciones desde una visión integral del fenómeno.[434]

Finalmente, en lo que respecta a la UNASUR, reviste importancia lo señalado en el Tratado Constitutivo de la misma, aprobado en la ciudad de Brasilia el 23 de mayo de 2008 y ratificado por Chile en el año 2010. En el preámbulo se afirma:

"APOYADAS en la historia compartida y solidaria de nuestras naciones, multiétnicas, plurilingües y multiculturales, que han

---

[433] Ibíd., p. 60-61.
[434] Ibíd., p. 61.

luchado por la emancipación y la unidad suramericana, honrando el pensamiento de quienes forjaron nuestra independencia y libertad a favor de esa unión y la construcción de un futuro común". [435]

Luego, se señala la intención de buscar y construir una identidad y ciudadanía suramericana y desarrollar un espacio regional integrado en lo político, económico, social, cultural, ambiental, energético y de infraestructura, para contribuir al fortalecimiento de la unidad de América Latina y el Caribe.

La constitución de la identidad común y la ciudadanía suramericana se establece como uno de los objetivos de la UNASUR, en el artículo 3, letra i) del Tratado. Concordante con ello, en el artículo 3, letras j) y k), se señala el respeto de los derechos sociales a los ciudadanos miembros de UNASUR y la cooperación en materias migratorias, desde el respeto de los derechos humanos de los migrantes.

Aunque no es propiamente parte de un proceso de integración regional, se debe tener en consideración las Conferencias Sudamericanas de Migraciones, que son un proceso consultivo de discusión en el ámbito de la migración, nacido en el año 1999 por iniciativa de gobiernos sudamericanos y que cuenta con la cooperación técnica de la OIM.[436]

Finalmente, para completar el cuadro normativo, se debe tener en cuenta la sólida jurisprudencia que ha construido, principalmente en las últimas tres décadas, el Sistema Interamericano de Protección de los Derechos Humanos. A través del sistema de peticiones individuales, tanto la Corte

---

[435] Véase el Tratado constitutivo de la UNASUR, disponible en: http://www.unasursg.org/index.php?option=com_content&view=article&id=290&Itemid=339.
[436] Véase: DONAIRE, Patricia y CUBIDES, José (2013). Ob., cit., pp. 95-96.

IDH[437] como la CIDH[438] se han pronunciado sobre una variedad de tópicos. Asimismo, la Corte IDH mediante las opiniones consultivas ha establecido importantes criterios protectores de los inmigrantes, fijando los márgenes de la actividad estatal[439]. La jurisprudencia del Sistema se debe tener en consideración al momento de hacer las reformas que se pretenden en el marco normativo migratorio, ya que ella debe anclarse en la protección de los derechos humanos y no puede olvidar las obligaciones que ha suscrito Chile en la materia.

---

[437] La Corte IDH ha resuelto, recientemente, los siguientes casos: 1) Caso López Loor vs Panamá. Sentencia de 23 de noviembre de 2010. En el caso se codena la responsabilidad internacional del Estado, por violación de los artículos 7.4, 8.1 y 8.2.d de la CADH, en relación con el artículo 1.1 de la misma. Ello por cuanto el Estado retuvo de forma desproporcionada a la víctima de nacionalidad ecuatoriana, por encontrarse en Panamá y carecer de documentos, al que aplicó una pena privativa de libertad de 2 años, lo que fue considerado contrario a la CADH; 2) Caso de las Niñas Yean y Bosico vs. República Dominicana. Sentencia de 8 de septiembre de 2005. En el caso se condena al Estado por responsabilidad internacional por violación, entre otros, de los artículos 20 (Derecho a la nacionalidad) y 24 (igualdad ante la ley) de la CADH, en perjuicio de las niñas de origen haitiano ya señaladas.

[438] La CIDH, se ha pronunciado en una variedad de materias, que resumo de la siguiente forma: 1) Informe de Fondo No. 51/96, Caso 10.675, Personas Haitianas -Haitian Boat People- (Estados Unidos), 13 de marzo de 1997, donde se refiere al Derecho a la vida, a la libertad, a la integridad personal, a la igualdad y de justicia; 2) Informe de Admisibilidad No. 61/03, Petición P4446/02, Roberto Moreno Ramos (Estados Unidos), 10 de octubre de 2003, donde se refiere a la protección consular; 3) Informe de Admisibilidad N° 37/01, Caso 11.529, José Sánchez Guner Espinales y otros (Costa Rica), 22 de febrero de 2001, en el cual se refiere a las garantías judiciales y la protección jurisdiccional; 4) Informe N° 19/02, Petición 12.379 Mario Alfredo Lares-Reyes, Vera Allen Frost y Samuel Segura (Estados Unidos), 27 de febrero de 2002, donde se refiere al derecho a la justicia y la protección de la familia; 5) Informe de Fondo N° 49/99, Caso 11.610, Loren Laroye Riebe Star, Jorge Barón Guttlein y Rodolfo Izal Elorz (México), 13 de abril de 1999, refiriéndose al derecho a la Integridad Personal, a las garantías judiciales, a la honra, a la propiedad, a la protección judicial, libertad de conciencia y de religión, y de asociación; 6) Informe de Admisibilidad y Fondo N° 51/01, Caso 9903, Rafael Ferrer-Mazorra y Otros (Estados Unidos), 4 de abril de 2001, derecho a la libertad y protección contra la detención arbitraria; 7) Informe de Admisibilidad N° 59/04, Petición 292/03, Margarita Cecilia Barbería Mirando (Chile), 13 de octubre de 2004, sobre el derecho de igualdad y no discriminación. Chile posteriormente (2007) modificó el Código Orgánico de Tribunales, en particular el artículo 526, habilitando a los extranjeros que hubieran cursado la totalidad de sus estudios de derecho en Chile y que cuenten con residencia, para el ejercicio de la abogacía.

[439] Véase las siguientes opiniones consultivas: 1) Corte IIDH, *Condición jurídica y derechos de los migrantes indocumentados,* Opinión Consultiva OC-18/03, Serie A N° 18, 17 de septiembre de 2003; 2) Corte IDH, *El derecho a la información sobre la asistencia consular en el marco de las garantías del debido proceso legal,* Opinión Consultiva OC-16/99, Serie A N° 16, 1 de octubre de 1999.

2.5. Reflexiones sobre las perspectivas del multiculturalismo en Chile.

En el capítulo primero del presente trabajo, luego de la revisión del debate liberal -comunitario sobre el multiculturalismo, sostuve que, actualmente, existe un consenso sobre la necesidad de que los Estados reconozcan la diversidad cultural que tienen en su interior, el que puede ser en distintos niveles normativos y políticas públicas.

Luego de los tópicos tratados en este capítulo, queda claro que en Chile, el proceso de reconocimiento de la diversidad cultural ha sido muy difícil y que la Constitución Política, pese a las reformas de las que ha sido objeto, da un margen ideológico muy estrecho para ello.

En el plano de los derechos de los pueblos indígenas, durante las últimas dos décadas se ha avanzado bastante en su reconocimiento. La Ley Indígena y el Convenio N° 169 de la OIT, son los dos pilares desde los cuales la perspectiva multicultural se abre paso.

Sin embargo, se ha podido evidenciar, que dichos cuerpos normativos y principalmente el Convenio N° 169 de la OIT, se encuentra en tensión con la Constitución, necesitando incluso para que éste fuera declarado constitucional, de una interpretación limitativa y restrictiva del Tribunal Constitucional en su momento.

En el plano de la inmigración, Chile ha dado pasos importantes en el plano normativo para el reconocimiento de la diversidad cultural, principalmente, al ratificar la gran mayoría de los tratados internacionales sobre la materia. Aunque en materia de política pública y legislativa, se puede evidenciar una falta de coherencia al respecto.

Sin embargo, en ese plano la Constitución también juega un papel importante de freno de la perspectiva multicultural, aunque se le debe reconocer que es de los textos constitucionales más avanzados a nivel mundial en lo que dice relación al derecho de sufragio activo a los extranjeros avecindados en Chile.

Para resolver lo anterior, junto con otras iniciativas de políticas públicas, los gobiernos de la Concertación han impulsado reformas constitucionales de reconocimiento de la multiculturalidad, que se han visto truncadas por una férrea oposición de la derecha minoritaria en el Congreso, con argumentos muy débiles y anclados en una posición nacionalista, pero que gracias a los mecanismos contra mayoritarios de la Constitución, tiene un verdadero poder de veto.

Las reformas constitucionales impulsadas, se pueden considerar un avance en el reconocimiento de la multiculturalidad[440] y abren el techo ideológico de la Constitución en esta materia. Sin embargo estas han sido limitadas y podrían interpretarse en cuanto a un eventual reconocimiento de derechos en materia de autodeterminación y culturales de los pueblos indígenas. Pero, no se ha planteado avanzar en aspectos más profundos como el pluralismo jurídico, derechos colectivos y supervivencia cultural.

Ahora bien, podría existir otro camino para que la perspectiva multicultural se abra paso en el ordenamiento jurídico nacional y constitucional, sin que sea necesaria la reforma de la misma. Este sería el de la interpretación constitucional, ya sea desde el ordenamiento internacional hacia la

---

[440] La reforma presentada por la ex Presidenta Michelle Bachelet, es la primera que habla expresamente de que Chile es un país multicultural, con lo cual en su concepto y en el mensaje del proyecto, se incluye tanto a la de origen indígena, como a la de inmigración.

Constitución[441], o desde los principios Constitucionales a través de una interpretación flexible[442]. Ambos caminos los considero teóricamente inadecuados y de compleja acomodación práctica en nuestra realidad.

La primera opción, implícitamente reconoce la tensión existente entre el Derecho Internacional y la Constitución Política actual. Su propuesta de solución pasa por negar la tensión y hacer primar el ordenamiento jurídico internacional en el entendimiento y la acomodación de los Convenios Internacionales en el ordenamiento interno. Junto con soslayar los problemas teóricos que ello produce[443], es insuficiente, ya que la normativa internacional en materia multicultural no da cuenta de la totalidad de complejidades que debe resolver nuestro país al respecto[444]. Por ejemplo, en materia indígena, la normativa internacional no regula la devolución de tierras, tampoco un mecanismo especial de expropiación de tierras indígenas bajo el dominio de terceros, ni la forma de representación política de los grupos culturales en la institucionalidad. Tópicos, que requieren de reforma Constitucional.

La segunda opción, junto a los problemas teóricos que plantea una interpretación constitucional flexible de tipo "neoconstitucional"[445], que

---

[441] Véase lo señalado al respecto en el punto 2.3.1.2 del presente capítulo.

[442] Para una propuesta de interpretación "flexible" de la Constitución Política Chilena, véase: BASSA, Jaime (2008). Ob., cit., pp. 92-107. Sobre los problemas teóricos y principalmente de autogobierno colectivo que implica la idea de "apropiarse" de la Constitución de 1980 y de las interpretaciones finalistas de la misma, véase: ATRIA, Fernando (2013b). Ob., cit., pp. 23-84.

[443] Sobre la internacionalización del Derecho Constitucional y sus principales críticas, véase: NÚÑEZ, Manuel (2012). "Sobre la doctrina del margen de apreciación nacional. La experiencia Latinoamericana confrontada y el thelos constitucional de una técnica de adjudicación del derecho internacional de los derechos humanos". En: *El margen de apreciación en el sistema interamericano de derechos humanos: proyecciones regionales y nacionales.* Ciudad de México, Universidad Nacional Autónoma de México, pp. 3-49.

[444] Siendo más completa en materia indígena y menos robusta en materia migratoria.

[445] Sobre los presupuestos teóricos del "neoconstitucionalismo", véase: PRIETO SANCHÍS, Luis (2007). "El Constitucionalismo de los derechos". En: *Teoría del neoconstitucionalismo.* Madrid, Trotta, pp. 213-235. Para una crítica certera de los presupuestos teóricos del "neoconstitucionalismo" y la interpretación flexible, véase: GARCÍA AMADO, Juan (2007).

valen como prevención para dichos planteamientos, no consideraría que la realidad e historia Constitucional chilena plantea problemas adicionales.

En primer lugar, para que la interpretación finalista pudiera abrirse paso en el ámbito multicultural, requeriría (al menos) una tradición o principios constitucionales desde los cuales pudiera operar. Con la revisión que he realizado al desarrollo normativo de la multiculturalidad en Chile, he podido constatar la inexistencia de una tradición doctrinaria que hubiera recogido la perspectiva multicultural. Junto a ello, leer los principios constitucionales de la Constitución de 1980/1990, e incluso de 2005, en clave multicultural, requiere de un esfuerzo creativo más allá de los límites que la propia teoría "neoconstitucional" reconoce como posibles[446]. Incluso, si los órganos encargados de realizar la interpretación constitucional adoptaran una perspectiva protectora de los grupos culturales desaventajados, ella carecería del mismo problema que hemos identificado en el punto anterior, esto es, que la resolución de los conflictos multiculturales que he identificado requiere de una actuación positiva por parte del Estado y del derecho, lo que implica normas que habiliten una determinada actuación e institucionalidad especial. Ello no puede ser "creado" sólo mediante la jurisprudencia.

Por tanto, para que Chile pueda reconocer su diversidad cultural, necesita abrir el techo ideológico de su Constitución Política, cosa que permita hacer compatible el derecho interno, con las perspectivas actuales del multiculturalismo a nivel internacional. Debido a ello, en el próximo capítulo, y desde una óptica de derecho comparado, revisaré la actual Constitución Política del Estado Plurinacional de Bolivia, con el objeto de

---

"Derechos y pretextos. Elementos de crítica del neoconstitucionalismo". En: *Teoría del neoconstitucionalismo*. Madrid, Trotta, pp. 237-264.
[446] Véase: PRIETO SANCHÍS, Luis (2007). Ob., cit., pp. 222-225.

reflexionar sobre la experiencia del país vecino y decantar aquello que pueda ser útil para la realidad chilena.

III. RECEPCIÓN NORMATIVA Y PERSPECTIVAS DEL MULTICULTURALISMO EN BOLIVIA

"En tiempos inmemoriales se erigieron montañas, se desplazaron ríos, se formaron lagos. Nuestra amazonia, nuestro chaco, nuestro altiplano y nuestros llanos y valles se cubrieron de verdores y flores. Poblamos esta sagrada Madre Tierra con rostros diferentes, y comprendimos desde entonces la pluralidad vigente de todas las cosas y nuestra diversidad como seres y culturas. Así conformamos nuestros pueblos, y jamás comprendimos el racismo hasta que lo sufrimos desde los funestos tiempos de la colonia."

Preámbulo de la Constitución del Estado Plurinacional de Bolivia[447]

En este capítulo, revisaré el desarrollo normativo del multiculturalismo en Bolivia, centrándome en la nueva Constitución de 2009, con el objeto de realizar la comparación con el caso chileno. Tal como señalaba en la introducción del presente trabajo, el método comparativo, lo utilizaré, para iluminar los contrastes y aspectos, que puedan ser útiles a la realidad chilena. Busco identificar la forma en que Bolivia ha abordado su diversidad cultural y en qué medida ello puede servir en las discusiones conceptuales y normativas chilenas.

De esta forma, para contextualizar y poder apreciar de forma amplia, los antecedentes sociales y políticos, que llevaron a Bolivia a constituirse como un Estado Plurinacional en el año 2009, realizaré una breve revisión de la historia política constitucional reciente del país vecino y de cómo dentro de ese marco, aborda el multiculturalismo.

---

[447] Preámbulo de la Constitución del Estado Plurinacional de Boliviano, disponible en: www.vicepresidencia.gob.bo.

Luego, analizaré la conceptualización del Estado en la nueva Constitución Política de 2009, centrándome en el texto vigente y en los antecedentes de la Asamblea Constituyente del año 2006-2007.

Finalmente, revisaré los principales aspectos prácticos, las perspectivas e implicancias del nuevo marco constitucional del país vecino y en qué aspectos ellas pueden aportar para la discusión conceptual y normativa, en el caso chileno.

3.1. Desarrollo político constitucional reciente y diversidad cultural en Bolivia.

La historia político constitucional de Bolivia, se caracteriza por su inestabilidad político-institucional[448]. Ello se debería a la combinación de los siguientes factores: 1) Los constantes golpes de Estado, realizados generalmente con el uso de la fuerza; 2) La falta de acuerdo político (pacto social) de las Constituciones que ha tenido Bolivia[449]; 3) La falta de

---

[448] RIVERA, José (2009a). "La evolución político-institucional en Bolivia entre 1975 a 2005". En: *La evolución político-constitucional de América del Sur 1976-2005*. Santiago, Librotecnia, p. 102.

[449] José Rivera, señala que: "La Constitución boliviana de 1826, no fue la expresión de un pacto social y político adoptado con la participación democrática de la ciudadanía, es decir, de las diversas fuerzas sociales del Estado boliviano; fue la expresión de la voluntad de la nueva oligarquía minera emergente de la guerra de independencia, y, de otro, no fue la expresión de la realidad social, económica, política y cultural, "abigarrada", es decir, de esa Bolivia con diversidad étnica, cultural y de género. De otro lado, las reformas introducidas a esa Constitución tampoco fueron la expresión de la voluntad de los factores reales de poder; habrá de recordar que, hasta la revolución del 52 las mal llamadas "asambleas o convenciones constituyentes" se conformaron mediante elecciones basadas en el voto calificado, con exclusión de las mayorías nacionales, menos del 10% de la población intervenía en las elecciones; del 52 en adelante, si bien es cierto que con la implementación del sufragio universal se incorporó formalmente a esas mayorías nacionales marginadas, no es menos cierto que en la práctica la participación ciudadana en los procesos de reforma de la Constitución fue escasa, casi nula; ello debido a diversas causa y factores". En: RIVERA, José (2009b). *Análisis de la nueva Constitución Política del Estado*. Disponible en: <http://www.juridicas.unam.mx> [consulta: 13 marzo 2013], p. 92.

concordancia entre lo que se denomina Constitución real y formal[450]; 4) La distancia entre el Estado Republicano y la sociedad indígena[451]. Todo ello ha llevado a que en Bolivia hasta 1980 se hubieran producido 200 golpes de Estado y que tuviera más de 74 presidentes de la República en 155 años de vida como país independiente.

Deteniéndome en el último de los factores mencionados, se debe considerar que "la situación económica de los indígenas bolivianos refleja un hecho histórico: las poblaciones indígenas de Bolivia han estado dominadas y explotadas desde la conquista española hace 5 siglos. Durante la época colonial, los pueblos indígenas andinos (los indígenas aymara del altiplano en torno al Lago Titicaca y los indígenas de habla quechua en los valles más hacia el Este del país) fueron considerados indiferenciadamente como

---

[450] Al respecto Ivanna Fernández, señala que en la historia constitucional boliviana, hasta el año 2006, han existido dos constituciones. "(…) una real, que engloba los elementos que han ido moldeando a Bolivia como nación, su realidad histórica, instituciones, cultura, idiosincrasia y tradiciones; y otra formal, la publicada como instrumento jurídico". En: FERNANDEZ, Ivanna (2005). "Apuntes sobre la Constitución Política del Estado boliviano". *Revista Araucaria*. N° 15, pp. 114-127.

[451] Álvaro García Linera, quién desde el año 2005 se desempeña como Vicepresidente del Gobierno del Presidente Evo Morales Ayma, señala que el Estado boliviano, desde la Constitución de 1826, ha excluido de su consideración y por ende de su conformación al indio y sus pueblos. "Desde que la asamblea deliberante de 1825 y la Constitución de 1826 otorgan derechos políticos y jurídicos a quienes posean una elevada renta, una profesión, sepan leer y escribir, y no se hallen en relación de servidumbre, es claro quiénes han de ser interpelados como ciudadanos por el naciente Estado, y quiénes no. En este orden, los indios son la nada del Estado, constituyen su externalidad más fundamental; mientras que los niños deben esperar la herencia y el crecimiento biológico para acceder a sus derechos, y las mujeres, que también están excluidas de los derechos ciudadanos, pueden influir en el curso de las estrategias matrimoniales para preservar y ampliar el patrimonio familiar que garantice la ciudadanía. Los indios, hombres y mujeres, se presentan de entrada como la exterioridad más profunda e irreductible del Estado. De hecho, el Estado republicano nace a cabalgadura en contra de la indiada, y todo su armazón argumental no hace más que repetir, mediante disposiciones administrativas, este imperativo social de unas clases pudientes que no tienen en común más que la misión de atrincherarse en el Estado en contra de los indios". En: GARCÍA LINERA, Álvaro (2009). *La potencia plebeya*. Buenos Aires, Siglo del hombre editores, 2ª ed., pp. 510-511.

"indios", puestos a trabajar en las minas de plata y obligados a pagar tributo a la Corona".[452]

Con la independencia boliviana, la República naciente se fundó dejando en pie las estructuras coloniales que consagraban prestigio, propiedad y poder en función del color de piel, del apellido, el idioma y el linaje. En ese momento el Estado boliviano: "(…) escindió la "bolivianidad", asignada a todos los que habían nacido bajo la jurisdicción territorial de la nueva república, de los "ciudadanos", que debían saber leer y escribir el idioma dominante (castellano) y carecer de vínculos de servidumbre, lo que hizo que, desde el inicio, los indios carecieran de ciudadanía".[453]

Luego, durante el siglo XIX, los gobiernos republicanos liberales, impulsaron reformas legales para terminar con la propiedad comunitaria de los pueblos indígenas, abriendo paso a la expropiación de tierras indígenas y a la conformación del latifundio boliviano.

Para García Linera, hasta 1952, la condición de exclusión-asimilación de los pueblos indígenas se mantuvo, al respecto señala:

"Las distintas formas estatales que se produjeron hasta 1952 no modificaron sustancialmente este apartheid político. El Estado caudillista (1825-1880) y el régimen de la llamada democracia "censitaria" (1880-1952), tanto en su momento conservador como liberal, modificaron muchas veces la constitución política del Estado (1826, 1831, 1834, 1839, 1843, 1851, 1861, 1868, 1871, 1878, 1880,

---

[452] GREY, Nancy (2009). *Ahora somos ciudadanos*. La Paz, Muela del Diablo Editores, p. 18.
[453] Para García Linera, ello constituyó incluso un retroceso para los derechos indígenas, "(…) frente a la propia colonia, que había reconocido la vigencia local de los sistemas de autoridad indígena, Bolívar, en un intento de instaurar una constitución liberal, había declarado extinguida la autoridad de los caciques indígenas, sustituyéndolos por funcionarios locales designados por el Estado". GARCÍA LINERA, Álvaro (2009). Ob., cit., p. 273.

1938, 1945, 1947), sin embargo, la exclusión político-cultural se mantuvo tanto en la normatividad del Estado como en la práctica cotidiana de las personas. De hecho se puede decir que, en todo este periodo, la exclusión étnica se convertirá en el eje articulador de la cohesión estatal".[454]

La revolución de 1952, pretendió reparar la usurpación de la propiedad comunitaria indígena, a través de un programa de reforma agraria, el que no se pudo llevar adecuadamente a la práctica. Sin embargo, los indígenas seguían siendo objeto de una discriminación política y económica.[455]

Durante las décadas de 1970 y 1980, los indígenas se organizaron, logrando a comienzos de la década de 1990, la conformación de un poderoso movimiento indígena de nivel nacional. Sus demandas son de reconocimiento y derechos territoriales[456]. Ello llevó a que en 1994[457], durante el mandato presidencial de Gonzalo Sánchez de Lozada, se reformara la Constitución incorporando un reconocimiento constitucional de la diversidad cultural.[458]

"(…) la Constitución fue modificada reconociendo a Bolivia como una nación "multiétnica" y "pluricultural", y se promulgaron toda una serie de reformas legales que pretendían alterar radicalmente la posición de los pueblos indígenas en el país. Las tres leyes más importantes fueron: la Ley de Participación Popular (LPP), una

---

[454] Ibíd., p. 274.
[455] GREY, Nancy (2009). Ob., cit., pp. 18-19.
[456] Ibíd., p. 19.
[457] Sobre las reformas constitucionales bolivianas de 1994, véase: VIDAL, Carlos (2001). "La reforma constitucional en Bolivia". *Revista de Derecho Político*. N° 50, pp. 313-347.
[458] Para una revisión más detallada del devenir político boliviano, véase: ASSIES, Willem y SALMAN, Ton (2003). "La democracia boliviana: Entre la consolidación, la profundización y la incertidumbre. Un análisis contextualizado de los resultados de las elecciones de 2002 en Bolivia". *Estudios Atacameños*. N° 25, pp. 79-101.

suerte de descentralización política que incluía a los pueblos indígenas como actores en la toma de decisiones de desarrollo municipal; la Ley INRA, una reforma agraria que instituyó la titulación colectiva de territorios indígenas; y la Ley de Educación Cultural Bilingüe que promovió la enseñanza de la cultura e idiomas indígenas en las escuelas".[459]

Junto a lo anterior, se debe tener presente, que ya en el año 1991, Bolivia había ratificado el Convenio N° 169 de la OIT, que sumadas a las reformas constitucionales y las Leyes indígenas del año 1994[460], conformaban un panorama auspicioso para corregir la falta de reconocimiento de la diversidad cultural boliviana. ¿Por qué no fueron suficientes, para los movimientos indígenas, el reconocimiento constitucional y las leyes, sobre la diversidad cultural de Bolivia?

Pese a las reformas constitucionales y las reformas legales, en Bolivia no se producía una conversación política igualitaria entre los miembros de la diversidad cultural, no había integración[461], era un país donde coexistían desarticuladamente varias culturas[462], pero donde la estructura estatal

---

[459] GREY, Nancy (2009). Ob., cit., p. 22.
[460] Sobre el contenido y profundidad de las Leyes Indígenas de 1994, véase: STRÖBELE-GREGOR, Juliana (1999). "Ley de Participación Popular y movimiento popular en Bolivia". En: *Sociedad civil en América Latina: Representación de intereses y gobernabilidad.* Caracas, Nueva Sociedad, pp. 133-146.
[461] Sobre la idea del reconocimiento "simbólico", véase: FRASER, Nancy (2006). Ob., cit., pp. 64-67.
[462] Álvaro García Linera, señala que en Bolivia, existen cuatro tipos de culturas civilizatorias, que serían: "i. La moderna, mercantil-industrial, que abarca a personas que, poseedoras de una racionalidad eminentemente mercantil y acumulativa, han atravesado procesos de individuación y desarraigo comunitario tradicional; viven la separación de lo político respecto a lo económico y asientan el fundamento de sus condiciones de existencia, como actores dominantes o subordinados, en actividades laborales asalariadas como la minería y manufactura industrial, la banca, el gran comercio, los servicios públicos, el transporte, etc., con sus respectivos circuitos de acumulación e intercambio directamente mercantil de productos, bienes y fuerza de trabajo. En términos poblacionales, no más de un 20 o 30% de las personas en el país están involucradas directa y técnicamente en esta trama social; ii. El segundo régimen civilizatorio es el que se refiere a la economía y cultura organizadas en torno a la actividad mercantil simple de tipo

recogía la lógica organizativa de sólo una de ellas, la moderna mercantil capitalista.[463]

La crítica al reconocimiento de la diversidad cultural alcanzado con las reformas constitucionales de 1994 eran radicales. Para Álvaro García Linera, dichas reformas sólo implicaron una moderación en el discurso de la elite, pero no cambios culturales u económicos relevantes, la discriminación y exclusión económica de los pueblos indígenas se mantuvo. Pese al "reconocimiento" legal de identidades étnicas, culturales y lingüísticas en la mayor parte del territorio boliviano, el Estado negó o simuló un reconocimiento de esta diversidad, trazando políticas de extinción, ya sea a través de la exclusión coercitiva de esas identidades, o por medio de su devaluación simbólica, que empujó a estrategias de auto negación étnica. En términos estrictos, se siguió con la política estatal aplicada durante los últimos cien años, con algunas variantes "blandas", pero cuyo resultado es una constante reconstitución de las identidades

---

doméstico, artesanal o campesino. Quienes pertenecen a él son portadores de una racionalidad gremial o corporativa, y poseen un régimen de instituciones políticas basadas en la coalición normativizada de pequeños propietarios mercantiles. Una buena parte de la llamada informalidad, que ocupa el 68% del empleo urbano, de los artesanos y los pequeños campesinos parcelarios corresponde a este segmento social; iii. En tercer lugar, está la civilización comunal, con sus procedimientos tecnológicos fundados en la fuerza de masa, en la gestión de la tierra familiar y comunal, en la fusión entre actividad económica y política, con sus propias autoridades e instituciones políticas, que privilegian la acción normativa sobre la electiva y en la que la individualidad es un producto de la colectividad y de su historia pasada; iv. Por último, está la civilización amazónica, basada en el carácter itinerante de su actividad productiva, la técnica basada en el conocimiento y laboriosidad individual y la ausencia de Estado. En conjunto, las dos terceras partes de los habitantes del país se hallan en alguna de los últimas tres franjas civilizatorias o societales. Es claro que éste es un modelo conceptual que no excluye vínculos, cruces e hibridaciones complejos, producto de la colonización, entre estos cuatro bloques civilizatorios, al tiempo que hace resaltar la diferencia de los patrones de organización social vigentes en el espacio social boliviano". En: GARCÍA LINERA, Álvaro (2009). Ob., cit., pp. 298-302.
[463] Ibíd., p. 297.

excluidas y el surgimiento de proyectos indianistas secesionistas respecto del Estado boliviano.[464]

Debido a lo anterior, para los movimientos indigenistas, principalmente agrupados en el MAS, el Estado y las políticas indigenistas de mercado o neoliberales se encontraban agotadas y se propusieron el cambio del sistema, mediante una estrategia de llegada al poder estatal, por la vía electoral y la movilización social.[465]

Así, en las elecciones de junio de 2002, para sorpresa de muchos, el MAS liderado por Evo Morales, se convirtió en la segunda fuerza política de Bolivia. Los planteamientos del MAS fueron vistos con total desprecio y permanentemente descalificados por la mayor parte de los partidos establecidos[466]. Desde 1997 a 2002, el MAS se había destacado por la movilización social en contra del gobierno de Hugo Banzer, por las políticas neoliberales y el sistema de corrupción e incompetencia de los políticos "tradicionalmente elitistas"[467]. El MAS construye un discurso, que plantea la idea de acabar con el Estado colonial, excluyente de lo indígena, y el neoliberalismo, empobrecedor de la sociedad y los indígenas[468]. Se construye la idea de la nación plebeya[469], se vuelven interdependientes del

---

[464] Ibíd., pp. 310-311.

[465] La lógica de toma del poder, es lo que diferencia al movimiento indigenista boliviano liderado por Evo Morales, con otro, como el del Ejercito Zapatista de Liberación Nacional (EZLN), liderado por el Subcomandante Marcos, quienes renuncian a la toma del poder, véase: GARCÍA AGUSTÍN, Oscar (2006). "Indígenas y globalización: los discursos de Evo Morales y el Subcomandante Marcos". *Interlingüística*. N° 17, pp. 388-397.

[466] Es importante anotar que Evo Morales en enero del año 2002, fue expulsado del Congreso de los Diputados, acusado de instigar los cruentos choques entre cocaleros y uniformados en la localidad de Sacaba, donde dos miembros de la policía fueron golpeados por campesinos e indígenas.

[467] ASSIES, Willem y SALMAN, Ton (2003). Ob., cit., p. 80.

[468] Véase: GARCÍA AGUSTÍN, Oscar (2006). Ob., cit., pp. 393-397.

[469] GARCÍA LINERA, Álvaro (2009). Ob., cit., pp. 423-435.

discurso, las ideas de reconocimiento y redistribución (entendida en su expresión de autonomía indígena).[470]

Se levanta la idea de una crisis general del Estado. Para García Linera, ello se debe a que en sociedades de gran diversidad indígena como la boliviana, el Estado se presenta como una estructura relacional y política monoétnica y monocivilizatoria que, así como desconoce (destruye) otras visiones culturales y representación de los recursos territoriales, vive con una legitimidad frágil y en constante acecho por parte de las otras entidades culturales y étnicas, que tienen prácticas políticas diferentes y un entendimiento alternativo de la responsabilidad del bien común. Agregando que ellas se encuentran sistemáticamente excluidas de la administración gubernamental.[471]

En este contexto de aumento de poder político del MAS y los movimientos indígenas bolivianos, durante el mes de octubre del año 2003, se produjo lo que se ha denominado como la "guerra del gas", que, entre otras cosas, obligó a la renuncia del entonces Presidente Gonzalo Sánchez de Lozada. Relatando los hechos, Nancy Grey señala:

"Los que empezaron las protestas fueron los indígenas aymara de barrios pobres, que son mayoría en la populosa ciudad de El Alto que colinda con la sede de gobierno. Se opusieron a la propuesta del gobierno de permitir que las empresas transnacionales exportaran el gas natural, desde las tierras bajas orientales de Bolivia, a través de un oleoducto que pasaría por Chile hasta plantas procesadoras y mercados en Estados Unidos y México. No tardaron mucho en unírseles los campesinos, estudiantes, desempleados, profesores y

---

[470] GREY, Nancy (2009). Ob., cit., pp. 32-35.
[471] GARCÍA LINERA, Álvaro (2009). Ob., cit., pp. 309-311.

mineros de varios lugares del altiplano. Portando pancartas que decían "el gas es nuestro", los manifestantes demandaban la nacionalización de las concesiones de gas que se habían otorgado a las transnacionales y el fin del "modelo neoliberal" o de la economía de libre mercado que se había instalado en Bolivia desde mediados de 1980. Después de seis semanas de violencia y furia popular, y alrededor de setenta muertos, el Presidente huyó a Miami".[472]

La guerra del gas de 2003, cambio la política boliviana y comenzó una nueva etapa en la misma. Los protagonistas de ella, combinaron el indigenismo con la noción de "nación plebeya", reflejando el hecho de que la mayoría de los bolivianos son ambas cosas: indígenas y pobres.[473]

Sistematizando los factores que hicieron posible escalar por la vía electoral en el año 2002, la representación política del 62% de la población nacional a que entonces ascendía la mayoría indígena boliviana, y que, a la postre se convertiría en el paso previo al triunfo definitivo del MAS del cual forma parte el actual presidente de Bolivia, Evo Morales[474], se tendría que tener en cuenta cinco puntos[475]. Ellos, son útiles para entender algunas de las causas[476] que permiten la configuración del nuevo Estado Boliviano, como

---

[472] GREY, Nancy (2009). Ob., cit., p. 16.

[473] Ibíd., p. 20.

[474] Evo Morales Ayma se convirtió en el primer Presidente de la República de Bolivia de origen indígena (aymara) y quién además hizo su trayectoria política desde los movimientos indígenas. El 18 de diciembre de 2005, día en que fue electo presidente, proclamo: "Compañeros indígenas, ¡por primera vez somos presidentes!" Para un análisis de las etapas que ha vivido el gobierno de Evo Morales desde el 2005 al 2011, véase: GARCÍA LINERA, Álvaro (2011). *Las Tensiones creativas de la revolución*. La Paz, Vicepresidencia del Estado Plurinacional, 72 pp.

[475] Al respecto ver: AVILA, Raúl (2009). "Bolivia: La apuesta por el Estado unitario social de Derecho plurinacional comunitario". En: *Tendencias del Constitucionalismo en Iberoamérica*. Ciudad de México, Universidad Nacional Autónoma de México, pp. 879-888.

[476] Sigo una explicación multi-causal del devenir político social e institucional de Bolivia. En ese sentido se puede consultar el trabajo de: MÁIZ, Ramón (2007). "Indianismo y nacionalismo en Bolivia: estructura de oportunidad política, movilización y discurso". En: *Ciudadanía y derechos indígenas en América Latina: poblaciones, estados y orden internacional*. Madrid, Centro de Estudios Políticos y Constitucionales, pp.129-172.

un Estado plurinacional comunitario y social de derecho. Dichas causas son: 1) Los cambios institucionales que se fueron realizando desde 1982; 2) Agotamiento del sistema de gobernanza de los partidos políticos; 3) Maduración y consolidación del movimiento indigenista; 4) Frustración popular con las políticas económicas que condujeron el binomio Banzer – Quiroga; 5) Sentimiento nacionalista por la política impulsada por Estados Unidos, en relación con los plantíos de "coca".

En primer lugar, los cambios institucionales, se resumen a nivel normativo, en que la Ley de Participación Ciudadana de 1994, la consecuente descentralización municipal y la creación de distritos uninominales para 63 de los 130 puestos en la Cámara de Diputados, posibilita gradualmente la entrada de nuevos actores políticos, entre ellos el MAS.[477]

En segundo lugar, los cambios en el sistema de partidos son un factor importante, ya que los tres partidos grandes, dos de derecha y uno de izquierda, captaron más del 50% de la votación nacional a lo largo del periodo 1985-1997, a los que se sumaron Conciencia de Patria y Unión Cívica Solidaridad, que capturaron el 22%, alternando pragmáticamente en el gobierno, con frecuencia coaligados con alguno de los dos últimos, a costa de la creciente pobreza y su propia legitimidad. Ello comenzó a agonizar a partir de 2002, cuando sólo obtuvieron 42% de los votos, dejando espacio a los movimientos sociales indígenas emergentes en la arena político electoral. El MAS en alianza ganó las elecciones en cuatro departamentos y colocando en la agenda boliviana un discurso etnonacionalista, marxista y comunitario.[478]

---

[477] AVILA, Raúl (2009). Ob., cit., p. 882.
[478] Ibíd., p. 883.

Como tercer aspecto, el movimiento indígena boliviano maduró sus ideas políticas desde mediados de los setenta. Fue creando alianzas y convergencia entre sus organizaciones y configuró un discurso que logró englobar a la gran mayoría de los bolivianos[479], la idea de nación plebeya, la conjugación de indígena y pobre, la búsqueda de reconocimiento y redistribución, entendida esta última como una autodeterminación económica y no imposición de políticas de carácter neoliberal[480]. Se articula un discurso de unidad de las fuerzas excluidas y de toma del poder.[481]

En cuarto lugar, las políticas neoliberales impulsadas por los expresidentes Hugo Banzer (1997-2001) y Jorge Quiroga (2001-2002) y la ardua

---

[479] Sobre éste punto, es importante tener en consideración las estrategias discursivas del MAS y el Movimiento Indígena Pachakuti (MIP), liderado por Felipe Quispe. Ello, por cuanto son dos formas distintas de elaborar la política indigenista y que con el tiempo se han distanciado cada vez más. Para Ramón Maíz, la política amplia seguida por el MAS, es uno de los principales factores al momento de entender su triunfo electoral. Al respecto señala: "(…) una estrategia catch-all, inclusiva, por parte del MAS, que inscribía las demandas indianistas en el seno de un más vasto programa de refundación nacional boliviano, le ha procurado no solo crecientes apoyos electorales, sino la incorporación orgánica de candidatos y cuadros de partido procedentes de los efectivos disponibles de las crisis y desalineamientos de las fuerzas de izquierda y aun de los partidos tradicionales de Bolivia. El éxito del MAS proviene de erigirse en punto de coordinación no solo de efectivos electorales sino de militantes procedentes de otras organizaciones no indigenistas, abriendo una ventana de oportunidad en la Bolivia sociopolíticamente identificada como mestiza. Frente a esto, el MIP ha postulado en todo momento una estrategia etnicista esencialista y excluyente –de hecho: antiblanca- de la mano de un indigenismo de base exclusivamente aymara, que no solo lo distanciaba de la población mestiza, sino de los indígenas quechuas o guaraníes". Véase: MAIZ, Ramón (2007). Ob., cit., p. 153.
[480] Al respecto, certeramente Raúl Ávila señala: "Maduración y consolidación pues las primeras reacciones populares indígenas relevantes en contra de la dictadura militar de mediados de los años setenta –el llamado "katarismo"- se transformaron en movimientos, organizaciones y partidos políticos a lo largo de las dos siguientes décadas. Nutridos por los nuevos migrantes rurales indígenas aymaras y quechuas, que la propia política económica empujo hacia los suburbios urbanos; animados por el declinamiento de los otrora partidos hegemónicos, y motivados por el respaldo de las organizaciones de productores de "coca", esos nuevos partidos llevaron a Evo Morales y Felipe Quispe –más moderado, el primero, y el otro más radical- a liderar una amplia y sólida fuerza política inspirada en aquel discurso, todo lo cual, desde luego, no ha estado exento de complejas dinámicas y divisiones entre líderes, bases, etnias y regiones". En: AVILA, Raúl (2009). Ob., cit., p. 883.
[481] Véase: GARCÍA AGUSTÍN, Oscar (2006). Ob., cit., pp. 394-395.

represión a los movimientos sociales indígenas minaron la legitimidad del gobierno.

En quinto lugar, y conectado con lo anterior, los movimientos indigenistas, identificaron como impulsores de las políticas neoliberales, de la represión, la destrucción de cultivos a los indígenas cocaleros y de consumar la expulsión de Evo Morales de la Cámara de Diputados el año 2002, a la embajada de Estados Unidos en Bolivia. Así generaron un clima nacionalista y anti imperialista.

Los factores señalados y la evolución política-social, brevemente revisada, permiten comprender de mejor forma la estructura y contenido del texto constitucional de 2009, la estrategia constituyente y el proceso de legitimación de la misma. En el próximo punto, analizaré en concreto el modelo refundacional del Estado de la Constitución de Bolivia del año 2009.

3.2. Conceptualización del Estado en la Constitución Política boliviana de 2009.

El 2 de julio de 2006, se convocó la Asamblea Constituyente Boliviana, eligiéndose los constituyentes para ello. Para el gobierno de Evo Morales, la convocatoria a la Asamblea Constituyente era necesaria para las transformaciones estructurales en el esquema organizativo estatal y la redefinición de las reglas de la convivencia colectiva.[482]

---

[482] Para un estudio detallado sobre el proceso de la Asamblea Constituyente en Bolivia, véase: SCHAVELSON, Salvador (2012). *El nacimiento del Estado Plurinacional de Bolivia. Etnografía de una Asamblea Constituyente*. La Paz, Plural Editores, pp. 143-414.

El proceso llevado a cabo por la Asamblea Constituyente, fue bastante complejo y contó con una férrea oposición[483], sobre todo luego que la Asamblea Constituyente diera a conocer el proyecto de nueva Constitución a comienzos del año 2007. La oposición devino principalmente de las regiones bajas de Bolivia y "se expresó en la formulación de estatutos autonómicos con contenidos contradictorios al texto constitucional y en el impulso a la realización de referendos departamentales de facto, para la aprobación de los mismos. Estas iniciativas fueron promovidas por los Comités Cívicos y las prefecturas de los departamentos de Santa Cruz, Beni, Pando y Tarija".[484]

Sin embargo, la apuesta de oposición no fructificó y el 25 de enero de 2009, se realizó el referéndum para consultar la aprobación de la nueva

---

[483] Álvaro García Linera, grafica ello de la siguiente forma: "Hoy, entre el Presidente Evo Morales, el Canciller o la presidenta de la Asamblea Constituyente, poco o nada, no sólo de sus propuestas políticas sino de su vida cotidiana, tienen en común con los ex presidentes, ministros y grupos influyentes del antiguo bloque de poder en decadencia. Quizás esto también ayuda a explicarlos escasos puentes de comunicación entre ambos bloques, pues, a diferencia de lo que sucedía antes, cuando a pesar de las diferencias políticas, las elites confrontadas compartían un mismo estilo de vida, redes matrimoniales, espacios familiares de educación y distracción, las clases sociales hoy confrontadas pertenecen a ubicaciones en el espacio social-material objetiva-mente antagónicas, y con unas distancias geográficas reales, que no hacen más que materializar y ahondar sus distancias políticas. Es en el Congreso, pero fundamentalmente en la estructura de la división territorial del Estado, donde se visibilizan y personifican esas diferencias. El antiguo bloque social dominante es hoy fuerza política minoritaria y beligerante del Parlamento; mientras que, al inaugurar la elección de prefectos y la oposición política de este nivel subnacional, los representantes históricos del viejo régimen (prefectos de Pando, Tarija, Cochabamba), o formados en él (prefectos de Santa Cruz y Beni), se han replegado al ámbito de los gobiernos departamentales, dando lugar a una segmentación territorial vertical diferenciada de las elites estatales. De esta manera, el bloque de poder del viejo Estado, carente de un nuevo proyecto político general, se ha replegado al control de varios gobiernos regionales, en tanto que las clases sociales regionalmente movilizadas durante los últimos ocho años hoy se están constituyendo en nuevo bloque de poder nacional general dirigente". En: GARCÍA LINERA, Álvaro (2009). Ob., cit., pp. 510-511.
[484] ROMERO, Carlos (2009). "El proceso constituyente Boliviano". En: *Tendencias del Constitucionalismo en Iberoamérica*. Ciudad de México, Universidad Nacional Autónoma de México, p. 894.

Constitución, la que contó con un 60.11% de aprobación y un 39.89% de rechazo.[485]

3.2.1. Nuevo modelo de Estado.

El plurinacionalismo y multiculturalismo son expresiones que se refieren a sociedades contenedoras de culturas minoritarias y al reconocimiento del derecho de estas últimas a la diferencia. Ambos términos aluden, sin embargo, a realidades diversas y tienen consecuencias políticas e institucionales de distinto calado. La Asamblea Constituyente de Bolivia (2006-2007) y la definición del Estado boliviano como "plurinacional" por la nueva Constitución Política (2009), ofrecen un buen ejemplo de ello.[486]

En el artículo 1 de la nueva Constitución de Bolivia, se señala que el modelo de Estado será de tipo: Unitario, Social de Derecho, Plurinacional Comunitario, descentralizado y con autonomías. Con ello hace converger tres ámbitos de la realidad social del país: la liberal, la comunitaria y la regional.[487]

---

[485] Sin embargo se debe tener presente que la Constitución finalmente aprobada sufrió importantes y numerosos cambios a la propuesta realizada por la Asamblea Constituyente. Los cambios fueron introducidos primero por un Comité de redacción y luego por la Comisión Ad hoc creada por el Congreso. Para Boaventura de Sousa Santos, todos los cambios tuvieron un carácter conservador. Véase: SANTOS, Boaventura de Sousa (2010). *Refundación del Estado en América Latina*. Lima, Instituto Internacional de Derecho y Sociedad, pp. 73-80. Para mayores detalles del proceso político, véase: SCHAVELSON, Salvador (2012). Ob., cit., pp. 415-506.

[486] Al respecto Raúl Ávila señala: "Si bien se preveía el ascenso del actor indígena en el proceso de construcción de los nuevos Estados constitucionales, pocos acaso podrían haber pronosticado que una década después, en experiencias específicas, el Estado liberal multicultural podría ser desplazado por una forma política bajo términos diferentes: el Estado plurinacional y comunitario liberal. Esto es, precisamente, lo que está ocurriendo con el Movimiento al Socialismo, bajo el liderazgo predominante de Evo Morales, y explica los contenidos estructurales de su nueva Constitución, refrendada y en vigor desde febrero de 2009". En: AVILA, Raúl (2009). Ob., cit., p. 879.

[487] ROMERO, Carlos (2009). Ob., cit., p. 905.

En la Asamblea Constituyente de los años 2006 y 2007, se buscó modelar un Estado plurinacional. De hecho en el artículo primero del texto constitucional, se señala expresamente que el estado es plurinacional.[488]

En el Estado Plurinacional Comunitario, se admite la multiculturalidad de la sociedad, se reconocen varias naciones, donde Bolivia es la nación mayor en la que convergen las naciones indígenas u originarias articuladas con base en su identidad cultural[489]. Para Boaventura de Sousa Santos, "la plurinacionalidad es una demanda por el reconocimiento de otro concepto de nación, la nación concebida como pertenencia común a una etnia, cultura o religión".[490]

Este modelo de Estado, como ya lo señalaba en la introducción, con base étnica supone tres saltos de escala. La primera, el paso desde la condición cultural de los grupos étnicos al reconocimiento de que son naciones y, a partir de ahí, su estatalización, que supone formar parte de las estructuras del Estado. Cada escala supone formas distintas de organización estatal. La primera es la actualmente existente en Bolivia, que reconoce el carácter multicultural y plurilingüe del país, así como las formas de organización y funcionamiento de las comunidades indígenas. El segundo es el existente en muchos Estados, entre ellos España (que reconoce la existencia de nacionalidades, y no de "naciones") y más recientemente Sudáfrica, que reconoce el carácter de naciones a los grupos étnicos, sin que en ninguno

---

[488] "Artículo 1.- Bolivia se constituye en un Estado Unitario Social de Derecho Plurinacional Comunitario, libre, independiente, soberano, democrático, intercultural, descentralizado y con autonomías. Bolivia se funda en la pluralidad y el pluralismo político, económico, jurídico, cultural y lingüístico, dentro del proceso integrador del país".
[489] ROMERO, Carlos (2009). Ob., cit., p. 905.
[490] SANTOS, Boaventura (2010). Ob., cit., p 81.

de los casos se haya dado el paso siguiente de incorporarlos a la estructura del Estado declarando que sea plurinacional en su fundamento mismo.[491]

La plurinacionalidad en Bolivia se funda en el reconocimiento de la pre-existencia[492] de indígenas que, en su calidad de sujetos colectivos, se asumen como naciones que se conforman y articulan en torno a identidades culturales compartidas. "La principal proyección se refiere a una comunidad política flexible con multiniveles asimétricos en la que se reconoce autonomía indígena con base en sus derechos históricos".[493]

Para José Rivera, el Estado Plurinacional, no es posible encuadrarlo en la doctrina constitucional clásica ni contemporánea. Ello debido a que:

> "(…) se trata de una nueva modalidad de organización política de la sociedad que, como manifiestan sus impulsores, se trata de "un modelo de organización social y política para la descolonización de las naciones y pueblos, reafirmando, recuperando y fortaleciendo la autonomía territorial". De manera que siguiendo los fundamentos expuestos en los debates de la Comisión de Visión del Estado por quienes lo sustentan, podríamos inferir que se trata de un modelo de Estado que se organiza política, social y jurídicamente sobre la base de la unión de varias naciones y pueblos indígenas originario campesinos bajo una misma Constitución y gobierno estatal, pero con el reconocimiento a esas naciones de su territorio propio, su

---

[491] Para Gargarella, la Constitución boliviana y su modelo de Estado plurinacional se constituye en un proceso icono en América Latina, similar a lo que representó la Constitución mexicana de comienzos del siglo veinte. Véase: GARGARELLA, Roberto (2013). Ob., cit., p. 194.
[492] Para Carlos Romero, éste reconocimiento de la pre-existencia de los pueblos indígenas, tiene dos utilidades prácticas: 1) reafirma su condición de colectividades (pueblos o naciones) y por ende, les otorga derechos colectivos de variada índole; 2) Asigna derechos de carácter histórico, aunque no con alcances de reconstitución de sus territorialidades originarias. Véase: ROMERO, Carlos (2009). Ob., cit., p. 908.
[493] Ídem.

régimen económico, idioma, sistema jurídico y el derecho de autogobernarse, con competencias administrativas, económicas y culturales".[494]

Lo anterior se refuerza en el artículo 2[495], ya que se establece el derecho a la libre autodeterminación de los grupos étnicos, como tales, es decir con un reconocimiento a sus derechos colectivos[496], y al dominio ancestral sobre sus territorios.

Se produce una incongruencia en el artículo 3, ya que define al Estado boliviano, de carácter unitario. Sin embargo, considerando sus componentes y autonomías locales y comunales, se encuentra más próximo a la idea federal.[497]

En el texto constitucional se declaran oficiales 36 idiomas de las naciones y pueblos indígenas originarios[498]. Ello se realiza en todo el territorio de

---

[494] RIVERA, José (2009b). Ob., cit., p. 101. En el mismo sentido, para Bartolomé Clavero, la plurinacionalidad consistiría un nuevo paradigma constitucional. Véase: CLAVERO. Bartolomé (2011). *Estado plurinacional o bolivariano: nuevo o viejo paradigma constitucional americano.* Disponible en: <http://clavero.derechosindigenas.org/wp-content/uploads/2011/05/Estado-Plurinacional.pdf> [consulta: 19 marzo 2013].

[495] "Artículo 2.- Dada la existencia precolonial de las naciones y pueblos indígena originario campesinos y su dominio ancestral sobre sus territorios, se garantiza su libre determinación en el marco de la unidad del Estado, que consiste en su derecho a la autonomía, al autogobierno, a su cultura, al reconocimiento de sus instituciones y a la consolidación de sus entidades territoriales, conforme a esta Constitución y la ley".

[496] En ese sentido, Boaventura de Sousa Santos señala que: "En el lenguaje de los derechos humanos, la plurinacionalidad implica el reconocimiento de derechos colectivos de los grupos sociales en situaciones en que los derechos individuales de las personas que los integran resultan ineficaces para garantizar el reconocimiento y la persistencia de su identidad cultural o el fin de la discriminación social de que son víctimas". En: SANTOS, Boaventura (2010). Ob., cit., p. 81.

[497] Para José Rivera, el modelo de Estado ideado por la nueva Constitución al partir del concepto de nación política, y no solamente del concepto de nación cultural, se podría concluir que se trata de un Estado compuesto u asociado, más próximo a uno federativo, autonómico, que de carácter uninacional. Véase: RIVERA, José (2009b). Ob., cit., pp. 101-102. Sobre la idea federal véase: MORENO, Luis (2008). *La federalización de España.* Madrid, Siglo XXI, 2ª ed., pp. 31-44.

[498] En el artículo 5° de la Constitución boliviana se señala que: "Son idiomas oficiales del Estado el castellano y todos los idiomas de las naciones y pueblos indígena originario campesinos, que son el aymara, araona, baure, bésiro, canichana, cavineño, cayubaba, chácobo,

227

Bolivia y no sólo en donde se encuentre la localización geográfica del idioma del pueblo originario.

Esta clave étnico-indigenista del artículo primero organiza todo el sistema institucional del Estado[499], como puede constatarse en varias de las nuevas estructuras esenciales, como la Asamblea Legislativa Plurinacional, el Tribunal Constitucional Plurinacional y el Órgano Electoral Plurinacional, cuyos miembros serán elegidos en condiciones desiguales.

En la Asamblea Legislativa plurinacional estarán representadas directa y proporcionalmente las naciones originarias (artículo 147, II), es decir, serían siempre mayorías (este derecho no es reconocido a ningún otro grupo social o cultural) independientemente de cualquier resultado electoral concreto.

En razón del pluralismo jurídico se divide al órgano judicial en dos sistemas, uno ordinario y otro indígena-originario. Pese a declararlos de igual jerarquía (artículo 179), las decisiones de la justicia comunitaria deberán ser acatadas por toda autoridad pública o persona (artículo 192, I), lo que la pondría por encima de la justicia nacional, en posibles casos.

La Constitución boliviana, si bien declara la independencia del Estado respecto de la religión (artículo 4), en el artículo 110.I afirma que el patrimonio cultural de los pueblos indígenas y sus cosmovisiones (que

---

chimán, ese ejja, guaraní, guarasuawe, guarayu, itonama, leco, machajuyai-kallawaya, machineri, maropa, mojeño-trinitario, mojeño-ignaciano, moré, mosetén, movima, pacawara, puquina, quechua, sirionó, tacana, tapiete, toromona, uruchipaya, weenhayek, yaminawa, yuki, yuracaré y zamuco".

[499] Carlos Romero, haciendo un contrapunto con la anterior Constitución de Bolivia, señala que: "En la anterior Constitución se define al Estado como unitario y multiétnico. El nuevo texto ratifica el carácter unitario y sustituye lo multiétnico por lo plurinacional, ya que los indígenas no son solamente etnias, si no que se asumen como naciones indígenas. El Estado aplicaba lo multiétnico sólo al respeto de la diversidad folklórica, dejando sin efecto la multiculturalidad en la organización estatal". En: ROMERO, Carlos (2009). Ob., cit., p. 905.

incluyen su dimensión religiosa) forman parte de la identidad del Estado. Por un lado, el Estado es laico (con respecto a la religión católica), pero por otro se haría confesional al convertir a las culturas originarias en la base esencial del Estado (artículo 98, I).

Lo anterior se refuerza, ya que en el artículo 98 III, establece que es responsabilidad del Estado, promover y difundir las cosmovisiones de los pueblos indígenas. Como apunta Bartolomé Clavero, al calificar al Estado como plurinacional se asume un compromiso, el de conseguir que la plurinacionalidad existente en la sociedad sea la principal característica del Estado. Por mera virtud de la postulación constitucional no cabe decir que se haya ya producido, como hecho histórico, un tránsito al Estado plurinacional, formulándose el imperativo.[500]

3.2.2. Nuevos derechos fundamentales, de tipo indígena y de grupo.

Junto con el reconocimiento de los clásicos derechos fundamentales y de los derechos humanos denominados de segunda y tercera generación, la nueva Constitución de Bolivia, innova al reconocer derechos fundamentales expresos para indígenas y pueblos indígenas, como grupos.

En el Título II denominado "Derechos Fundamentales y Garantías", se establece un amplísimo catálogo de derechos, dentro de los cuales, se encuentra el Capítulo Cuarto, de los derechos de las naciones y pueblos indígena originario campesinos. Da inició al Título II, el artículo 13, preceptuando que: "Los derechos reconocidos por esta Constitución son inviolables, universales, interdependientes, indivisibles y progresivos. El Estado tiene el deber de promoverlos, protegerlos y respetarlos".

---

[500] CLAVERO, Bartolomé (2011). Ob., cit., pp. 13-14.

Para efectos de interpretación y control constitucional, el artículo precitado, señala que los derechos fundamentales que enumera la Constitución, no determinan jerarquía alguna ni superioridad de unos derechos sobre otros, y que los tratados y convenios internacionales ratificados por el Estado boliviano, que reconocen los derechos humanos y que prohíben su limitación en los Estados de Excepción prevalecen en el orden interno. En este sentido, termina preceptuado que los derechos fundamentales consagrados en la Constitución se interpretarán de conformidad con los Tratados internacionales de derechos humanos ratificados por Bolivia.[501]

En lo que se refiere a derechos fundamentales de tipo multicultural, principalmente indígena, que reconoce la nueva Constitución de Bolivia, de carácter individual, destacan:

1) El de igualdad y no discriminación (artículo 14.I y 14.II), fundada en razón de sexo, color, edad, orientación sexual, identidad de género, origen, cultura, nacionalidad, ciudadanía, idioma, credo religioso, ideología, filiación política o filosófica, estado civil, condición económica o social, tipo de ocupación, grado de instrucción, discapacidad, embarazo, u otras que tengan por objetivo o resultado anular o menoscabar el reconocimiento, goce o ejercicio, en condiciones de igualdad, de los derechos de toda persona. Los supuestos señalados, constituyen una expansión de los clásicos establecidos en el resto de las Constituciones en el mundo.

---

[501] Sobre los conflictos de interpretación judicial que surgen con la nueva Constitución boliviana, véase: MENDINACELI, Gustavo (2012). "Criterios de interpretación en la nueva Constitución de Bolivia". *Anuario de Derecho Constitucional Latinoamericano*. Año XVIII, pp. 139-150.

2) Derecho a recibir educación (artículo 17) en todos los niveles de manera universal, productiva, gratuita, integral e intercultural, sin discriminación.

3) Derecho a la autoidentificación cultural (artículo 21).

4) Las extranjeras y los extranjeros residentes en Bolivia tienen derecho a sufragar en las elecciones municipales (artículo 27.II).

5) Derecho a que los miembros de los pueblos indígenas inscriban junto a la ciudadanía boliviana en su cédula de identidad, pasaporte u otros documentos de identificación con validez legal, su nacionalidad indígena (artículo 30.3).

En lo que se refiere a derechos fundamentales de tipo multicultural, principalmente indígena[502], que reconoce la nueva Constitución de Bolivia, de carácter colectiva, destacan:

1) El de igualdad y no discriminación (artículo 14.III), al garantizar a todas las personas y colectividades, sin discriminación alguna, el libre y eficaz ejercicio de los derechos establecidos en la Constitución, las leyes y los tratados internacionales de derechos humanos.

2) Derecho de participación política comunitaria (artículo 26). Donde se practique la democracia comunitaria, los procesos electorales se ejercerán según normas y procedimientos propios, supervisados por el Órgano Electoral, siempre y cuando el acto electoral no esté sujeto al voto igual, universal, directo, secreto, libre y obligatorio. La elección, designación y nominación directa de los representantes de

---

[502] En el artículo 30 de la nueva Constitución boliviana, se define a la nación y pueblo indígena originario campesino a toda colectividad humana que comparta identidad cultural, idioma, tradición histórica, instituciones, territorialidad y cosmovisión, cuya existencia sea anterior a la invasión colonial española.

las naciones y pueblos indígenas originarios campesinos, de acuerdo con sus normas y procedimientos propios.

3) Los pueblos indígenas, tienen el derecho a la identidad cultural, creencia religiosa, espiritualidades, prácticas y costumbres, y a su propia cosmovisión (artículo 30.2).

4) Los pueblos indígenas, tienen el derecho a la libre determinación y territorialidad (artículo 30.4).

5) Los pueblos indígenas, tienen el derecho a que sus instituciones sean parte de la estructura general del Estado (artículo 30.5).

6) Los pueblos indígenas, tienen el derecho a la titulación colectiva de tierras y territorios (artículo 30.6).

7) Los pueblos indígenas, tienen el derecho a la protección de sus lugares sagrados (artículo 30.7).

8) Los pueblos indígenas, tienen el derecho a crear y administrar sistemas, medios y redes de comunicación propios (artículo 30.8).

9) Los pueblos indígenas, tienen el derecho a que sus saberes y conocimientos tradicionales, su medicina tradicional, sus idiomas, sus rituales y sus símbolos y vestimentas sean valorados, respetados y promocionados (artículo 30.9).

10) Los pueblos indígenas, tienen el derecho a vivir en un medio ambiente sano, con manejo y aprovechamiento adecuado de los ecosistemas (artículo 30.10).

11) Los pueblos indígenas, tienen el derecho a la propiedad intelectual colectiva de sus saberes, ciencias y conocimientos, así como a su valoración, uso, promoción y desarrollo (artículo 30.11).

12) Los pueblos indígenas, tienen el derecho a una educación intracultural, intercultural y plurilingüe en todo el sistema educativo (artículo 30.12).

13) Los pueblos indígenas, tienen el derecho a que el sistema de salud universal y gratuito respete su cosmovisión y prácticas tradicionales (artículo 30.13).

14) Los pueblos indígenas, tienen el derecho al ejercicio de sus sistemas políticos, jurídicos y económicos acorde a su cosmovisión (artículo 30.14).

15) Los pueblos indígenas, tienen el derecho a ser consultados mediante procedimientos apropiados, y en particular a través de sus instituciones, cada vez que se prevean medidas legislativas o administrativas susceptibles de afectarles. En este marco, se respetará y garantizará el derecho a la consulta previa obligatoria, realizada por el Estado, de buena fe y concertada, respecto a la explotación de los recursos naturales no renovables en el territorio que habitan (artículo 30.15).

16) Los pueblos indígenas, tienen el derecho a la participación en los beneficios de la explotación de los recursos naturales en sus territorios (artículo 30.16).

17) Los pueblos indígenas, tienen el derecho a la gestión territorial indígena autónoma, y al uso y aprovechamiento exclusivo de los recursos naturales renovables existentes en su territorio, sin perjuicio de los derechos legítimamente adquiridos por terceros (artículo 30.17).

18) Los pueblos indígenas, tienen el derecho a la participación en los órganos e instituciones del Estado (artículo 30.18).

19) Las naciones y pueblos indígenas en aislamiento y no contactados gozan del derecho a mantenerse en esa condición, a la delimitación y consolidación legal del territorio que ocupan y habitan (artículo 30.20).

La Constitución, establece en su artículo 135 una acción popular, que procederá contra todo acto u omisión de las autoridades o de personas individuales o colectivas que violen o amenacen con violar derechos e intereses colectivos, relacionados con el patrimonio, el espacio, la seguridad y salubridad pública, el medio ambiente y otros de similar naturaleza reconocidos por ésta, preceptuando una protección judicial de los derechos colectivos.

La acción popular, según el artículo 136 de la Constitución, puede interponerse durante el tiempo que subsista la vulneración o la amenaza a los derechos e intereses colectivos, no siendo necesario agotar la vía judicial o administrativa que pueda existir. Además, la acción la puede interponer cualquier persona, a título individual o en representación de una colectividad.

En cuanto al procedimiento de la acción popular, se le aplica el de la acción de Amparo Constitucional, establecido en los artículos 128 y 129 de la Constitución, y se caracteriza por ser breve y sumario.

3.2.3. Pluralismo jurídico.

El pluralismo jurídico, se encuentra reconocido constitucionalmente, en varias disposiciones[503]. En el artículo 178[504], se incorpora la variable cultural para el ejercicio de todas las actividades jurisdiccionales.[505]

---

[503] Véase la regulación que existía en la Constitución Boliviana de 1994 y las principales críticas de las que fue objeto en: CABEDO, Vicente (2004). Ob., cit., pp. 146-150.

[504] "Artículo 178.- I. La potestad de impartir justicia emana del pueblo boliviano y se sustenta en los principios de independencia, imparcialidad, seguridad jurídica, publicidad, probidad, celeridad, gratuidad, pluralismo jurídico, interculturalidad, equidad, servicio a la sociedad, participación ciudadana, armonía social y respeto a los derechos".

[505] La Constitución boliviana Bolivia ha pasado a ser la que más desarrolla el derecho indígena, incluso por sobre los estándares internacionales, reconociendo a los pueblos indígenas el derecho "al ejercicio de sus sistemas políticos, jurídicos y económicos acorde a su cosmovisión", en un marco de pluralismo jurídico e interculturalidad y otorgando igual

Luego el artículo 179 de la Constitución[506], señala los tipos de órganos que ejercen jurisdicción, colocando en un plano de igualdad[507], a los de jurisdicción indígena y ordinaria.[508]

El artículo 190 de la Constitución, señala que las naciones y pueblos indígenas ejercerán sus funciones jurisdiccionales y de competencia a través de sus autoridades, y aplicarán sus principios, valores culturales, normas y procedimientos propios.

En la nueva Constitución de Bolivia, se acepta el pluralismo jurídico con el límite del respeto a la Constitución, las leyes y los derechos humanos. Así, "(…) se asigna a la justicia comunitaria el valor de sistema jurídico bajo el razonamiento de que cuenta con normas y procedimientos propios (derecho consuetudinario), además de dotarse de autoridades a las que se reconoce competencia (legitimidad) para administrar justicia".[509]

El pluralismo jurídico, en Bolivia, estaría dirigido a resolver conflictos individuales y colectivos que garantizarían la convivencia armónica de las comunidades y pueblos indígenas. La extensión de la jurisdicción indígena,

---

jerarquía tanto a la jurisdicción ordinaria como a la indígena. En: AGUILAR, Gonzalo, LAFOSSE, Sandra, ROJAS y Hugo, STEWARD, Rébecca (2010). Ob., cit., pp. 53-54.

[506] "Artículo 179.- I. La función judicial es única. La jurisdicción ordinaria se ejerce por el Tribunal Supremo de Justicia, los tribunales departamentales de justicia, los tribunales de sentencia y los jueces; la jurisdicción agroambiental por el Tribunal y jueces agroambientales; la jurisdicción indígena originaria campesina se ejerce por sus propias autoridades; existirán jurisdicciones especializadas reguladas por la ley. II. La jurisdicción ordinaria y la jurisdicción indígena originario campesina gozarán de igual jerarquía".

[507] Ello se desprende del texto constitucional, pero luego es reconocido expresamente en la Ley de Deslinde Jurisdiccional, dictada en el año 2010, en la que se establece como uno de sus principios, establecidos en el artículo 4°, que: "Pluralismo jurídico con igualdad jerárquica. Se respeta y garantiza la coexistencia, convivencia e independencia de los diferentes sistemas jurídicos, dentro del Estado Plurinacional, en igualdad de jerarquía".

[508] La nueva Constitución boliviana estable la elección popular de los jueces, lo que plantea una serie de complicaciones para la independencia judicial, al respecto véase: BALDIVIESO, Marco (2012). "La independencia en la administración de justicia. Elección de autoridades judiciales en Bolivia". *Anuario de Derecho Constitucional Latinoamericano.* Año XVIII, pp. 349-364.

[509] ROMERO, Carlos (2009). Ob., cit., p. 922.

en cuanto a su competencia, no tendría un límite en razón de la materia, gravedad o cuantía de los casos a resolver, salvo los que expresamente señala la Ley de Deslinde Jurisdiccional, en su artículo 10[510]. Para Vicente Cabedo[511], ello se encontraría en concordancia con el Convenio N° 169 de la OIT, en particular su artículo 9[512], el que no reduce el ámbito de competencia de la jurisdicción indígena a los asuntos civiles, sino que comprende incluso materias de índole penal.

Así, el artículo 191, de la Constitución establece que la jurisdicción indígena originaria campesina, se ejerce a los miembros de la nación o pueblo indígena originario campesino, sea que actúen como actores o demandado, denunciantes o querellantes, denunciados o imputados, recurrentes o recurridos. Conociendo los asuntos indígena originario campesinos de conformidad a lo establecido en una Ley de Deslinde Jurisdiccional y aplicándose a las relaciones y hechos jurídicos que se

---

[510] El Artículo 10 de la Ley de Deslinde Jurisdiccional, señala que: "El ámbito de vigencia material de la jurisdicción indígena originaria campesina no alcanza a las siguientes materias: a) En materia penal, los delitos contra el Derecho Internacional, los delitos por crímenes de lesa humanidad, los delitos contra la seguridad interna y externa del Estado, los delitos de terrorismo, los delitos tributarios y aduaneros, los delitos por corrupción o cualquier otro delito cuya víctima sea el Estado, trata y tráfico de personas, tráfico de armas y delitos de narcotráfico. Los delitos cometidos en contra de la integridad corporal de niños, niñas y adolescentes, los delitos de violación, asesinato u homicidio; b) En materia civil, cualquier proceso en el cual sea parte o tercero interesado el Estado, a través de su administración central, descentralizada, desconcentrada, autónoma y lo relacionado al derecho propietario; c) Derecho Laboral, Derecho de la Seguridad Social, Derecho Tributario, Derecho Administrativo, Derecho Minero, Derecho de Hidrocarburos, Derecho Forestal, Derecho Informático, Derecho Internacional público y privado, y Derecho Agrario, excepto la distribución interna de tierras en las comunidades que tengan posesión legal o derecho propietario colectivo sobre las mismas; d) Otras que estén reservadas por la Constitución Política del Estado y la Ley a las jurisdicciones ordinaria, agroambiental y otras reconocidas legalmente".

[511] CABEDO, Vicente (2004). Ob. cit., pp. 156-157.

[512] Convenio N° 169 de la OIT, Artículo 9: "1. En la medida en que ello sea compatible con el sistema jurídico nacional y con los derechos humanos internacionalmente reconocidos, deberán respetarse los métodos a los que los pueblos interesados recurren tradicionalmente para la represión de los delitos cometidos por sus miembros. 2. Las autoridades y los tribunales llamados a pronunciarse sobre cuestiones penales deberán tener en cuenta las costumbres de dichos pueblos en la materia".

realizan o cuyos efectos se producen dentro de la jurisdicción de un pueblo indígena originario campesino.

La Ley de Deslinde Jurisdiccional, fue dictada por la Asamblea Legislativa Plurinacional, el día 29 de diciembre de 2010, y en su artículo 8, se señala como esfera de competencia de la jurisdicción indígena, en los ámbitos de vigencia precitados (personal, material y territorial), cuando concurran simultáneamente.

Luego en su artículo 9, se establece en lo respectivo a la competencia personal, que estarán sujetos a la jurisdicción indígena originaria campesina los miembros de la respectiva nación o pueblo indígena originario campesino.

Finalmente, en lo relativo a la competencia territorial de la jurisdicción que ejerza cada pueblo indígena, ella estaría delimitada, en conformidad al artículo 11, por: "(…) las relaciones y hechos jurídicos que se realizan o cuyos efectos se producen dentro de la jurisdicción de un pueblo indígena originario campesino, siempre y cuando concurran los otros ámbitos de vigencia establecidos en la Constitución Política del Estado y en la presente Ley".

3.2.4. Ciudadanía en el Estado Plurinacional de Bolivia.

La ciudadanía se refiere a la relación entre el individuo (clave liberal) o grupos (clave comunitaria) con el Estado. En la relación se responden las preguntas de: ¿Qué derechos y obligaciones tienen los integrantes de una sociedad respecto al Estado? ¿Cómo establece el Estado qué tipos de derechos puede satisfacer? ¿Quiénes califican como ciudadanos y qué papel juegan éstos para determinar las formas en que se gobierna la sociedad?

El sociólogo Marshall describió tres conjuntos de derechos necesarios para una ciudadanía plena: civiles, políticos y sociales. En base al modelo de Marshall, los teóricos de la democratización y la sociedad civil promulgaron un ideal de ciudadanía liberal en la que los ciudadanos portadores de derechos participan como iguales y orientan el proceso formal de toma de decisiones políticas.[513]

El modelo precitado, es la base de la ciudadanía en las democracias latinoamericanas, con las tensiones que se producen por la realidad étnica y social de los países. Se plantea que incluso aunque en Latinoamérica los pobres y los indígenas gozaran de plenos derechos civiles, políticos y sociales, su desigualdad y falta de reconocimiento, los encontraría siempre más abajo que al resto de los integrantes de la sociedad[514]. Esto conecta, con la necesidad de reconocimiento y redistribución (conjuntas), que requieren grupos bivalentes, los que sólo con políticas de reconocimiento no logran restablecer su falta de status en la sociedad y por ende, siguen siendo objeto de injusticias y discriminación.[515]

Así, la nueva constitución boliviana plantea el concepto de ciudadanía tomando en consideración la realidad multicultural del país y fuera de los márgenes clásicos del liberalismo. Podríamos plantear que el concepto de

---

[513] GREY, Nancy (2009). Ob., cit., p. 316.
[514] Al respecto véase el trabajo de: CALDEIRA, Teresa, y HOLSTON, James (1999). "Democracy and violence in Brazil". *Comparative Study of Society and History*. N° 41, pp. 691-729.
[515] Véase: FRASER, Nancy (2006). Ob., cit., pp. 30-31.

ciudadanía que diseña la constitución está entre los planteamientos del liberalismo igualitario y el comunitarismo.[516]

La ciudadanía en Bolivia, tendría características del comunitarismo y del liberalismo igualitario, con una herencia conceptual del liberalismo. Determinar los alcances y límites de esta nueva situación, son para otro trabajo. Sin embargo, me interesa visualizar cuál podría ser el futuro de la ciudadanía en realidades multiculturales como las de Bolivia.

La nueva Constitución, combina las instituciones políticas liberales con las indígenas originarias. Se da énfasis a la participación directa de los ciudadanos, a través de diversos medios como los referéndums, iniciativa ciudadana de ley o consultas previas. Se incorpora de la concepción comunitaria, la adopción de decisiones consensuadas, la deliberación, las autoridades propias, la participación directa, la revocación de mandato, entre otros.[517]

3.2.5. Modelo de desarrollo económico social y recursos naturales.

En la nueva Constitución boliviana, se consagra un modelo de desarrollo ligado a la cosmovisión indígena. La economía social y comunitaria complementa el interés individual con el "vivir bien colectivo". Así lo preceptúa la Constitución en el artículo 306.III, señalando que: "La economía plural articula las diferentes formas de organización económica sobre los principios de complementariedad, reciprocidad, solidaridad, redistribución, igualdad, seguridad jurídica, sustentabilidad, equilibrio, justicia y transparencia. La economía social y comunitaria complementará el interés individual con el vivir bien colectivo".

---

[516] Boaventura de Sousa Santos, define la democracia que conforme esta nueva ciudadanía como una de tipo "intercultural". Sobre el concepto y los problemas que anota, véase: SANTOS, Boaventura (2009). Ob., cit., pp. 98-101.
[517] ROMERO, Carlos (2009). Ob., cit., p. 910.

Para Carlos Romero, los principios orientadores del modelo de desarrollo boliviano, apuntan a lograr el "vivir bien", que es un concepto derivado de la cosmovisión indígena y que hace referencia al bienestar y solidaridad entre las personas y colectividades[518]. Esta nueva relación del Estado con los recursos naturales y la economía capitalista, según Boaventura de Sousa Santos, no negaría que la última sea acogida en la Constitución, pero impide que las relaciones capitalistas globales determinen la lógica, la dirección y el ritmo del desarrollo nacional.[519]

En la nueva Constitución boliviana, se estable como una obligación de parte del Estado, la explotación sustentable de los recursos naturales, el que tiene una versión de derecho individual e intergeneracional. Ello está contemplado en el artículo 33.I de la Constitución, en el siguiente sentido:

> "Las personas tienen derecho a un medio ambiente saludable, protegido y equilibrado. El ejercicio de este derecho debe permitir a los individuos y colectividades de las presentes y futuras generaciones, además de otros seres vivos, desarrollarse de manera normal y permanente".

Además, en el artículo 342, se establece que es deber del Estado y de la población, conservar, proteger y aprovechar de manera sustentable los recursos naturales y la biodiversidad, así como mantener el equilibrio del medio ambiente.

En el mismo sentido, se preceptúa en el artículo 405, que el desarrollo rural integral sustentable es parte fundamental de las políticas económicas del Estado, que priorizará sus acciones para el fomento de todos los

---

[518] Ibíd., p. 933.
[519] SANTOS, Boaventura (2010). Ob., cit., p. 83.

emprendimientos económicos comunitarios y del conjunto de los actores rurales, con énfasis en la seguridad y en la soberanía alimentaria.

Todo lo anterior se traduce, en que el modelo de desarrollo económico, es una derivación del modelo plurinacional del Estado, el que incorpora la visión de los pueblos indígenas en el desarrollo económico y por ende, el debido respeto para con la naturaleza[520]. Para Barolomé Clavero, el "(…) buen vivir traduce sumak kawsay, suma qamaña o ñandereko, expresiones que se vinculan a una determinada concepción de la naturaleza tan inclusiva que la humanidad guardaría con ella una relación de dependencia por filiación. Buen vivir es entonces concreción de la plurinacionalidad como aportación específica de las naciones indígenas a un constitucionalismo más humano por más natural".[521]

3.3. Complejidades, perspectivas y retos del nuevo marco constitucional, en su relación con la diversidad cultural.

Desde la aprobación de la nueva Constitución en el año 2009, se ha comenzado la refundación del Estado boliviano[522]. Para ello ha sido necesaria la dictación de las leyes que señala la Constitución para su puesta en práctica. Así, se han aprobado, entre otras, las siguientes: 1) La Ley Marco de las Autonomías y Descentralización[523]; 2) La Ley del Órgano

---

[520] Al respecto, la Constitución boliviana de 2009, va más allá que el Convenio N° 169 de la OIT y en materia de recursos naturales se requiere un consentimiento previo, libre e informado por parte de los pueblos indígenas para la intervención estatal, no sólo consulta como señala el Convenio. Véase: ARIAS, Boris (2012). "Derecho a la consulta previa, libre e informada de las naciones y pueblos indígenas originario campesinos y el régimen constitucional boliviano". *Anuario de Derecho Constitucional Latinoamericano.* Año XVIII, pp. 201-214.

[521] CLAVERO, Bartolomé (2011). Ob., cit., p. 14.

[522] Para los detalles políticos del proceso de refundación del Estado post constitución de 2009, véase: SCHAVELSON, Salvador (2012). Ob., cit., pp. 507-578.

[523] Esta Ley fue dictada en julio del año 2010 y regula el procedimiento para la elaboración de los Estatutos autonómicos departamentales, la transferencia y delegación de competencias, el régimen económico financiero y la coordinación entre el nivel central y las entidades territoriales descentralizadas y autónomas. Además tiene por misión compatibilizar las

Electoral Plurinacional[524]; 3) La Ley de Deslinde jurisdiccional[525]; 4) La Ley del Tribunal Constitucional Plurinacional.[526]

En el plano político social, hoy en Bolivia se vive la mayor revolución de su historia. Los pueblos indígenas son los que gobiernan el país y los que deciden el futuro y modelo de desarrollo a seguir. En ese sentido Álvaro García Linera señala:

"(…) las formas organizativas comunales, agrarias, sindicales del movimiento indígena contemporáneo, con sus formas de deliberación asambleistica, de rotación tradicional de cargos, en algunos casos, de control común de medios de producción, son hoy los centros de decisión de la política y buena parte de la economía en Bolivia. Hoy, para influir en los presupuestos del Estado, para saber la agenda gubernamental no sirve de nada codearse con altos funcionarios del Fondo Monetario, del BID, de la Embajada norteamericana o europeas. Hoy los circuitos del poder estatal pasan por los debates y decisiones de las asambleas indígenas, obreras y barriales. Los sujetos de la política y la institucionalidad real del poder se ha trasladado al ámbito plebeyo e indígena. Los llamados anteriormente

---

competencias de cuatro autonomías eventualmente "superpuestas" en un mismo territorio. Estas son: autonomías departamentales, autonomías regionales, autonomías municipales y autonomías indígenas. Indudablemente la discusión mayor será sobre el alcance de cada una de ellas. Disponible en: http://www.vicepresidencia.gob.bo.

[524] La ley fue aprobada en junio de 2010. El Órgano Electoral Plurinacional es un órgano del poder público del Estado Plurinacional y tiene igual jerarquía constitucional a la de los Órganos Legislativo, Ejecutivo y Judicial. Se relaciona con estos órganos sobre la base de la independencia, separación, coordinación y cooperación (artículo 2°). Está formado por 7 miembros de los cuales, al menos 2, serán de origen indígena. La Asamblea Legislativa Plurinacional designa a 6 de ellos por mayoría de 2/3 mientras que el restante es nombrado por el Poder Ejecutivo, según establece la Constitución. Ley disponible en http://www.vicepresidencia.gob.bo.

[525] Aprobada en diciembre del año 2010 y a la que ya me he referido en el punto 3.2.3 del presente capítulo.

[526] Aprobada en julio de 2010. Ley disponible en: http://www.tribunalconstitucional.gob.bo.

"escenarios de conflicto" como sindicatos y comunidades, hoy son los espacios del poder factico del Estado. Y los anteriormente condenados a la subalternidad silenciosa, hoy son los sujetos decisores de la trama política. Este hecho de la apertura del horizonte de posibilidad histórica de los indígenas, de poder ser agricultores, obreros, albañiles, empleadas pero también cancilleres, senadores, ministras o jueces supremos, es la mayor revolución social e igualitaria acontecida en Bolivia desde su fundación. "Indios en el poder", es la frase seca y despectiva con la que las señoriales clases dominantes desplazadas anuncian la hecatombe de estos 6 años".[527]

Siguiendo con esa perspectiva de análisis y buscando identificar los principales problemas o complejidades que enfrenta el Estado plurinacional boliviano, Álvaro García Linera señala cuatro aspectos que denomina "las tensiones creativas de la revolución"[528], que son: 1) La Relación entre el Estado y los movimientos sociales; 2) Flexibilidad hegemónica frente a la firmeza en el núcleo social; 3) Intereses generales frente a intereses particulares y privados; 4) El socialismo comunitario del vivir bien.

De los aspectos señalados por Álvaro García Linera, que tienen relevancia para los objetivos del presente trabajo y conectan con otros aspectos complejos del proceso que señalo luego, destaco los siguientes: En primer lugar, la flexibilidad hegemónica frente a la firmeza en el núcleo social, es aquella tensión, que se da entre la amplitud social del proceso revolucionario (la incorporación creciente de muchos sectores) y la necesidad de garantizar la conducción indígena, campesina, obrera y

---

[527] GARCÍA LINERA, Álvaro (2012). *El pueblo boliviano vive la mayor revolución social.* Disponible en: <http://www.vicepresidencia.gob.bo/spip.php?page=publicaciones> [consulta: 20 abril 2013].
[528] GARCÍA LINERA, Álvaro (2011). Ob., cit. pp. 28-72.

popular del mismo[529]. Es el riesgo de que por la amplitud que va alcanzando y requiere el proceso, pierda su esencia, que es su anclaje y diseño para la nación plebeya.[530]

En segundo lugar, el socialismo comunitario del vivir bien, produciría una tensión por la "necesidad y voluntad de industrialización de las materias primas, y la necesidad imprescindible del Vivir Bien entendido como la práctica dialogante y mutuamente vivificante con la naturaleza que nos rodea".[531]

Conectando con los puntos anteriores, Raúl Ávila, anota un punto crucial al respecto. Éste, yace en el fondo de la configuración del nuevo modelo de Estado, y es "(…) si sus términos existenciales fundamentales: el identitario y cultural, el etnonacionalismo y el comunitarismo, la aspiración por un modelo de gobierno democrático y productivo, inclusivo y justo, al fin pueda hacerse viable, lo que supone su conciliación con la tradición liberal y social que alimenta el patrimonio constitucional de Occidente e implicaría la no reversión de la exclusión y la desigualdad en relación con las nuevas minorías políticas no indígenas del país"[532]. Incluso cabría agregar, no sólo a las minorías no indígenas, sino que a otros indígenas o pueblos indígenas que son minorías en relación con el pueblo quechua o aymara, entre otros, que son los fundamentales al momento de la decisión política.[533]

---

[529] Ibíd., pp. 38-41.
[530] Ligado a éste punto, pero con una perspectiva menos coyuntural y más histórica, Boaventura de Sousa Santos, advierte sobre las complicaciones de las relaciones interculturales y el proceso de mestizaje poscolonial. Véase: SANTOS, Boaventura (2009). Ob., cit., pp. 101-104.
[531] GARCÍA LINERA, Álvaro (2011). Ob., cit. pp. 62-63.
[532] AVILA, Raúl (2009). Ob., cit., p. 888.
[533] En éste punto hay que tomar en consideración los hechos ocurridos durante el mes de septiembre del año 2011, con la protesta de los pueblos indígenas de las denominadas tierras bajas en defensa del territorio indígena y el Parque Nacional Isiboro Sécure (TIPNIS) y en

De igual forma, cabe tomar en consideración las principales preocupaciones de los organismos especializados de las Naciones Unidas, dentro de los que destacan el Comité para la Eliminación de la Discriminación Racial y Alta Comisionada de las Naciones Unidas para los Derechos Humanos para Bolivia, sobre aspectos del nuevo modelo de Estado que se contradicen con el debido reconocimiento y ejercicio de los derechos humanos, de grupos culturales e individuos, en el marco multicultural.

Al respecto, el Comité para la Eliminación de la Discriminación Racial, en marzo de 2011, realizó una larga lista recomendaciones al Estado boliviano, entre las que cabe desatacar, las siguientes:

1) "Si bien el Comité nota con aprecio el reconocimiento constitucional de la igualdad de derechos civiles y políticas de las comunidades indígenas y los avances en la representación indígena en el Gobierno al más alto nivel, le preocupa que en la práctica, miembros de dichas comunidades sigan siendo objeto de discriminación y estén subrepresentados en todos los órganos de poder público y de toma de

---

contra de la construcción de una carretera, que fue reprimida por la policía. El hecho fue presentado ante la opinión pública como la pérdida de apoyo indígena del gobierno de Evo Morales. Se afirmó que el gobierno boliviano se empecinó en construir la carretera porque había recibido apoyo económico de la empresa petrolera brasileña Petrobras (OAS). Sobre éste punto véase las explicaciones de: GARCÍA LINERA, Álvaro (2012). Ob., cit., pp. 5-6. Pese a las explicaciones dadas, se debe anotar que esos hechos y la violencia estatal fueron constatados por la Alta Comisionada de las Naciones Unidas para los Derechos Humanos en su informe anual, del año 2012. En el que se recomienda al Estado: "realizar una investigación imparcial de las violaciones a derechos humanos cometidas durante la operación policial de represión de los marchistas por el TIPNIS, respetando los derechos al debido proceso de los eventuales acusados. La Alta Comisionada recomienda además que se tome en cuenta, entre otras fuentes para las investigaciones, el informe publicado por el Defensor del Pueblo". En: CONSEJO DE DERECHOS HUMANOS, NACIONES UNIDAS (2012). *Informe anual de la Alta Comisionada de las Naciones Unidas para los Derechos Humanos sobre las actividades de su oficina en el Estado Plurinacional de Bolivia.* Disponible en: <http://daccess-dds-ny.un.org/doc/UNDOC/GEN/G12/103/36/PDF/G1210336.pdf?OpenElement> [consulta: 20 abril 2013].

decisión. Preocupa que la Ley de Régimen Electoral, al contemplar únicamente siete escaños de circunscripciones especiales de un total de 130 representaciones, infringe la Constitución Política del Estado y la Convención. Es de especial preocupación para el Comité la situación de las mujeres, quienes padecen discriminación múltiple e intersectorial fundada tanto por su origen étnico como por su género, ocupación y pobreza (arts. 2 y 5, párr. b y c).

El Comité recomienda que el Estado parte lleve a cabo las medidas necesarias, incluso a través de la Ley de Régimen Electoral, para garantizar la representación política de las naciones y pueblos indígena originario campesinos. El Comité recomienda al Estado parte que tome en cuenta su Recomendación general No. 25 (2000) sobre las dimensiones de la discriminación racial relacionadas con el género así como la Recomendación general No. 32 (2009) del Comité sobre las medidas especiales o de acción afirmativa y recomienda al Estado parte que considere iniciar medidas especiales para garantizar la representación adecuada de las comunidades indígenas y en especial de las mujeres, en todos los niveles de la administración pública y mecanismos de participación social".[534]

2) El Comité reitera su recomendación previa e insta al Estado parte a adoptar las medidas necesarias, incluidas las de orden legislativo y en el Presupuesto General de la Nación, para garantizar la igualdad de derechos, incluyendo los derechos civiles y políticos, el derecho a la educación, a la vivienda y al empleo. Alienta al Estado Parte a

---

[534] Recomendación N° 13. En: COMITÉ PARA LA ELIMINACIÓN DE LA DISCRIMINACIÓN RACIAL, NACIONES UNIDAS (2011). *Examen de los informes presentados por los Estados partes de conformidad con el artículo 9 de la Convención, Bolivia.* Disponible en: <http://www2.ohchr.org/english/bodies/cerd/docs/co/Boliviia_AUV_sp.pdf> [consulta: 12 de abril 2013], p. 3.

que adopte mecanismos destinados a asegurar la participación de las comunidades afrobolivianas en el diseño y aprobación de normas y políticas públicas, y en la realización de proyectos que les afecten.

3) "El Comité recomienda al Estado parte adoptar medidas urgentes para garantizar el pleno ejercicio de los derechos del pueblo guaraní, incluyendo la aceleración del proceso de recuperación de tierras ancestrales. Le recomienda al Estado parte intensificar sus esfuerzos para prevenir, investigar y procesar debidamente las formas contemporáneas de la esclavitud y garantizar el acceso a la justicia por parte del pueblo guaraní. Alienta también al Estado parte a establecer de forma urgente un plan de desarrollo integral con fondos suficientes que responda específicamente a las necesidades del pueblo guaraní, en consulta con sus comunidades, que desarrolle sus capacidades y las condiciones de igualdad para asegurar el disfrute de sus derechos. Así mismo, le recomienda al Estado parte llevar a cabo iniciativas para aumentar la sensibilización de la población en general sobre la necesidad de erradicar el trabajo forzado y la servidumbre y que continúe su colaboración con las agencias especializadas de las Naciones Unidas relevantes en este aspecto".[535]

4) "Si bien existe el derecho constitucional a la consulta de los pueblos y naciones indígena originario campesinos y afrobolivianos, el Comité expresa su preocupación por las dificultades para su aplicación práctica. Le preocupa la falta de regulación para la consulta de las comunidades pertenecientes a pueblos y naciones antes mencionados en todos los sectores excepto en hidrocarburos, y que incluso cuando existen mecanismos para regular la consulta para obtener el consentimiento libre, previo e informado de las

---

[535] Ibíd., p. 5.

comunidades, dicha consulta no se aplica de manera sistemática en relación con proyectos de explotación de recursos naturales, y regionales de infraestructura. En este respecto, el Comité expresa su preocupación por la violación al derecho constitucional de consulta en el caso del proyecto de extracción metalúrgica de Coro Coro (arts. 5 y 6). El Comité exhorta al Estado parte a desarrollar mecanismos prácticos para la implementación del derecho a la consulta de una manera que respete el consentimiento previo, libre e informado de los pueblos y comunidades afectadas y a garantizar la implementación sistemática y de buena fe de dichas consultas. También recomienda que un organismo independiente lleve a cabo estudios de impacto antes de autorizar actividades de exploración y explotación de los recursos naturales en áreas tradicionalmente ocupadas por pueblos y naciones indígena originario campesinos y afro-bolivianos".[536]

5) "El Comité expresa su preocupación por reportes de la discriminación y la hostilidad a la que son sujetos los migrantes en el Estado parte y la vulnerabilidad particular de los solicitantes de asilo, los niños extranjeros no acompañados, y de las mujeres víctimas de la trata. Preocupan también al Comité la falta de documentos de identificación de los solicitantes de asilo, los casos de devolución arbitraria de los refugiados y la falta de normativa nacional acorde a los estándares internacionales de protección de los refugiados (art. 5). El Comité alienta al Estado parte a desarrollar la normativa que establezca los derechos de los refugiados y el carácter gratuito de los documentos de identificación, así como para capacitar y dar formación constante y adecuada a funcionarios públicos, incluidos a

---

[536] Ibíd., pp. 5-6.

los agentes fronterizos para que no se lleven a cabo procedimientos contrarios a los derechos humanos. Le recomienda que siga cooperando con la Oficina del Alto Comisionado de las Naciones Unidas para los Refugiados e insta al Estado parte a velar por que ningún refugiado sea devuelto por la fuerza a un país en el que haya razones fundadas para creer que puedan sufrir graves violaciones de los derechos humanos. El Comité pide al Estado parte que intensifique sus esfuerzos para generar e implementar campañas educativas con objeto de cambiar la percepción social y la actitud pública para combatir la discriminación racial en todos los sectores de la sociedad".[537]

6) "El Comité, al tiempo que toma nota con interés la coexistencia de las varias jurisdicciones legalmente reconocidas, se lamenta que al excluir ciertos ámbitos de vigencia personal, material y territorial la justicia indígena no está adecuada a la Constitución Política del Estado ni a la Convención y no corresponde a la realidad de coexistencia entre personas indígenas y no indígenas. Preocupa al Comité que, en la práctica, existen sectores de la población que continúan teniendo dificultades para acceder a la justicia, en particular los indígenas y las mujeres y reitera su preocupación por las dificultades de acceso al recurso judicial en casos de delitos relacionados a la discriminación racial (CERD/C/63/CO/2 par.17). También expresa su preocupación por la falta de claridad en la ley de deslinde jurisdiccional con respecto a los niveles y mecanismos de coordinación y cooperación entre el sistema jurídico indígena originaria campesina y las demás jurisdicciones existentes en el Estado parte. (art. 4, 5 a, y 6). El Comité recomienda que el Estado

---

[537] Ibíd., p. 6.

parte prevea una adecuación a la Ley de Deslinde Jurisdiccional y exhorta al Estado parte a proseguir sus esfuerzos para crear un ordenamiento jurídico interno que dé pleno efecto a las disposiciones de la Convención y para garantizar el cumplimiento de las normas internacionales de derechos humanos y el acceso efectivo en condiciones de igualdad de todos los ciudadanos a las vías de recurso, a través de los tribunales nacionales y otras instituciones estatales competentes, contra todo acto de discriminación racial y las formas conexas de intolerancia".[538]

En varios de los puntos anteriores, la Alta Comisionada de las Naciones Unidas para los Derechos Humanos para Bolivia, en su informe de febrero del año 2012, coincide en sus preocupaciones con las señaladas por el Comité para la Eliminación de la Discriminación Racial. Por ello, sólo señalo un punto de su informe que no estaría comprendido en el del Comité, el que dice relación con la falta de observancia con el derecho a la Consulta, establecido tanto en el Convenio N° 169, de la OIT, como en la nueva Constitución de 2009. Al respecto la Alta Comisionada de las Naciones Unidas, señala:

"Durante el periodo se incrementaron reclamos alegando violaciones al derecho a la consulta de los pueblos indígenas. Varios proyectos han sido aprobados e implementados por el Estado, sin la consulta previa de conformidad al derecho internacional. La oficina en Bolivia constata que, no obstante, este derecho haya sido reconocido en la Constitución y en la ley que incorporó en el marco normativo nacional la Declaración de las Naciones Unidas sobre los derechos de los pueblos indígenas, el Estado no cuenta aún con un marco legal

---

[538] Ídem.

250

especifico (salvo en materia de hidrocarburos) o con mecanismos institucionalizados que garanticen la observancia del derecho a la consulta. Al respecto, la oficina en Bolivia recibió denuncias por falta de consulta o de consentimiento libre, previo e informado sobre exploración y explotación de recursos naturales en La Paz, Oruro, Potosí, Tarija y Santa Cruz, al igual que sobre el proceso de elaboración de nuevas normas, como en el caso de la Ley N.º 0144 (…) La Alta Comisionada insta al Gobierno a garantizar el respeto del derecho a la consulta de los pueblos indígenas a fin de obtener su consentimiento libre, previo e informado, mediante normas y procedimientos apropiados, según lo establecido por la Constitución y la Declaración de las Naciones Unidas sobre los derechos de los pueblos indígenas y adoptar una legislación correspondiente".[539]

Desde una óptica política, el nuevo modelo de Estado en Bolivia, es un entramado complejo y sin precedentes en la historia constitucional de occidente, en lo que se refiere a la plurinacionalidad. Ello implica que el funcionamiento y la estabilidad del mismo, es quizás el principal desafío que tiene la sociedad boliviana. En ese sentido, uno de los retos, será resolver la distancia que ha existido en Bolivia (como en el resto de Suramérica) entre la constitución real y la formal.[540]

---

[539] CONSEJO DE DERECHOS HUMANOS, NACIONES UNIDAS (2012). *Informe anual de la Alta Comisionada de las Naciones Unidas para los Derechos Humanos sobre las actividades de su oficina en el Estado Plurinacional de Bolivia.* Disponible en: <http://daccess-dds-ny.un.org/doc/UNDOC/GEN/G12/103/36/PDF/G1210336.pdf?OpenElement> [consulta: 20 abril 2013], pp. 17-18.

[540] Similar argumento, señala Raúl Ávila: "(…) uno de los retos más sensibles quizá consista en resolver el problema al que se enfrenta toda experiencia constitucional latinoamericana, y que radica en sincronizar la dimensión normativa con la simple realidad, de manera tal que se evite la presencia de una Constitución nominal". En: AVILA, Raúl (2009). Ob., cit., p. 888.

CONCLUSIONES

En el primer capítulo del presente trabajo, abordé los aspectos conceptuales y normativos más complejos de las posturas filosóficas políticas y jurídicas que han tratado el multiculturalismo. Del análisis teórico realizado, constaté que desde la óptica del comunitarismo, el reconocimiento normativo y social de la diversidad cultural es fundamental para lograr el pleno respeto de la identidad de las personas. Para la óptica comunitaria, la igualdad cultural, permite reconocerse y ser reconocido, algo fundamental para la identidad personal y del grupo.

Además, para el comunitarismo, el grupo cultural juega un papel central en la construcción de identidad, por lo que reconocer dicho valor y por ende otorgar ciertos derechos de supervivencia cultural y representación política, es parte central de su visión filosófica política.

De igual forma, de la revisión teórica, se puede concluir que hoy en el marco de la filosofía liberal, el aspecto de reconocimiento cultural dejó de ser un tema en el cual el sistema normativo se debía mantener al margen, para lograr la "neutralidad cultural" del mismo.

Hoy existiría un consenso dentro de la filosofía liberal, en lo que Kymlicka denomina como "culturalismo liberal", siendo importante el plano cultural, ya que dentro de ese horizonte de perspectivas se ejerce la libertad, valor central en la filosofía política del liberalismo.

De esta forma, tanto para liberales culturales como comunitaristas, la cultura es un valor políticamente relevante en las democracias y reconocen que un Estado no puede ni ha sido, "culturalmente neutro". El Estado violaría el principio de igualdad y de igual respeto a sus ciudadanos si no reconoce y acomoda adecuadamente a las diferentes culturas a las que pertenecen los habitantes de la república.

En lo que se refiere a la justicia, también hay acuerdo, en que los derechos diferenciados responden a razones de reparación y equidad, ya que ellos serían un medio para corregir las injusticias históricamente cometidas por los Estados en contra de las minorías culturales y grupos culturales desventajados. Ello ha sido reconocido expresamente en el desarrollo del Derecho Internacional de los Pueblos Indígenas, tal y como ya lo he revisado en el capítulo primero del presente trabajo.

Con ello, el debate actual en torno al multiculturalismo se encuentra en un plano inferior, principalmente en lo que dice relación al tipo de reconocimiento de la diversidad cultural en la Constitución, a la implementación del pluralismo jurídico, a los derechos de los grupos, a la representación política diferenciada, a la implementación de la normativa internacional y a la adecuación de las instituciones y operadores jurídicos a este nuevo paradigma.

Así, con sus diferencias de alcance y profundidad, la gran mayoría de los países de América han reconocido su diversidad cultural de vertiente indígena en sus Constituciones, siendo Chile una excepción dentro del continente.[541]

De esta forma, el análisis teórico sobre el multiculturalismo ha sido útil para revisar el estado actual sobre las políticas al respecto y poner en contexto la realidad chilena, observando que, a diferencia del resto de América en materia indígena y de Europa en cuanto a la inmigración, el debate acerca del multiculturalismo se encuentra en un terreno conceptual y

---

[541] Véase el punto 1.6.2 del capítulo primero del presente trabajo.

normativo, bastante incipiente y básico. En el ámbito académico, sólo durante los últimos años se han escrito trabajos, y la gran mayoría de ellos giran en torno al tema indígena. En el plano político, el debate es pobre en cuanto a contenidos. Una de las razones que explica lo primario del debate multicultural en Chile, es que una parte importante de la derecha chilena, se encuentra anclada en concepciones nacionalistas de índole pre políticas y la derecha liberal, está atrapada en las categorías más clásicas del liberalismo. Los intelectuales liberales de la derecha chilena, se oponen al reconocimiento constitucional de la categoría de pueblo indígena y de derechos colectivos, con argumentos que dentro de la cultura liberal ya han sido superados en el resto del mundo.

Del análisis realizado a la realidad del multiculturalismo en Chile, con los matices entregados en el cuerpo del trabajo y a modo de conclusión, señalo lo siguiente:

Primero, en el plano del desarrollo normativo, la política general del Estado chileno, hacia la diversidad cultural de variable indígena, se ha centrado a lo largo de su historia, principalmente buscando la asimilación cultural. Ello ha tenido altos y bajos, pero dentro de una constante de asimilación. El punto más álgido de la misma, fue la impulsada por la dictadura militar, cuya legislación y práctica buscó decididamente terminar definitivamente con la comunidad indígena.

En segundo lugar, y como consecuencia de lo anterior, la demanda indígena de reconocimiento constitucional y devolución de tierras, tiene justificación histórica y puede ser calificada como de reparación necesaria de parte del Estado. Dicha reparación es justa y ello puede ser argumentado desde un doble punto de vista. Primero en cuanto a la falta de respeto de parte del Estado y la sociedad chilena para con la cultura indígena, produciendo en su grupo y en los individuos que lo componen, falsos reconocimientos y daño a su identidad. Un segundo aspecto, es la necesaria restitución de las tierras que injustamente le han sido usurpadas a los pueblos indígenas, a través de distintos mecanismos legales e incluso por el uso de la fuerza, siempre de parte del Estado o amparado por él.

Como tercer aspecto, hay que tener en consideración que desde el año 1990 hasta ahora, se ha vivido un proceso de incipiente reconocimiento por parte del Estado hacia los pueblos indígenas. Principalmente con la dictación de la Ley Indígena y la posterior ratificación del Convenio N° 169 de la OIT. Sin embargo, este proceso, se ha encontrado marcado por una constante oposición de la derecha chilena, por la represión, en alza durante los últimos años, del movimiento indígena de parte de los gobiernos de la Concertación y por el constante debilitamiento de la confianza de los representantes de las organizaciones indígenas para con los partidos políticos de la Concertación y la Derecha.

En cuarto lugar, Chile no ha tenido políticas públicas claras en materia migratoria, generándose una básica y confusa normativa al respecto. Sin embargo, Chile ha ratificado los principales tratados internacionales al respecto y la Constitución Política es de las pocas en el mundo en reconocer el derecho al sufragio activo de los extranjeros que se encuentren avecindados en Chile durante los últimos cinco años.

Siguiendo en el plano de la inmigración, un aspecto importante a considerar es el desenvolvimiento institucional del Estado, en el que se aprecia poca preparación de la administración pública y operadores del sistema, para abordar los complejos retos jurídicos en este ámbito. Ello se puede ver en todos los planos: judicial, educacional, administración sanitaria, entre otros.

En quinto lugar, la Constitución Política de Chile, pese a las múltiples reformas que ha tenido, mantiene en su aspecto ideológico la herencia de la Constitución de 1980[542], no dando el margen suficiente para que se pueda dictar legislación más avanzada en materia multicultural. Además se encuentra en una tensión importante con el Convenio N° 169 de la OIT, siendo necesario para avanzar al respecto, abrir su techo ideológico, lo que sólo se podría hacer a través de una "nueva Constitución".[543]

Por todo lo anterior, considero que el reconocimiento de la diversidad cultural en Chile, se debe dar en el plano Constitucional. Sólo un reconocimiento en dicho espacio, puede servir para que Chile avance realmente en el respeto debido para con los grupos culturales que conviven en el país.

Ahora bien, la pregunta que surge es: ¿Qué tipo de reconocimiento cultural se debe establecer en la Constitución Política? ¿Cuál es la profundidad del reconocimiento cultural de índole Constitucional? ¿Qué tipo de derechos Constitucionales son necesarios reconocer?

Antes de responder a esas preguntas, revisaré las conclusiones que he obtenido de la experiencia de Bolivia al respecto. El camino desarrollado por el país vecino, nos puede ser de utilidad para analizar: las medidas políticas y normativas que resultan útiles para el proceso chileno.

---

[542] Véase capítulo segundo, puntos 2.2 y 2.3.3 del presente trabajo.
[543] Sobre la necesidad de una "nueva Constitución", véase: ATRIA, Fernando (2013). Ob., cit., pp. 31-56. Asimismo, véase: ZÚÑIGA, Francisco (2009). Ob., cit., pp. 243-252.

En el plano político, el proceso boliviano deja aspectos importantes a considerar. En primer lugar, el arribo al Estado Plurinacional actual no fue instantáneo, hubo un proceso y un tránsito en el reconocimiento constitucional y legal de la diversidad cultural. Dicho proceso comenzó con el reconocimiento constitucional de los pueblos indígenas realizado en el año 1994, valoradas (en su momento) por las organizaciones indigenistas, pero luego catalogados de simbólicas. El movimiento indigenista, consideró que el reconocimiento Constitucional no se correspondía con la práctica estatal.

Lo anterior, tiene por explicación, que pese al reconocimiento constitucional, el sistema político boliviano siguió siendo discriminador para con los indígenas, llegando a expulsar del parlamento a Evo Morales en enero del año 2002. Además, el modelo económico boliviano no incorporó la forma de vida y la relación de los pueblos indígenas con la naturaleza, produciéndose un problema de desacoplamiento entre el reconocimiento constitucional del multiculturalismo y la práctica económica de los gobiernos bolivianos.

Un segundo punto importante a considerar del proceso político boliviano, es que los partidos políticos clásicos, no incorporaron (realmente) en su discurso la óptica de los movimientos indígenas, ni tampoco a sus cuadros dirigentes. Al contrario, existía un gran desprecio a ellos y su forma de entender la política.

Como tercer y último aspecto, el proceso político para que Bolivia se transformara en un Estado Plurinacional, contó con la amplia participación del pueblo boliviano a través de una Asamblea Constituyente. Ello es importante para dar legitimidad a un cambio constitucional tan profundo, el que necesariamente debe devenir en un cambio cultural de la sociedad, para que pueda ir permeándola y desterrando las prácticas discriminadores y menospreciativas de la diversidad cultural, del otro, del indígena o del extranjero. Es importante tomar en consideración, que el proceso contó con una amplia participación de la sociedad y aseguró a las minorías el adecuado espacio para entregar sus puntos de vista.

Lo anterior, conecta con lo que han venido planteando en sus últimos trabajos Francisco Zúñiga Urbina y Fernando Atria, y que ha sido denominado por el primero como "operación constituyente" y por el segundo como "Asamblea Constituyente". Ambos mecanismos, buscan generar una nueva Constitución en Chile, para lo cual, el procedimiento a ocupar, es adjetivo y tiene una relación que no se puede desligar del producto.[544]

En el plano normativo, la comparación de Bolivia con la realidad chilena se puede apreciar en el contraste. Desde ese punto de vista, es interesante al momento de analizar el caso chileno, desde un punto de vista de reforma, por cuanto el Estado Plurinacional representa hoy la figura de mayor desarrollo de los derechos indígenas en el continente. Así, su experiencia servirá para ver el comportamiento en la práctica del pluralismo jurídico, representación política electoral de los pueblos indígenas, la implementación de derechos culturales y la compatibilidad del desarrollo económico con la protección de la naturaleza y forma de vida de los pueblos indígenas.

El Estado Plurinacional en Bolivia, es un ejemplo arquetípico de reconocimiento constitucional de los derechos de los grupos, dentro de un

---

[544] Véase: ATRIA, Fernando (2013). Ob., cit., pp. 57-84. Asimismo, véase: ZÚÑIGA, Francisco (2011). Ob., cit., p. 8.

sistema institucional que mezcla instituciones políticas de la tradición liberal, con la realidad comunitaria de su población. Así, el Estado Plurinacional Boliviano, no puede ser ubicado exclusivamente en una sola vereda filosófica política.

Dicho lo anterior, considero que el reconocimiento constitucional de la diversidad cultural en Chile, debería realizarse contemplando dos objetivos, que son complementarios e igual de importantes. Estos serían: 1) Proceso de dialogo y consulta amplio; 2) Reforma sustantiva en materia de multiculturalidad.

El primero de ellos, dice relación con el proceso de reforma de la Constitución, para el reconocimiento de la diversidad cultural. Dicho proceso, debería realizarse dentro de un amplio dialogo y consulta con los pueblos indígenas y otras minorías culturales. Para su desarrollo, se deberían ocupar los parámetros señalados en el Convenio N° 169 de la OIT, para el desarrollo de la consulta y de los cuales la jurisprudencia de la Corte IDH nos entrega una excelente guía práctica.

Para asegurar una "efectiva participación" de los pueblos indígenas y minorías culturales, el Estado tiene el deber de consultar activamente con ellos según sus costumbres y tradiciones, aceptar y brindar información, y promover la comunicación constante entre las partes. Las consultas deben realizarse de buena fe, a través de procedimientos culturalmente adecuados, y deben tener como fin llegar a un acuerdo.[545]

---

[545] Véase: CIDH (2009). *Derechos de los Pueblos Indígenas y Tribales sobre sus Tierras Ancestrales y Recursos Naturales*. OEA/Ser. L/V/II. Doc. 56/09, 148 pp.

Junto a lo anterior, éste es uno de los temas que se suele llamar como de "Estado", es decir, que requiere la participación y consenso del amplio espectro político, o al menos de las grandes mayorías. Por ello, es fundamental que la derecha chilena pueda ampliar sus horizontes en el debate y revisar los planteamientos que desde su propia filosofía política (el liberalismo) hacen autores como Kymlicka.

Como segundo aspecto a considerar, la reforma a la Constitución que contemple un reconocimiento de la multiculturalidad, debe ser sustantiva e ir acompañada de un cambio en la práctica institucional y social. Si ello no ocurre, se corre el riesgo de que se transforme en una reforma de carácter simbólica, similar a lo que ocurrió en Bolivia con las reformas de 1994.

Por reforma sustantiva a la Constitución en esta materia, entiendo aquella que busque el reconocimiento constitucional de la diversidad cultural de Chile y contemple medidas concretas de reparación en el plano de reconstrucción de la comunidad indígena en torno a sus tierras ancestrales.

Para lo anterior, la reforma a la Constitución, en primer lugar, debiera contemplar, dentro de las bases de la institucionalidad, un reconocimiento de que Chile es un país multicultural, que se encuentra compuesto por múltiples culturas y naciones, dentro de las cuales están los pueblos indígenas ancestrales.

En segundo lugar, debiera establecer el deber del Estado de preservar y garantizar la diversidad étnica cultural del país, es decir, reconozca el derecho a la "supervivencia cultural". En este punto, se incluyen: 1) Los derechos de educación y el respectivo respeto a la diversidad cultural; 2) El reconocimiento constitucional de oficialidad de los idiomas y lenguas de los pueblos indígenas; 3) Reconocimiento y protección de las prácticas culturales y económicas de los pueblos indígenas y otras minorías culturales.

En tercer lugar, debería consagrar derechos de grupo o colectivos, que dicen relación a derechos de representación política de los grupos culturales en los espacios de elección popular y las instituciones públicas. Con ello, se busca que el Estado en su conjunto tenga representación de la diversidad cultural en las instituciones que lo conforman, para que las políticas que elaboren no sean heterónomas para los grupos culturales y contemplen su visión de las cosas.

En cuarto lugar, debiera consagrar derechos colectivos, en lo que respecta a la propiedad indígena y la especial relación de ellos para con la tierra y el medio natural. En este punto, como parte del desarrollo legislativo, se debe establecer la propiedad de los pueblos indígenas sobre los recursos naturales que se encuentran dentro de sus áreas de desarrollo y, por ende, dictar legislación especial de protección de los mismos.

En quinto lugar, debiera establecer un mecanismo constitucional especial de expropiación de tierras que se encuentran en propiedad de particulares y que serían parte de las tierras ancestrales de las comunidades indígenas a restituir.

En sexto lugar, debiera contemplar el reconocimiento del pluralismo jurídico en la Constitución. Entendiéndolo en un sentido amplio, es decir, en cuanto a la facultad para crear norma jurídica y adjudicarla, estableciendo como límite los derechos establecidos en la Constitución y la protección de los derechos humanos.

Como sexto y último punto, la reforma debiera asegurar el efectivo y real goce de los derechos fundamentales a la totalidad de los habitantes de la

República, ya sean estos chilenos, indígenas o extranjeros avecindados en nuestro país.

Finalmente, es importante considerar, que una reforma Constitucional de la índole reseñada, manteniendo dentro de la Constitución, el principio de subsidiariedad, el "orden público económico" y la "neutralización" de la agencia del pueblo, podría resultar inoficiosa y de muy difícil compatibilidad. Por ello, necesariamente, una reforma de este tipo, pasa por una apertura completa del techo ideológico de la Constitución, a través de operación constituyente (Asamblea Constituyente) que dentro de sus tópicos contemple el reconocimiento de la multiculturalidad y establezca una nueva Constitución Política en Chile.

BIBLIOGRAFÍA

I.   Artículos y monografías.

AGUELO, Pascual y CHUECA, Ángel (2005). "La Convención sobre la Protección de los Derechos de todos los trabajadores Migratorios y de sus Familiares". *Revista de Derecho Migratorio y Extranjería*, N° 10, pp. 117-126.

AGUILAR, Gonzalo (2007). *Dinámica internacional de la cuestión indígena*. Santiago, Librotecnia, 658 pp.

AGUILAR, Gonzalo, LAFOSSE, Sandra, ROJAS, Hugo y STEWARD, Rébecca (2010). "The Constitutional Recognition of Indigenous Peoples in Latin America". *Pace International Law Review Online Companion*, N° 2, pp. 44-104.

ALVAREZ, Silvina (2002). *La racionalidad de la moral. Un análisis crítico de los presupuestos morales del comunitarismo*. Madrid, Centro de Estudios Políticos y Constitucionales, 393 pp.

AHUMADA, Marian (2008). "Derecho Indígena y Constitucionalismo Democrático: una mirada crítica". En: *Derechos, costumbres y jurisdicciones indígenas en la América Latina contemporánea*. Madrid, Centro de Estudios Políticos y Constitucionales, pp. 233-239.

ALVAREZ, Aurelia (2003). "La entrada en vigor de la convención internacional sobre la protección de todos los trabajadores migratorios y sus familiares de 18 de diciembre de 1990". *Revista de Derecho Migratorio y Extranjería*, N° 2, pp. 9-52.

ANAYA, James (2005). *Los pueblos indígenas en el Derecho Internacional*. Madrid, Trotta, 496 pp.

ANDERSON, Benedict (2011). *Comunidades Imaginadas. Reflexiones sobre el origen y la difusión del nacionalismo*. México, Fondo de cultura económica, 5ª reimpresión, 315 pp.

APPIAH, Anthony (2009). "Identidad, Autenticidad, Supervivencia. Sociedades multiculturales y reproducción social". En: *El multiculturalismo y "la política del reconocimiento"*. México, Fondo de cultura económica, 2ª ed., pp. 213-232.

ARIAS, Boris (2012). "Derecho a la consulta previa, libre e informada de las naciones y pueblos indígenas originario campesinos y el régimen constitucional boliviano". *Anuario de Derecho Constitucional Latinoamericano*. Año XVIII, pp. 201-214.

ASSIES, Willem y SALMAN, Ton (2003). "La democracia boliviana: Entre la consolidación, la profundización y la incertidumbre. Un análisis contextualizado de los resultados de las elecciones de 2002 en Bolivia". *Estudios Atacameños*, N° 25, pp. 79-101.

ATRIA, Fernando (2013a). *Veinte años después. Neoliberalismo con rostro humano*. Santiago, Catalonia, pp. 33-54.

ATRIA, Fernando (2013b). *La Constitución tramposa*. Santiago, Lom ediciones, 163 pp.

AVILA, Raúl (2009). "Bolivia: La apuesta por el Estado unitario social de Derecho plurinacional comunitario". En: *Tendencias del Constitucionalismo en Iberoamérica*. Ciudad de México, Universidad Nacional Autónoma de México, pp. 879-888.

AYLWIN, José (1995). *Antecedentes Histórico-Legislativos*. Disponible en: <http://200.10.23.169/trabajados/legislativo.pdf> [consulta: 23 abril 2013].

AYLWIN, José (2000). *Pueblos Indígenas de Chile: antecedentes históricos y situación actual*. Disponible en: <http://www.estudiosindigenas.cl/centro-de-documentacion> [consulta: 12 abril 2013].

AYLWIN, José (2003). *El informe de la Comisión Verdad Histórica y Nuevo Trato y sus desafíos para el gobierno de Lagos*. Disponible en: <www.centrofeycultura.cl/Mapuches(nuevotratoJoseAlwin).doc> [consulta: 12 abril 2013].

AYLWIN, José (2004). *"La política pública y el derecho de los mapuche a la tierra y al territorio"*. En: *Derechos Humanos y Pueblos Indígenas: Tendencias Internacionales y Contexto Chileno*. Temuco, Instituto de Estudios Indígenas, Universidad de la Frontera, pp. 279-291.

AYLWIN, José (2013). "Igualdad, inclusión y pueblos indígenas: entre el discurso y la política pública". En: *Igualdad, inclusión y derecho*. Santiago, Lom ediciones, pp. 129-152.

BALDIVIESO, Marco (2012). "La independencia en la administración de justicia. Elección de autoridades judiciales en Bolivia". *Anuario de Derecho Constitucional Latinoamericano*. Año XVIII, pp. 349-364.

BARROS, Alonso (2008). "Identidades y propiedades: Transiciones territoriales en el siglo XIX atacameño". *Estudios Atacameños*, N° 35, pp. 119-139.

BARRY, Brian (2005). *Culture and equality: an egalitarian critique of multiculturalism.* Cambridge, Polity, 399 pp.

BASSA, Jaime (2008). *El Estado Constitucional de Derecho.* Santiago, LexisNexis, 220 pp.

BENGOA, José (2000). *Historia del pueblo mapuche. Siglos XIX y XX.* Santiago de Chile, LOM ediciones, 421 pp.

BENGOA, José (2007). *La emergencia indígena en América Latina.* Santiago de Chile, Fondo de cultura económica, 2ª ed., 343 pp.

BLÁZQUEZ, Diego (2004). "La propiedad de los pueblos indígenas y la discusión acerca de sus derechos como colectivos e individuales". *Derechos y Libertades,* N° 13, pp. 385-399.

BOCCARA, Guillaume y SEGUEL-BOCCARA, Ingrid (1999). "Políticas Indígenas en Chile (siglos XIX y XX). De la asimilación al pluralismo". *Revista de Indias,* N° 217, pp. 741-774.

BONILLA, Daniel (2006). *La Constitución multicultural.* Bogotá, Siglo del Hombre Editores, 298 pp.

BONILLA, Daniel (2008). "Los derechos de las minorías culturales y las desigualdades de clase". En: *Derechos, costumbres y jurisdicciones indígenas en la América Latina contemporánea.* Madrid, Centro de Estudios Políticos y Constitucionales, pp.17-36.

BRAVO, Bernardino (2010). La crisis de la idea de Estado en Chile, durante el siglo XX. En: *Ensayo histórico sobre la noción de Estado en Chile en los siglos XIX y XX..* Santiago de Chile, Editorial Universitaria, 9ª ed, pp. 383-403.

CABEDO, Vicente (2004). *Constitucionalismo y Derecho Indígena en América Latina*. Valencia, Universidad Politécnica de Valencia, 315 pp.

CALDEIRA, Teresa, y HOLSTON, James (1999). "Democracy and violence in Brazil". *Comparative Study of Society and History*, N° 41, pp. 691-729.

CANO, María, SOFFIA, Magdalena y MARTINEZ, Jorge (2009). *Conocer para legislar y hacer política: los desafíos de Chile ante un nuevo escenario migratorio.* Disponible en: <http://www.eclac.cl/publicaciones/xml/8/37498/lcl3086-P.pdf> [consulta: 12 abril 2012].

CARBONELL, Miguel (2004). "Constitucionalismo y Multiculturalismo". *Derecho y cultura*, Año 10, N°13, pp. 21-80.

CASTRO, Adoración (Dir.) (2013). *Interculturalidad y Derecho*. Navarra, Thomson Reuters Aranzadi, 382 pp.

CASTRO, Adoración (2013). "Interculturalidad y Derecho en el ámbito regional y supranacional europeo". En: *Interculturalidad y Derecho*, Navarra, Thomson Reuters Aranzadi, pp. 23-57.

CASTRO, Milka y VERGARA, Juan (2009). *Jurisprudencia Indígena*. Santiago de Chile, Facultad de Derecho, Universidad de Chile, 239 pp.

CHARNEY, John (2002). *El debate liberal-comunitarista aplicado a las relaciones entre el Estado chileno y el pueblo mapuche*. Santiago, Tesis (Licenciatura en Ciencias Jurídicas y Sociales), Universidad de Chile, Facultad de Derecho, 111 pp.

CHIHUAILAF, Elicura (2008). "Nuestra lucha es una lucha por ternura". En: *Historia y luchas del pueblo Mapuche.* Santiago de Chile, Le Monde diplomatique, pp.9-30.

CLAVERO, Bartolomé (2006). "Derechos Indígenas y Constituciones Latinoamericanas". En: *Pueblos indígenas y derechos humanos.* Bilbao, Instituto de Derechos Humanos, Universidad de Deusto, pp. 313-338.

CLAVERO, Bartolomé (2007). "Reconocimiento de Estados (no indígenas) por Pueblos (indígenas): Chile y Mapu, Caso y Categoría". En: *Ciudadanía y derechos indígenas en América Latina: poblaciones, estados y orden internacional.* Madrid, Centro de Estudios Políticos y Constitucionales, pp.107-128.

CLAVERO, Bartolomé (2011). *Estado plurinacional o bolivariano: nuevo o viejo paradigma constitucional americano.* Disponible en: <http://clavero.derechosindigenas.org/wp-content/uploads/2011/05/Estado-Plurinacional.pdf> [consulta: 19 marzo 2012].

CLERICO, Laura y ALDAO, Martín (2011). "La igualdad como redistribución y reconocimiento: Derechos de los Pueblos Indígenas y Corte Interamericana de Derechos Humanos". *Estudios Constitucionales,* Año 9, N° 1, pp. 157-198.

CONTESSE, Jorge y LOVERA, Domingo (2010). "Pueblos indígenas y participación política en la óptica del Tribunal Constitucional". *Anuario de Derecho Público UDP,* Año 1, pp. 21-37.

CORVERA, Diego (1999). "Constitución y Tratados sobre Derechos Humanos, el artículo 5° de la C.P. de 1980". En: *Doctrinas Esenciales.*

Gaceta Jurídica, Derecho Constitucional. Santiago, AbeladoPerrot, pp. 1-20.

CRISTI, Renato (2011). *El pensamiento político de Jaime Guzmán.* Santiago, Lom ediciones, 2ª ed, 300 pp.

CUMPLIDO, Francisco (2003). "La reforma constitucional de 1989 al inciso 2° del artículo 5 de la Constitución: sentido y alcance de la reforma. Doctrina y jurisprudencia". *Revista Iut et Praxis*, Año 9, N° 1, pp. 365-374.

CUMPLIDO, Francisco (2005). *Reforma Constitucional en Chile.* Disponible en: <http://biblio.juridicas.unam.mx/libros/> [consulta: 28 marzo 2013].

DALLA VÍA, Alberto (2012). "Derechos políticos, normativa electoral y equidad en los procesos electorales". *Cuadernos de Capel*, N° 57, pp. 25-61.

DAVID, René (2010). *Los grandes sistemas jurídicos contemporáneos.* Ciudad de México, Instituto de Investigaciones Jurídicas, 446 pp.

DEERE, Carmen y LEÓN, Magdalena (2000). "Derechos individuales y colectivos a la tierra: mujeres e indígenas bajo el neoliberalismo". *Análisis político,* N° 39, pp. 36-55.

DELPIANO, Cristián y QUINDIMIL, Jorge (2012). "La protección de los Derechos Humanos en Chile y el margen de apreciación nacional: fundamentos jurídicos desde la consolidación democrática". En: *El margen de apreciación en el Sistema Interamericano de Derechos Humanos: Proyecciones Regionales y Nacionales.* Ciudad de México, Universidad Nacional Autónoma de México, pp. 155-181.

DE LUCAS, Javier (2001). "La(s) sociedad(es) multicultura(es) y los conflictos políticos y jurídicos". En: *La Multiculturalidad*. Madrid, Cuadernos de Derecho Judicial, Consejo General del Poder Judicial, pp. 59-102.

DONAIRE, Patricia (2013). "Efectos de la ratificación de los Tratados Internacionales de Derechos Humanos y Acuerdos Regionales en la legislación migratoria chilena". En: *Geografías de la espera*. Santiago, Uqbar editores, pp. 31-62.

DONAIRE, Patricia y CUBIDES, José (2013). "Consideraciones y problemáticas que debiera regular una nueva ley de extranjería". En: *Un Chile abierto: propuestas para una nueva ley de migración, N° 2*. Santiago, Centro de Democracia y Comunidad, pp. 88-105.

DONOSO, Sebastián (2008). *Chile y el Convenio 169 de la OIT: Reflexiones sobre un desencuentro*. Disponible en: <http://www.politicaspublicas.uc.cl/media/publicaciones/pdf/20100623180 129.pdf> [consulta: 2 mayo 2013].

ELSTER, Jon (2001). *La democracia deliberativa*. Barcelona, Gedisa, 348 pp.

ESCUDERO, Rafael (2008). "Tensiones conceptuales en el liberalismo y en el multiculturalismo". En: *Derechos, costumbres y jurisdicciones indígenas en la América Latina contemporánea*. Madrid, Centro de Estudios Políticos y Constitucionales, pp.37-53.

ETCHEVERRÍA, Xabier (2006). "La tradición de los derechos humanos y los pueblos indígenas: una interpelación mutua". En: *Pueblos indígenas y derechos humanos*. Bilbao, Instituto de Derechos Humanos, Universidad de Deusto, pp. 63-83.

FAUNDES, Juan (2004). "El Reconocimiento de los pueblos indígenas en Chile: una propuesta de reforma al Estado". En: *Derechos Humanos y Pueblos Indígenas: Tendencias Internacionales y Contexto Chileno*. Temuco, Instituto de Estudios Indígenas, Universidad de la Frontera, pp. 299-314.

FERNANDEZ, Ivanna (2005). "Apuntes sobre la Constitución Política del Estado boliviano". *Revista Araucaria*. N° 15, pp. 114-127.

FOERSTER, Rolf y VERGARA, Jorge (2003). "Etnia y nación en la lucha por el reconocimiento. Los mapuches en la sociedad chilena". En: *Mapuches y aymaras. El debate en torno al reconocimiento y los derechos ciudadanos*. Santiago de Chile, Ril editores, pp. 105-178.

FRASER, Nancy (2006). "La justicia social en la era de la política de la identidad: Redistribución, reconocimiento y participación". En: *¿Redistribución o reconocimiento?* Madrid, Morata, pp. 17-88.

GAJARDO FALCÓN, Jaime (2013). *Propiedad Indígena y explotación de recursos naturales. Un estudio de casos*. Ponencia IV Congreso Internacional GIGAPP-IUIOG, Madrid. Disponible en: <http://www.academia.edu/4536657/Propiedad_Indigena_y_explotacion_d e_recursos_naturales._Un_estudio_de_casos> [consulta: 10 octubre 2013].

GAJARDO FALCÓN, Jaime (2014a). "Estudio comparado de la jurisprudencia de la Corte Interamericana de Derechos Humanos y el Tribunal Europeo de Derechos Humanos, sobre representación política en

contextos multiculturales". *Revista de Derecho. Escuela de Postgrado,* N°
5, pp. 179-224.

GAJARDO FALCÓN, Jaime (2014b). "Derechos de los grupos en el
Sistema Interamericano de Protección de los Derechos Humanos". En: *Un
conflicto de derechos: autonomía individual v. autonomía colectiva.*
Madrid, Marcial Pons, pp. 139-165.

GAMMAGE, Sarah y HELMREICH, Anne (2013). "Migración y
mercados laborales en Chile: un trabajo decente para todos". En: *Un Chile
abierto: propuestas para una nueva Ley de Migración, N° 2.* Santiago,
Centro Democracia y Comunidad, pp. 38-61.

GARCÍA AGUSTÍN, Oscar (2006). "Indígenas y globalización: los
discursos de Evo Morales y el Subcomandante Marcos". *Interlingüística,*
N° 17, pp. 388-397.

GARCÍA AMADO, Juan (2003). "¿Por qué no tienen los inmigrantes los
mismos derechos que los nacionales?" *Revista de Derecho Migratorio y
Extranjería,* N° 3, pp. 9-28.

GARCÍA AMADO, Juan (2007). "Derechos y pretextos. Elementos de
crítica del neoconstitucionalismo". En: *Teoría del neoconstitucionalismo.*
Madrid, Trotta, pp. 237-264.

GARCÍA LINERA, Álvaro (2009). *La potencia plebeya.* Buenos Aires,
Siglo del Hombre Editores-CLACSO, 2ª ed., 530 pp.

GARCÍA LINERA, Álvaro (2011). *Las Tensiones creativas de la
revolución.* La Paz, Vicepresidencia del Estado Plurinacional, 72 pp.

GARCÍA LINERA, Álvaro (2012). *El pueblo boliviano vive la mayor revolución social*. Disponible en: <http://www.vicepresidencia.gob.bo/spip.php?page=publicaciones> [consulta: 20 abril 2012].

GARCÍA-PELAYO, Manuel (1964). *Derecho constitucional comparado*. Madrid, Revista de Occidente, 7ª ed., 636 pp.

GARGARELLA, Roberto (2013). *Latin American Constitutionalism 1810-2010*. Oxford, Oxford University Press, 283 pp.

GARZÓN, Ernesto (1993). *Derecho, ética y política*. Madrid, Centro de Estudios Constitucionales, 958 pp.

GIANNI, Matteo (2001). "¿Cuál podría ser la concepción liberal de ciudadanía diferenciada?" En: *La Multiculturalidad*. Madrid, Cuadernos de Derecho Judicial, Consejo General del Poder Judicial, pp. 13-57.

GÓMEZ, Felipe (2012). "El derecho de los pueblos indígenas sobre sus tierras y recursos naturales: conflicto social y ambiental a la luz del caso Awas Tingi". *Conflicto social*, N° 7, pp. 87-110.

GOMÉZ, Magdalena (2006). "El Convenio 169 de la Organización Internacional del Trabajo". En: *Pueblos indígenas y derechos humanos*. Bilbao, Instituto de Derechos Humanos, Universidad de Deusto, pp. 133-152.

GONGORA, Mario (2010). *Ensayo histórico sobre la noción de Estado en Chile en los siglos XIX y XX*. Santiago, Editorial Universitaria, 9ª ed., 431 pp.

GONZALEZ, José (2005). "Los pueblos originarios en el marco del desarrollo de sus derechos". *Estudios Atacameños,* N° 30, pp. 79-90.

GREY, Nancy (2009). *Ahora somos ciudadanos*. La Paz, Muela del Diablo Editores, 358 pp.

GRIMM, Dieter (2007). "Multiculturalidad y derechos fundamentales". En: *Derecho constitucional para la sociedad multicultural*. Madrid, Trotta, pp. 51-69.

GUEVARA, Manuel (2011). "Orígenes del patrimonio cultural inmaterial: la propuesta boliviana de 1973". *Apuntes,* N° 2, pp. 152-165.

GUTMANN, Amy (2008). *La identidad en democracia*. Buenos Aires, Katz Editores, 308 pp.

GUTMANN, Amy (2009). "Introducción". En: *El multiculturalismo y "la política del reconocimiento"*. México, Fondo de cultura económica, 2ª ed., pp. 11-52.

GUTTERIDGE, Harold (1954). *El derecho comparado*. Barcelona, Instituto de derecho comparado, 283 pp.

HABERMAS, Jürgen (2009). "La lucha por el reconocimiento en el Estado Democrático de Derecho". En: *El multiculturalismo y "la política del reconocimiento"*. México, Fondo de cultura económica, 2ª ed., pp. 155-212.

HERVÉ, Andrés (2008). "El derecho de voto de los extranjeros en el ámbito universal". *Revista de Derecho Migratorio y Extranjería*, N° 18, pp. 9-44.

HONGJU, Harold y SLYE, Ronald (2004). *Democracia deliberativa y derechos humanos*. Barcelona, Gedisa, 364 pp.

274

HONNETH, Axel (2006). "Redistribución como reconocimiento: Respuesta a Nancy Fraser". En: *¿Redistribución o reconocimiento?* Madrid, Morata, pp. 89-148.

KILALEO, Fernando (2004). "Del reconocimiento a la autonomía: una posibilidad de superar la racionalidad Wigka". En: *Derechos Humanos y Pueblos Indígenas: Tendencias Internacionales y Contexto Chileno*. Temuco, Instituto de Estudios Indígenas, Universidad de la Frontera, pp. 331-335.

KYMLICKA, Will (1989). *Liberalism, Community and Culture*. Oxford, Oxford University Press, 280 pp.

KYMLICKA, Will (1995). *Ciudadanía multicultural*. Barcelona, Paidós, 303 pp.

KYMLICKA, Will (2002). "El nuevo debate sobre los derechos de las minorías". En: *Democracia y pluralismo nacional*. Barcelona, Ariel, pp. 25-48.

KYMLICKA, Will (2003). *La política vernácula. Nacionalismo, multiculturalismo y ciudadanía*. Barcelona, Paidós, 452 pp.

KYMLICKA, Will (2006). *Fronteras Territoriales*. Madrid, Trotta, 80 pp.

LETURIA, Ana (2013). "Educación para la inclusión en un modelo intercultural de gestión de la diversidad". En: *Interculturalidad y Derecho*. Navarra, Thomson Reuters Aranzadi, pp. 81-112.

LÓPEZ, Mélanie (2013). "El modelo francés: un difícil compromiso entre unidad y diversidad". En: *Interculturalidad y Derecho*. Navarra, Thomson Reuters Aranzadi, pp. 295-319.

LOPEZ, Nicolás (2000). *¿Hay derechos colectivos?* Barcelona, Ariel, 174 pp.

MACHIN, Macarena (2011). *Los derechos humanos y la migración en Chile.* Disponible en:<http://www.observatorio.cl/sites/default/files/biblioteca/resumen_ejecu tivo_informe_migrantes_noviembre_2011.pdf > [consulta: 20 abril 2013].

MÁIZ, Ramón (2007). "Indianismo y nacionalismo en Bolivia: estructura de oportunidad política, movilización y discurso". En: *Ciudadanía y derechos indígenas en América Latina: poblaciones, estados y orden internacional.* Madrid, Centro de Estudios Políticos y Constitucionales, pp.129-172.

MANIN, Bernard (2010). *Los principios del gobierno representativo.* Madrid, Alianza Editorial, 3ª reimpresión, 300 pp.

MELLA, Eduardo y LE BONNIEC, Fabien (2004). "Movimiento mapuche y justicia chilena en la actualidad: reflexiones acerca de la judicialización de las reivindicaciones mapuche en Chile". En: *Derechos Humanos y Pueblos Indígenas: Tendencias Internacionales y Contexto Chileno.* Temuco, Instituto de Estudios Indígenas, Universidad de la Frontera, pp. 354-364.

MELGAR, Adalid, RUIZ, José y SOBERANES, José (1994). *La rebelión en Chiapas y el derecho.* México, Universidad Autónoma de México, 267 pp.

MENDINACELI, Gustavo (2012). "Criterios de interpretación en la nueva Constitución de Bolivia". *Anuario de Derecho Constitucional Latinoamericano.* Año XVIII, pp. 139-150.

MEZA-LOPEHANDÍA, Matías (2009). *Territorio y Autonomía de los Pueblos Originarios en Chile. Una mirada desde el ordenamiento jurídico chileno y la urgencia del Reconocimiento.* Santiago, Tesis (Licenciatura en Ciencias Jurídicas y Sociales), Universidad de Chile, Facultad de Derecho, 184 pp.

MEZA-LOPEHANDÍA, Matías (2010). *El Convenio N° 169 sobre Pueblos Indígenas y Tribales en Países Independientes en el sistema normativo chileno.* Disponible en: <http://observatorio.cl.pampa.avnam.net/plibro/ficha/205> [consulta: 13 marzo 2013].

MOLLER, Franz, CAUCOTO, Nelson y GODOY, Rodrigo (2013). "Oficina especializada de Derechos Humanos de la Corporación de Asistencia Judicial: Solicitud al Pleno de la Corte Suprema por grave situación que afecta a los extranjeros en Chile". En: *Un Chile abierto: propuestas para una nueva ley de migración, N° 2.* Santiago, Centro de Democracia y Comunidad, pp. 62-87.

MONTT, Santiago y MATTA, Manuel (2011). "Una visión panorámica al Convenio OIT 169 y su implementación en Chile". *Estudios Públicos, N° 121*, pp. 133-212.

MORENO, Luis (2008). *La federalización de España.* Madrid, Siglo XXI, 2ª ed., 203 pp.

NASH, Claudio (2004). "Los derechos humanos de los indígenas, en la jurisprudencia de la Corte Interamericana de Derechos Humanos". En: *Derechos Humanos y Pueblos Indígenas: Tendencias Internacionales y Contexto Chileno.* Temuco, Instituto de Estudios Indígenas, Universidad de la Frontera, pp. 29-43.

NAVARRETE, Manuel (2013). *Constitucionalización indígena: Variaciones jurídicas y metajurídicas*. Santiago, Librotecnia, 274 pp.

NINO, Carlos (1996). *La constitución de la democracia deliberativa*. Barcelona, Gedisa, 304 pp.

NOGUEIRA, Humberto (2009). "La evolución político-constitucional de Chile 1976-2005". En: *La evolución político-constitucional de América del Sur 1976-2005*. Santiago de Chile, Librotecnia, pp. 338-393.

NÚÑEZ, Manuel (2008). "Introducción al concepto de identidad constitucional y a su función frente al derecho supranacional e internacional de los derechos de la persona". *Revista Iut et Praxis*, N° 2, pp. 331-372.

NÚÑEZ, Manuel (2010). *Normativa nacional e internacional sobre pueblos indígenas*. Santiago, Librotecnia, 569 pp.

OLEA, Helena (2013). "Derechos Humanos de los migrantes y refugiados. Análisis del proyecto de ley de migración y extranjería". En: *Informe anual sobre los Derechos Humanos en Chile 2013*. Santiago, Universidad Diego Portales, pp. 123-162.

OVEJERO, Felix (2005). "Republicanismo: el lugar de la virtud". *Isegoria*, N° 33, pp. 99-125.

PAREKH, Bhikhu (2005). *Repensando el multiculturalismo*. Madrid, Istmo, 521 pp.

PECES-BARBA, Gregorio (2001). "Los derechos colectivos". En: *Una discusión sobre derechos colectivos*. Madrid, Dykinson, pp. 67-76.

PFEFFER, Emilio (2005). *Reformas Constitucionales 2005*. Santiago, Editorial Jurídica, 668 pp.

PITKIN, Hanna (1985). *El concepto de representación*. Madrid, Centro de Estudios Constitucionales, 288 pp.

POLLONI, Leonardo y MATUS, Christian (2011). *Somos Migrantes. Experiencias de integración a la ciudad de Santiago*. Santiago, Fundación Ideas, 107 pp.

PRIETO SANCHÍS, Luis (2007). "El Constitucionalismo de los derechos". En: *Teoría del neoconstitucionalismo*. Madrid, Trotta, pp. 213-235.

QUIJADA, Mónica (2007). "Estado nacional y pueblos originarios, entre la homogeneización y la diversidad: ¿una pulsión colectiva duradera?" En: *Ciudadanía y derechos indígenas en América Latina: poblaciones, estados y orden internacional*. Madrid, Centro de Estudios Políticos y Constitucionales, pp. 59-81.

RAWLS, John (2006). *Teoría de la Justicia*. Ciudad de México, Fondo de Cultura Económica, 6ª reimpresión, 539 pp.

RAZ, Joseph (1988). *The morality of freedom*. Oxford, 431 pp.

REQUEJO, Ferran (1999). "La acomodación <<Federal>> de la plurinacionalidad". En: *Asimetría Federal y Estado Plurinacional*. Madrid, Trotta, pp. 303-344.

REQUEJO, Ferrán (2002). "Legitimidad democrática y pluralismo nacional". En: *Democracia y pluralismo nacional*. Barcelona, Ariel, pp. 157-175.

RIVERA, José (2009a). "La evolución político-institucional en Bolivia entre 1975 a 2005". En: *La evolución político-constitucional de América del Sur 1976-2005*. Santiago, Librotecnia, pp. 102-151.

RIVERA, José (2009b). *Análisis de la nueva Constitución Política del Estado*. Disponible en: <http://www.juridicas.unam.mx> [consulta: 13 marzo 2013].

RIVEROS, Edgardo (2013). *La migraciones y sus efectos jurídicos, políticos, sociales y económicos: el caso chileno*. Santiago, Fundación Konrad Adenauer, 57 pp.

RODRIGUEZ ABASCAL, Luis (2000). *Las fronteras del nacionalismo*, Madrid, Centro de Estudios Políticas y Constitucionales, 550 pp.

RODRIGUEZ ABASCAL, Luis (2002). "El debate sobre los derechos de grupo". En: *Estado, Justicia y Derechos*. Madrid, Alianza Editorial, pp. 409-434

RODRIGUEZ ABASCAL, Luis (2003). "On the admissibility of group rights". *Annual Survay of International & Compartaive Law*, Golden Gate University School of Law, Spring, pp. 101-110.

RODRÍGUEZ-PIÑEIRO, Luis (2006). "El sistema interamericano de derechos humanos y los pueblos indígenas". En: *Pueblos indígenas y derechos humanos*. Bilbao, Instituto de Derechos Humanos, Universidad de Deusto, pp. 153-206.

RODRIGUEZ URIBES, José (2001). "Algunas reflexiones a partir de la obra de Nicolás María López Calera, ¿Hay derechos colectivos? Individualidad y Socialidad en la Teoría de los Derechos". En: *Una discusión sobre derechos colectivos*. Madrid, Dykinson, pp. 291-294.

ROMERO, Carlos (2009). "El proceso constituyente Boliviano". En: *Tendencias del Constitucionalismo en Iberoamérica*. Ciudad de México, Universidad Nacional Autónoma de México, pp. 889-935.

ROUSSEAU, Jean Jacques (1983). *El Contrato Social*. Madrid, Sarpe, 208 pp.

RUIZ-TAGLE, Pablo (2000). "Principios Constitucionales del Estado Empresario". *Revista de Derecho Público*, N° 62, pp. 47-59.

RUIZ-TAGLE, Pablo (2001). "Presentación: Constitucionalidad de los tratados internacionales en Chile". En: *Los tratados internacionales en la jurisprudencia constitucional*. Santiago, Fundación Facultad de Derecho, Universidad de Chile, pp. 5-15.

SÁENZ DE SANTA MARÍA, Paz (2011). *Sistema de Derecho Internacional Público*. Navarra, Thomson Reuters, 634 pp.

SALAZAR, Gabriel (2011). *Construcción de Estado en Chile*. Santiago, Editorial Sudamericana, 3ª ed., 550 pp.

SANTOLAYA, Pablo (2008). "El Derecho de sufragio de los extranjeros". *Revista de Estudios Europeos*, N° 50, pp. 25-34.

SANTOS, Boaventura de Sousa (2010). *Refundación del Estado en América Latina*. Lima, Instituto Internacional de Derecho y Sociedad, 154 pp.

SCHAVELSON, Salvador (2012). *El nacimiento del Estado Plurinacional de Bolivia. Etnografía de una Asamblea Constituyente*. La Paz, Plural Editores, 623 pp.

SIERRA, Lucas (2003). "La Constitución y los Indígenas en Chile: Reconocimiento individual y no colectivo". *Estudios Públicos*, N° 92, pp. 19-27.

SILVA, Hernando (2010). *El largo proceso de tramitación para la aprobación del Convenio N° 169 de la OIT*. Disponible en: <http://observatorio.cl.pampa.avnam.net/plibro/ficha/205> [consulta: 13 marzo 2013].

STAVENHAGEN, Rodolfo (1988). *Derecho Indígena y Derechos Humanos en América Latina*. Ciudad de México, El Colegio de México, 383 pp.

STAVENHAGEN, Rodolfo (2004). "Derecho Internacional y Derechos Indígenas". En: *Derechos Humanos y Pueblos Indígenas: Tendencias Internacionales y Contexto Chileno*. Temuco, Instituto de Estudios Indígenas, Universidad de la Frontera, pp. 15-26.

STRÖBELE-GREGOR, Juliana (1999). "Ley de Participación Popular y movimiento popular en Bolivia". En: *Sociedad civil en América Latina: Representación de intereses y gobernabilidad*. Caracas, Nueva Sociedad, pp. 133-146.

SUBERCASEAUX, Bernardo (2002). *Nación y Cultura en América Latina*. Santiago, Lom Ediciones, 78 pp.

TARODO, Salvador (2013). "Integración de la diversidad y sanidad en la administración local. Estudio de casos a partir de las iniciativas de cinco ciudades: Madrid, Barcelona, Bilbao, Getafe y Tudela". En: *Interculturalidad y Derecho*. Navarra, Thomson Reuters Aranzadi, pp. 143-174.

TAYLOR, Charles (1996). *Fuentes del yo: la construcción de la identidad moderna.* Barcelona, Paidós, 800 pp.

TAYLOR, Charles (1999). "Valores compartidos y divergentes". En: Asimetría Federal y Estado Plurinacional. Madrid, Trotta, pp. 37-68.

TAYLOR, Charles (2003). "Nacionalismo y modernidad". En: *La moral del nacionalismo.* Barcelona, Gedisa, pp. 53-86.

TAYLOR, Charles (2009). *El multiculturalismo y "la política del reconocimiento".* México, Fondo de cultura económica, 2ª ed., 246 pp.

TAYLOR, Charles (2012). *Democracia Republicana.* Santiago, LOM ediciones, 109 pp.

TODOROV, Tzvetan (2010). *La Conquista de América. El problema del otro.* Madrid, Siglo XXI, 277 pp.

TORBISCO, Neus (2006). *Group Rights as Human Rights. A Liberal Approach to Multiculturalism.* Barcelona, Springer, 263 pp.

TORREALBA, Nicolás (2013). "Mínimos regulatorias para una nueva y mejorada ley de extranjería". En: *Un Chile abierto: propuestas para una nueva ley de migración, N° 2.* Santiago, Centro de Democracia y Comunidad, pp. 9-16.

TOURAINE, Alain (2000). *Igualdad y diversidad. Las nuevas tareas de la democracia.* México, Fondo de Cultura Económica, 2ª ed., 95 pp.

TRUJILLO, Julio (2008). "Justicia indígena y pluralismo jurídico". En: *Derechos, costumbres y jurisdicciones indígenas en la América Latina contemporánea.* Madrid, Centro de Estudios Políticos y Constitucionales, pp.265-277.

TULLY, James (1995). *Strange Multiplicity: Constitutionalism in the Age of Diversity*. Cambidge, Cambridge University Press, 272 pp.

UBEDA DE TORRES, Amaya (2007). *Democracia y derechos humanos en Europa y en América*. Madrid, Reus, 749 pp.

VALENZUELA, Myléne (2002). *La política indígena del Estado Chileno y la legislación Mapuche*. Disponible en: <http//www2.estudiosindigenas.cl/imagenes/instituto.html> [consulta: 12 de abril 2012].

VAN DYKE, Vernon (1977). "The Individual, the State, and Ethnic Communities in Political Theory". *World Politics*, N° 29, pp. 343-369.

VIDAL, Carlos (2001). "La reforma constitucional en Bolivia". *Revista de Derecho Político,* N° 50, pp. 313-347.

VIDAL, Mercedes (2013). "Integración de la diversidad en el ámbito de la sanidad en el ordenamiento jurídico español". En: *Interculturalidad y Derecho*. Navarra, Thomson Reuters Aranzadi, pp. 113-142.

VIOLA, Francesco (2003). "Constitución y multiculturalismo". *Ragion practica*, N° 20, pp. 33-71.

WALDROM, Jeremy (1994). "Vagueness in Law and Lenguage: Some Philosophical Issues". *California Law Review*, N° 82, pp. 509-540.

YAÑEZ, Nancy (2004a). "El acuerdo de voluntades estado de Chile – pueblo rapa nui: Bases normativas para fundar la demanda de autonomía rapa nui". En: *Derechos Humanos y Pueblos Indígenas: Tendencias Internacionales y Contexto Chileno*. Temuco, Instituto de Estudios Indígenas, Universidad de la Frontera, pp. 15-26.

YAÑEZ, Nancy (2004b). *Investigación Evaluativa de Impacto Ambiental en Territorios Indígenas*. Disponible en: <http//www.observatorio.cl/contenidos/naveg/navContenido.php?c=20060 20103264> [consulta: 12 de abril 2013].

YAÑEZ, Nancy y AYLWIN, José (2006). *El gobierno de Lagos, los pueblos indígenas y el "nuevo trato": las paradojas de la democracia chilena*. Santiago, Lom Ediciones, 504 pp.

YOUNG, Iris (1989). "Polity and Group Difference: A Critique of the Ideal of Universal Citizenship". *Ethics*. N° 99, pp. 250-274.

YOUNG, Iris (2000). *Inclusion and Democracy*. New York, Oxford, 304 pp.

YRIGOYEN, Raquel (2006). "Hitos del reconocimiento del pluralismo jurídico y el derecho indígena en las políticas indigenistas y el constitucionalismo andino". En: *Pueblos indígenas y derechos humanos*. Bilbao, Instituto de Derechos Humanos, Universidad de Deusto, pp. 537-568.

YRIGOYEN, Raquel (2011). "El horizonte del constitucionalismo pluralista: del multiculturalismo a la descolonización". En: *El derecho en América Latina: Un mapa para el pensamiento jurídico del siglo xxi*. Buenos Aires, Siglo xxi, pp. 139-160.

ZUÑIGA, Francisco (2007). "Vieja – Nueva Constitución". *Estudios Constitucionales*, N° 1, pp. 349-370.

ZUÑIGA, Francisco (2011). "Nueva Constitución y Constitucionalismo en el Bicentenario". En: *XLI Jornadas chilenas de Derecho Público*. Santiago, Universidad de Chile, Facultad de Derecho, 25 pp.

II.   Informes y documentos de trabajo.

ALTO COMISIONADO DE LAS NACIONES UNIDAS PARA LOS REFUGIADOS (2011). *La protección internacional de refugiados en las Américas.*   Disponible   en: <http://www.acnur.org/t3/fileadmin/scripts/doc.php?file=t3/fileadmin/Docu mentos/Publicaciones/2012/8340> [consulta: 19 abril 2013].

BIBLIOTECA DEL CONGRESO NACIONAL DE CHILE. *Historia de la Ley. Constitución Política de la República de Chile de 1980, Artículo 14.* Disponible   en: <http://www.leychile.cl/Navegar?idNorma=242302&eh=True> [consulta: 19 marzo 2012].

BIBLIOTECA DEL CONGRESO NACIONAL DE CHILE. *Historia de la Ley   N°   19.253.*   Disponible   en: <http://www.leychile.cl/Consulta/portada_hl?tipo_norma=XX1&nro_ley=1 9253&anio=2012> [consulta: 19 marzo 2013].

BIBLIOTECA DEL CONGRESO NACIONAL DE CHILE. *Historia del Decreto N° 236, Promulga el Convenio N° 169 sobre Pueblos Indígenas y Tribales en Países Independientes de la Organización Internacional del Trabajo.*   Disponible   en: <http://www.leychile.cl/Consulta/portada_hl?tipo_norma=XX2&nro_ley=2 36&anio=2012> [consulta: 22 de abril 2013].

CIDH (2009). *Derechos de los Pueblos Indígenas y Tribales sobre sus Tierras Ancestrales y Recursos Naturales.* OEA/Ser. L/V/II. Doc. 56/09, 148 pp.

CIDH (2011). *Informe Temático. El camino hacia una democracia sustantiva: la participación política de las mujeres en las américas.* OEA/Ser. L/V/II. Doc. 79, 77 pp.

COMITÉ CONTRA LA TORTURA, NACIONES UNIDAS (2009). *Examen de los informes presentados por los estados partes en virtud del artículo 19 de la Convención contra la Tortura y Otros Tratos o Penas Crueles, Inhumanos o Degradantes, Chile.* Disponible en: <http://daccess-dds-ny.un.org/doc/UNDOC/GEN/G09/433/47/PDF/G0943347.pdf?OpenElement> [consulta: 12 de abril 2013].

COMITÉ DE PROTECCIÓN DE LOS DERECHOS DE TODOS LOS TRABAJADORES MIGRATORIOS Y DE SUS FAMILIARES, NACIONES UNIDAS (2011). *Observaciones finales del Comité de Protección de los Derechos de Todos los Trabajadores Migratorios y de sus Familiares, Chile.* Disponible en: <http://www.ohchr.org/SP/countries/LACRegion/Pages/CLIndex.aspx> [consulta: 12 de abril 2013].

COMITÉ PARA LA ELIMINACIÓN DE LA DISCRIMINACIÓN CONTRA LA MUJER, NACIONES UNIDAS (2006). *Observaciones finales del Comité para la Eliminación de la Discriminación contra la Mujer: Chile.* Disponible en: <http://daccess-dds-ny.un.org/doc/UNDOC/GEN/N06/479/50/PDF/N0647950.pdf?OpenElement> [consulta: 12 de abril 2013].

COMITÉ PARA LA ELIMINACIÓN DE LA DISCRIMINACIÓN RACIAL, NACIONES UNIDAS (2009). *Examen de los informes presentados por los estados partes de conformidad con el artículo 9 de la*

Convención, Chile. Disponible en: <http://daccess-dds-ny.un.org/doc/UNDOC/GEN/G09/448/27/PDF/G0944827.pdf?OpenEleme nt> [consulta: 12 de abril 2013].

COMITÉ PARA LA ELIMINACIÓN DE LA DISCRIMINACIÓN RACIAL, NACIONES UNIDAS (2011). *Examen de los informes presentados por los Estados partes de conformidad con el artículo 9 de la Convención, Bolivia.* Disponible en: <http://www2.ohchr.org/english/bodies/cerd/docs/co/Boliviia_AUV_sp.pdf > [consulta: 12 de abril 2013].

CONSEJO DE DERECHOS HUMANOS, NACIONES UNIDAS (2003). *Informe del Relator Especial sobre la situación de los derechos humanos y las libertades fundamentales de los indígenas, Sr. Rodolfo Stavenhagen, presentado de conformidad con la resolución 2003/56 de la Comisión.* Disponible en: <http://daccess-dds-ny.un.org/doc/UNDOC/GEN/G03/170/94/PDF/G0317094.pdf?OpenEleme nt> [consulta: 29 marzo 2013].

CONSEJO DE DERECHOS HUMANOS, NACIONES UNIDAS (2005). *Informe del Relator Especial sobre la situación de los derechos humanos y las libertades fundamentales de los indígenas, Sr. Rodolfo Stavenhagen. Análisis de la situación de los países y otras actividades especiales del Relator.* Disponible en: <http://daccess-dds-ny.un.org/doc/UNDOC/GEN/G05/110/85/PDF/G0511085.pdf?OpenEleme nt> [consulta: 29 marzo 2013].

CONSEJO DE DERECHOS HUMANOS, NACIONES UNIDAS (2009). *Informe del Relator Especial sobre la situación de los derechos humanos y las libertades fundamentales de los indígenas, Sr. James Anaya. La situación de los pueblos indígenas en Chile: Seguimiento a las recomendaciones hechas por el Relator Especial anterior*. Disponible en: <http://daccess-dds-ny.un.org/doc/UNDOC/GEN/G09/162/39/PDF/G0916239.pdf?OpenEleme nt> [consulta: 29 marzo 2013].

CONSEJO DE DERECHOS HUMANOS, NACIONES UNIDAS (2012). *Informe anual de la Alta Comisionada de las Naciones Unidas para los Derechos Humanos sobre las actividades de su oficina en el Estado Plurinacional de Bolivia*. Disponible en: <http://daccess-dds-ny.un.org/doc/UNDOC/GEN/G12/103/36/PDF/G1210336.pdf?OpenEleme nt> [consulta: 20 abril 2013].

DEPARTAMENTO DE EXTRANJERÍA E INMIGRACIÓN. *Ministerio del Interior y Seguridad Pública de Chile. Estadísticas Migratorias*. Disponible en: <http://www.extranjeria.gov.cl/estadisticas_mig.html> [consulta: 28 marzo 2013].

GRUPO INTERNACIONAL DE TRABAJO SOBRE ASUNTOS INDÍGENAS (2012). *Los derechos del Pueblo Rapa Nui en Isla de Pascua*. Disponible en: http://www.iwgia.org/iwgia_files_publications_files/0598_Informe_RAPA _NUI_IGIA-Observatorio_Castellano_FINAL.pdf [consulta: 22 de octubre 2013].

EGAÑA, Rodrigo (ed.) (2008). *Informe de la Comisión Verdad Histórica y Nuevo Trato con los Pueblos Indígenas*. Santiago, Comisionado presidencial para Asuntos Indígenas, 684 pp.

ORGANIZACIÓN INTERNACIONAL PARA LA MIGRACIONES (2010). *Informe sobre las migraciones en el mundo*. Disponible en:

<http://publications.iom.int/bookstore/free/WMR2010_summary_SP.pdf>
[consulta: 13 marzo 2013].

REAL ACADEMIA ESPAÑOLA (2001). *Diccionario de la Lengua Española*. 22° ed., Madrid, Espasa-calpe.

III.   Jurisprudencia y opiniones consultivas.

Corte de Apelaciones de Santiago, *Palominos Flores con Banco Estado*, Rol N° 4670-2010, 31 de mayo de 2011.

Corte Suprema de Chile, *Reclamo de Nacionalidad*, Rol n° 7580-2012, 14 de septiembre de 2013.

Corte Interamericana de Derechos Humanos, *el derecho a la información sobre la asistencia consular en el marco de las garantías del debido proceso legal*, Opinión Consultiva OC-16/99, Serie A N° 16, 1 de octubre de 1999.

Corte Interamericana de Derechos Humanos, *Comunidad Mayagana (Sumo) Awas Tigni vs. Nicaragua*, Serie C N° 79, 31 de agosto de 2001.

Corte Interamericana de Derechos Humanos, *Condición jurídica de los migrantes indocumentados*, Opinión Consultiva OC-18/03, Serie A N° 18, 17 de septiembre de 2003.

Corte Interamericana de Derechos Humanos, *Comunidad Indígena Yakye Axa vs. Paraguay*, Serie C N° 125, 17 de junio de 2005.

Corte Interamericana de Derechos Humanos, *Yatama vs. Nicaragua*, Serie C N° 127, 23 de junio de 2005.

Corte Interamericana de Derechos Humanos, *Niñas Yean y Bosico vs. República Dominicana*, Serie C N° 130, 8 de septiembre de 2005.

Corte Interamericana de Derechos Humanos, *Comunidad Indígena Sawhoyamaxa vs. Paraguay*, Serie C N° 146, 29 de marzo de 2006.

Corte Interamericana de Derechos Humanos, *Comunidad Indígena Xákmok Kásek vs. Paraguay*, Serie C N° 214, 24 de agosto de 2010.

Corte Interamericana de Derechos Humanos, *López Loor vs. Panamá*, Serie C N° 218, 23 de noviembre de 2010.

Corte Interamericana de Derechos Humanos, *Pueblo Indígena Kichwa de Sarayaku vs. Ecuador*, Serie C N° 245, 27 de junio de 2012.

Juzgado Contencioso Administrativo de Madrid, *Mohammed Malha contra Comunidad de Madrid,* N° 35/2012, 25 de enero de 2012.

Tribunal Europeo de Derechos Humanos, *Lautsi y otros con Italia*, Gran Sala, 18 de marzo de 2011.

Tribunal Constitucional, *Requerimiento de inconstitucionalidad,* Rol N° 346, 8 de abril de 2002.

1/16 6

CPSIA information can be obtained at www.ICGtesting.com
Printed in the USA
LVOW11s1200290415

436558LV00002B/179/P

9 783659 070754